국제경제질서의 사회적 기원

나남
nanam

조찬수

고려대학교 정치외교학과 및 동대학원 졸업
캐나다 맥길대학교 정치학 박사
현 강남대학교 국제학부 교수

나남신서 1294

국제경제질서의 사회적 기원

2008년 2월 29일 발행
2008년 2월 29일 1쇄

저자_ 조찬수
발행자_ 趙相浩
발행처_ (주) 나남
주소_ 413-756 경기도 파주시 교하읍
출판도시 518-4
전화_ (031) 955-4600 (代), FAX : (031) 955-4555
등록_ 제 1-71호(79.5.12)
홈페이지_ http://www.nanam.net
전자우편_ post@nanam.net

ISBN 978-89-300-8294-5
ISBN 978-89-300-8001-9
책값은 뒤표지에 있습니다.

나남신서 1294

국제경제질서의 사회적 기원

조찬수

나남
nanam

Social Origins of an International Economic Order

Classes and Sectors in the Making of Embedded Liberalism

by

Chansoo Cho

nanam

어머니와 아버지를 위하여

머리말

지난 10여 년 동안 세계화라는 단어가 학술용어로, 저널리즘의 상투어로, 그리고 일상어의 한 부분으로 자리잡게 되면서 한 나라 안의 정치적, 경제적, 사회적 현상과 국제적 수준에서의 정치적, 경제적, 사회적 현상이 매우 밀접한 연관성을 갖는다는 인식이 확산되어왔다. 세계화는 그것에 대해 보편적으로 받아들여지는 정의가 없다고 보는 것이 정확할 정도로 복합적이고 다면적인 현상이다. 기술결정론의 색조가 짙은 세계화론에서 그것은 커뮤니케이션 테크놀로지의 발전이 가져다준 편리함의 현기증으로 묘사된다. 글로벌 시장에서의 경쟁력이라는 추상에 집착하는 이들에게 세계화는 경쟁의 단위인 개인, 지역 또는 국가가 거미줄처럼 얽혀 있는 현실이다. 작지 않은 규모의 내수시장과 무역의존도가 낮다고 볼 수 없는 많은 나라들에게 세계화는 무시할 수 없는, 그러나 여건만 허락한다면 잠시라도 잊고 싶은, 변화에의 압력이다.

이 책은 세계화를 자유주의 국제경제질서의 한 역사적 국면으로 파악하는 시각에서 "우리 시대의 정치적, 경제적 기원"을 탐구한다. 내장된 자유주의(*embedded liberalism*)라는 용어로 지칭되는 우리가 살고 있는 시대의 국제경제질서는 2차대전 종식 직후에 주요 산업국들에서 이루어진 역사적 타협의 결과이다. 1차대전 이전의 고전적 자유주의로 돌아가기에는 산업구조의 변화, 조직노동의 성장이 돌이킬 수 없는 지점에 이르렀고, 대공황과 2차대전 중의 정치적 파국과 경제적 민족주의가 되풀이되지 않도록 해야 했던 상황에서 만들어진 체제였던 것이다. 경제개방과 상호의존으로 특징지어지는 자유주의를 부유(浮游)하도록 내버려두기보다는 각국의 고유한 사회적 목적에 결박시켰던 이 새로운 국제경제질서는 국내적 수준에서 이루어진 계급간, 부문간 타협을 반영했다. 이 책은 전후 자유주의 국제경제질서의 국내사회적 기반을 주요 산업국들의 노사관계와 정당간 경쟁의 양태라는 측면에서 분석한다.

내장된 자유주의라는 주제의 성격상 이 책이 학문분류상 위치하고 있는 영역 또한 국제관계학과 비교정치학, 좀더 세부적으로 말하여 국제정치경제와 비교정치경제 분야의 중간쯤 어딘가에 있다고 말할 수 있다. 국제정치경제가 정치학의 한 매력적인 하위분야일 수 있는 이유가 바로 이처럼 경계를 넘어서는 성격에 있다고 나는 믿는다. 물론 월경(越境)의 매순간마다 내가 얼마나 이론적 엄밀함과 경험적 치밀함을 유지했는지는 독자들이 판단할 몫이다.

각각 서론과 결론에 해당하는 제 1장과 제 6장을 제외한 네 장은 미국, 영국, 프랑스, 서독의 사례연구로서 그 자체로 독립적인 글이라고 보아도 무방하다. 제 1장에서 제시되는 이론적 주장을 뒷받침하는 사례분석의 차원에서 구성된 장들이지만 필자에게는 이 네 나라들의 역사적 경험을 들여다보는 작업이 가장 힘들었고 또 재미있었다. 정치경제에 대한 역사적 접근법을 주로 취해온 내게 이 책에서의 비교분석은 다양성에 대한 탐구가 그 자체로서 매우 가치 있는 지적 노동이라는 나름대로의 믿음을 갖게 해주었다. 국제정치경제 문헌과 연구방법론에 그다지 관심이 없는 독자들은 바로 사례연구 장들로 옮겨가도 되겠지만 반세기 전에 만들어진 체제가 오늘날의 세계화와 복지체제, 노사관계와 민주주의에 어떤 흔적을 남기고 있는지에 관심 있는 이들에게는 서장과 결장의 논의에도 일고를 권유하고 싶다.

이 책은 나의 맥길대학교 박사학위논문("Making Embedded Liberalism Work: Domestic Sources of the Postwar Liberal Subsystem")에 바탕을 두었다. 지금 되돌아보면 조금은 거창했던 주제를 들고 왔던 학생에게 경청의 관용을 베풀었던 마크 브롤리는 내가 이 책을 쓸 수 있도록 누구보다도 격려를 아끼지 않았다. 나의 지적 여정에서 엄격하면서도 편안한 스승이었던 그에게 고마움을 전하고 싶다. 지금도 아쉬움이 남는 것이 있다면 그에게 들고 갔던 첫 연구주제를 선택할 수 있을 정도로 내가 더 준비되어 있었다면, 막막함에 그만 접어버렸던 그 대작(大作)을 핑계 삼아 몽례알의 거리를 좀더 걸을 수 있었다면 하는 것이다. 처음 마음을 준 연구주제에 쉽사리 미련을 버리지 못하는 터라, 막막하지만 가슴 뿌듯한 그 지적 상상으로 언젠가는 다시 돌아갈 수 있기를 바란다. 이 책을 쓰면서 내 젊음의 가장 아름답고 중요한 한 장(章)을 정리할 수 있어서 행복했다.

제1장의 초고는 "전후 국제경제질서의 국내정치적 기반: 내장된 자유주의에 대한 하나의 역사제도주의적 설명"〔《한국정치학회보》 37집 2호(2003), pp. 307~324〕이고, 제2장의 초고는 "전후 미국의 정치연합과 국제경제질서: 사회부문, 정당체제, 국제자유주의"〔《국제정치논총》 43집 1호(2003), pp. 411~429〕이며, 제5장 제2절의 일부는 "Manufacturing a German Model of Liberal Capitalism: The Political Economy of the German Cartel Law in the Early Postwar Period"〔*Journal of International and Area Studies* 10, 1(June 2003), pp. 41~57〕, 제2장 제1절의 일부, 제6장 제3절과 제4절의 일부는 "미국 예외주의의 국제정치경제: 자유주의 패권 행사의 한 역사적 유형론"〔《국제지역연구》 13권 4호(2004), pp. 1~23〕에 실렸다. 전재를 허락해준 한국정치학회, 한국국제정치학회, 서울대학

교 국제학연구소에 감사드린다.

항상 내게 마땅한 것보다 더 좋은 값을 매겨주시는 나남출판의 조상호 사장님, 기획단계에서 도움을 주신 박영도 선생님, 작업의 처음부터 끝까지 함께 해주신 방순영 부장님, 표지를 만들어주신 이필숙 실장님, 편집 작업을 맡아준 신지영 씨에게 감사드린다.

학문의 결과물을 출산에 비유하는 것은 학자들의 오랜 버릇이다. 아직 젊은 나도 예외는 아니다. 첫째 아이가 태어나 자라는 동안 쓴 학위논문이 책으로 모습이 바뀌는 동안에 둘째 아이가 태어나 자라고 있다. 내가 살아가는 이유가 되어준 이언과 이선에게 아빠가 참 많이 사랑한다고 말해주고 싶다. 이제 막 시작된 내 학문의 농사가 넘치지 않는 풍요로 마감되기를 바라듯이 내 가정의 농사가 소박하지만 평온한 밥상으로 돌아오기를 소망한다. 그녀 자신과 나를 나누어 닮은 형제를 선물로 준 정아에게 이 생에 다 갚지 못할 빚을 여기에 적는다.

2008년 2월

조 찬 수

나남신서 1294

국제경제질서의 사회적 기원

차 례

제 4 장 경제적 근대화를 통한 복지국가의 창출: 프랑스

제 5 장 집합주의 사회의 경제개방 적응: 독일

제 1 장

"우리 시대의 정치적, 경제적 기원"

1. 내장된 자유주의의 역사적, 개념적 이해

칼 폴라니가 1944년에 출간한 《거대한 전환》은 "우리 시대의 정치적, 경제적 기원"이라는 부제를 달고 있다.[1] 미증유의 경제적 침체, 정치적 억압, 군사적 파괴, 그리고 무엇보다도 사회적 붕괴를 연쇄적으로 목격하던 한 헝가리 출신의 경제인류학자가 쓴 이 고전은 출간된 지 반세기가 훨씬 지난 오늘의 세계화 시대에 1차대전 이전과는 또다른 의미에서 시장의 힘이 사회적 제어로부터 풀려나고 있는 상황을 설명하기 위해 — 주로 비판하기 위해 — 사용되는 핵심 전거가 되었다.[2] 이 책에서는 어떤 형태로든 세계화에 대한 비판을 위해 폴라니의 저작

1) Karl Polanyi, *The Great Transformation: The Political and Economic Origins of Our Time* (Boston: Beacon Press, 1957[1944]).

2) 《거대한 전환》을 집필할 즈음의 폴라니의 개인사에 대해서는 다음을 보라. Fred Block and Margaret R. Somers, "Beyond the Economistic Fallacy: The Holistic Social Science of Karl Polanyi," in *Vision and Method in Historical Sociology*, ed. Theda Skocpol (New York: Cambridge University Press, 1984), pp. 50~51.

을 끌어들이지 않는다. 그대신 필자의 관심은 1940년대 중반을 암울하게 경험하고 있던 폴라니가 곧 목도하게 되었을 새로운 자유주의 국제경제질서가 어떤 국내정치적 조건하에서 제도화되었는지를 설명하는 데 있다. 긴 역사적 시각에서는 오늘날 세계화의 작동양식과 그 국내사회적 파급효과를 설명하기 위해 폴라니가 초점을 두었던 19세기까지 거슬러 올라가야 할지 모른다.[3] 그러한 작업은 그 자체로 흥미롭고 필요하지만 이 책의 목적은 다소 제한적이다. 2차대전 종전 직후 시기, 즉 1940년대 후반과 1950년대에 자유주의 공동체의 주요 참여국들(미국, 영국, 프랑스, 서독)이 대공황과 파시즘 그리고 전쟁으로 파열되었던 국제경제질서를 단순히 복원하는 데 그치지 않고 새로이 주형했던 과정을 국내정치적 변수들을 통해 설명하려는 것이다.

그러기 위해서는 먼저 2차대전의 종식과 함께 형성된 국제경제질서의 성격을 간략히 묘사하는 것이 순서일 것이다. 이 책이 그 형성과정을 설명하고자 하는 대상은 존 제라드 러기가 "내장된 자유주의" (*embedded liberalism*)[4] 라고 불렀던 체제이다. 러기는 19세기 영국에서 등장한 시장경제 개념의 독창성을 논의하기 위해 폴라니가 사용했던 "내장"(*embedded*)과 "이완"(*disembedded*)의 서술적 구분을 하나의 분석적 구분으로 발전시켰다. 폴라니는 19세기 이후의 시장경제가 사회의 공동체적 요구로부터 분리되어 독자적 운동원리를 갖는 추상적 실체로

3) 이러한 성격의 작업들로는 다음을 참조. Daniel Verdier, *Democracy and International Trade: Britain, France, and the United States, 1860-1990* (Princeton: Princeton University Press, 1994); Michael J. Hiscox, *International Trade and Political Conflict: Commerce, Coalitions, and Mobility* (Princeton: Princeton University Press, 2002).

4) John Gerard Ruggie, "International Regimes, Transactions, and Change: Embedded Liberalism in the Postwar Economic Order", *International Organization* 36(1982), pp. 379~415. 이 논문은 흔히 국제관계학의 한 시각으로서 구성주의(*constructivism*)가 제시된 하나의 고전적 전거로 간주된다.

인식되기 시작했음에 주목했다. 이는 단순히 맑스가 말했던 자본주의 하에서의 정치와 경제의 분리를 재서술한 것이 아니었다. 맑스가 다양한 형태의 비경제적 강제에 의해 구속된 전자본주의 생산양식들의 한계를 지적하고 부르주아지의 생산수단 혁신을 가리켜 "견고한 모든 것은 공기 속으로 녹아 사라진다"(*all that is solid melts into air*)[5] 고 표현했던 것과는 달리 폴라니는 자기교정적 시장(*self-correcting market*)의 관념이 경험적으로 실체가 없는 것임을 지적하고자 했다.[6]

러기는 1차대전을 전후하여 국내의 "사회적 목적"(*social purpose*)[7] 으로부터 상당히 이완되었던 국제경제질서가 전간기와 2차대전의 파국을 겪고 나서 각국 정치경제의 독특한 사회적 필요를 고려하게 되었음에 주목했다. 흔히 "브레턴우즈 체제"(*Bretton Woods system*) 라고 불렸던, 전후 국제무역과 국제금융을 규율했던 관리기제는 1930년대의 경제적 민족주의와 파시즘의 등장으로 인해 기둥이 무너지고 곧 이은 전쟁에 의해 기저가 파괴된 국제 자유주의경제의 원리를 복원시키되 개별국가의 국내경제정책 자율성을 가능한 보장하고 그 균형이 깨졌을 때 국제적 조정기구가 작동하는 식의 타협을 반영했다. 러기의 잊히지 않을 문구를 그대로 인용한다. "30년대의 경제적 민족주의와는 달리 〔내장된 자유주의〕는 다자주의적이었고, 금본위제와 자유무역 시대의 자유주의와는 달리 〔내장된 자유주의〕의 다자주의는 국내수준에서의 개입주의에

---

5) Karl Marx, "Manifesto of the Communist Party", in *Karl Marx and Frederick Engels: Selected Works* (New York: International Publishers, 1986), p. 38.

6) 《거대한 전환》 이후의 폴라니의 저작들 대부분은 자본주의 시장경제 출현 이전의 경제양식들에서 사회의 공동체적 요구들이 어떻게 경제행위와 연관되어 있었는가를 탐구하는 작업이었다.

7) 러기는 국제정치질서가 힘(*power*)과 사회적 목적의 두 차원으로 이루어져 있다고 말하면서도 두 개념 각각에 대한 형식적 정의는 제시하지 않았다. 힘의 경우 직관적 개념이기 때문에 양해될 수 있겠지만 사회적 목적은 적어도 잠정적 정의를 필요로 한다. 이 책에서는 "한 나라의 정치경제가 산업성장과 자본축적의 부산물로서 성취하고자 하는 목표"로 정의하기로 한다.

기반할 것이었다."[8)]

하나의 국제경제체제로서 내장된 자유주의는 경제개방에의 적응비용이 사회집단들, 경제행위자들간에 분담될 수 있다는, 경제적이기보다는 "정치적인" 믿음에 기반을 둔 것이었다.[9)] 그리고 그러한 비용분담의 기제는 조직자본과 조직노동 간 계급타협을 가능케 하는 제도적 배열이었다. 주요 산업국들간의 다자적 합의를 통해 이루어지는 경제개방은 개별국가의 광범한 경제적 개입이 용인됨으로써 국내사회의 안정을 해치지 않을 수 있었다.

국내수준에서 국가 경제운용의 요체는 두 가지였다. 첫 번째는 사회보장 프로그램의 확대였다. 주요 산업국들은, 나라들마다 편차는 존재하지만, 대공황을 전후하여 복지의 정치적 필요성을 인정하고 그 제도적 장치들을 마련하기 시작했다. 2차대전은 그러한 장기적 경향을 하나의 돌이킬 수 없는 사실로 만드는 데 기여했다. 전후방의 구분이 있을 수 없는 전국민 동원전쟁이었던 금세기 두 번째의 대전은 완전고용의 효과를 가졌다. 전시동원의 핵심대상이었던 노동계급에 대한 전후 보상은 보수정부라도 이행하지 않을 수 없는 협약이었기에 종전과 함께 복지체제는 확대되고 제도화되었다.[10)] 〈표 1-1〉은 1950년대 중반에 이르면 이 책에서 다루는 네 나라들 모두에서 공공부문 지출이 전체 경제의 30% 가량을 차지하게 됨을 보여준다.

---

8) Ruggie, "International Regimes, Transactions, and Change", p. 393.

9) 필자는 러기의 구성론적 관점, 즉 이념이나 사고체계가 변화의 동력일 수 있다는 시각에 전적으로 동의하지는 않지만 적어도 위에서 진술한 측면에서는 러기의 생각이 옳다고 본다.

10) 전쟁과 복지의 연관성에 대해서는 다음을 참조. Jytte Klausen, *War and Welfare: Europe and the United States, 1945 to the Present* (New York: St. Martin's Press, 1998); Bartholomew H. Sparrow, *From the Outside In: World War II and the American State* (Princeton: Princeton University Press, 1996).

〈표 1-1〉 GDP 대비 공공부문 지출 추세, 1955~1957년

단위: %

국 가	전체 지출	정부 직접지출	간접지출
미 국	25.9	16.7	4.5
영 국	32.3	16.6	7.9
프랑스	33.5	14.1	15.0
서 독	30.2	12.5	12.5

출처: Rudolf Klein, "Public Expenditure in an Inflationary World", in *The Politics of Inflation and Economic Stagnation: Theoretical Approaches and International Case Studies*, ed. Leon N. Lindberg and Charles S. Maier (Washington, D.C.: The Brookings Institution, 1985), p. 204.

국가개입의 두 번째 형태는 케인스주의적 거시경제정책의 보편적 수용이었다. 늦어도 1960년대까지 국제경제질서의 주요 참여국들에서 경제적이자 정치적인 교리로서 케인스주의는 정당한 정책이념으로 받아들여졌다. 완전고용은 잘 고안되고 실행되는 재정 및 통화정책과 결합될 때 노동시장의 경직보다는 산업생산의 안정과 예측성의 제고를 가져오는 수단으로 인식되기 시작했다.[11] 달리 말해 지속적 경제성장이 이루어졌던 전후 15~20년 동안 주요 산업국들은 국제 자유주의 레짐의 규범/원칙과 규칙/절차를 크게 위배하지 않으면서도 국민경제를 운용하고 그로부터 발생하는 총체적 부를 그 어느 때보다도 관대한 사회복지 제공에 사용할 수 있었다. 국내적 복지향상과 국제레짐 안정성이 공존하기 위해서는 개별국가에게 통화정책과 재정정책의 자율성이 보장되어야 했다.

자유주의 국제경제의 기준선으로 인식되는 무역자유화조차도 전후 시기에 와서는 결코 맹목적으로 추구되지 않았다. 레짐 참여국들은 국민경제와 사회를 경제개방의 부정적 영향으로부터 지키는 데 필요하다

11) Jeanne Kirk Laux and Maureen Appel Molot, *State Capitalism: Public Enterprise in Canada* (Ithaca: Cornell University Press, 1988), p. 1.

고 판단될 때에는 자유무역의 독트린에서 빠져 나올 수 있었다. 미국은 뉴딜 후반기에 무역정책의 기조를 상호성(*reciprocity*)으로 설정하면서 자유무역의 원리를 정치화시켰다. 그리고 미국 주도하에 창설된 관세 및 무역에 관한 일반협정(GATT)은 무조건적 자유무역의 실현을 목적으로 하지 않았다. 그것은 개별국가가 자유무역에서 합법적으로 이탈할 수 있는 경우들을 규정한 예외법령집에 가까웠다. 내장된 자유주의는 "언제든지 그것이 합리적이고 관행적으로 가능하다면 재화는 국내에서 만들기로 하고, 특히 금융은 일차적으로 일국적인 것으로 만들자"[12]는 케인스 경의 제안을 실행했다. 특히 미국의 암묵적 동의하에 이루어진 단기자본이동 통제는 "국제경쟁의 타격을 비켜가게 하고 그것의 국내정치적 효과를 완화시키는 보호막"이었다.[13]

물론 내장된 자유주의가 작동할 수 있었던 사실을 설명하기 위해서는 국내적 수준의 정책적 수단들로써는 어찌할 수 없는 구조적 요인들의 변화가 고려되지 않으면 안 된다. 전후의 신국제경제질서는 무엇보다도 미국의 압도적 경제력과 군사력에 기반을 두는 것이었다. 루스벨트의 사망과 함께 소련과의 협력을 통한 전후재편이라는 뉴딜 후반기의 대외정책기조는 흔들리게 되었고, 트루먼 행정부하에서 소련을 팽창주의적이고 수정주의적인 도전국으로 인식하는 정책입안자들의 영향력이 커졌다.[14]

---

12) John Maynard Keynes, "National Self-Sufficiency", *The Yale Review* 22 (1933), pp. 755~769. 역설적이게도 이 논문에서 국제 자유주의의 규칙들에 대한 케인스의 시각은 부정적이었다. 그러나 필자는 케인스의 비자유주의적 처방이 내장된 자유주의의 정신과 상치된다고 보지 않는다. 전후 국제경제질서의 핵심은 비자유주의적 경제관행의 정치적 수용과 통합이기 때문이다. 하지만 필자로 하여금 케인스의 제안과 내장된 자유주의 간에 가능한 모순을 재고하게 해준 에릭 헬라이너(Eric Helleiner)에게 감사한다.

13) John B. Goodman and Louis W. Pauly, "The Obsolescence of Capital Controls? Economic Management in an Age of Global Markets", *World Politics* 46(1993), p. 79.

1947년의 마셜플랜의 시작과 함께 본격화된 냉전은 내장된 자유주의의 맥락적 변수(*contextual variable*), 달리 말해 구조적 요인이었다. 미국은 점증하는 소련의 팽창주의 위협을 저지하고 자유주의 공동체를 보호하기 위해 유럽의 복지국가 확대비용을 부분적으로 여러 형태로 부담하는 적극성을 보였다. 이 새로운 패권국은 금-달러 본위제를 통해 "유럽의 경상수지 적자 벌충을 적어도 1950년대까지는 하고자"[15] 했고, 실제로 그러했다. 상호성을 무역정책의 포기할 수 없는 기준선으로 삼았던 미국이지만 유럽 국가들의 차별적 무역관행도 종종 묵인되었다. 국제 공산주의 봉쇄를 위한 패권국의 시혜조치는 거의 동시에 일본에게도 적용되었고, 나중에는 신흥산업국들에게도 확대되었다. 요컨대 형성기의 내장된 자유주의는 국내정치경제와 국제정치경제를 조화시키겠다는 공통의 사고, 표준화된 대량생산체제에 기반을 둔 고도 경제성장, 그리고 양극체제하에서의 미국의 패권행사가 결합되어 나타난 결과였다.

이 세 가지 요인들 가운데 뒤의 두 가지는 오늘날 소멸되거나 현저히 약화되었다. 굴뚝산업과 포드주의 대량생산체제는 서비스부문 중심의 산업구조로 대체되고 있으며, 그 사회적 효과는 실로 크다.[16]

---

14) 트루먼 행정부내에서의 대소련 인식의 변화에 대해서는 Deborah Larson, *Origins of Containment: A Psychological Explanation* (Princeton: Princeton University Press, 1985) 참조.

15) Charles S. Maier, "The Politics of Inflation in the Twentieth Century", in *The Political Economy of Inflation*, ed. Fred Hirsch and John H. Goldthorpe (London: Martin Robertson, 1978), p. 60.

16) 전통적 제조업의 중요성을 완전히 무시할 수는 없다는 견해 역시 존재하는데, 이 책의 목적에 비추어 그러한 견해는 진지하게 고려되어야 한다. 서비스 부문의 성장이 기정사실이라 해도 그들을 노동운동에 끌어들일 수 있는 가장 유력한 집단은 기존의 제조업 부문 노조들이기 때문이다. Stephen S. Cohen and John Zysman, *Manufacturing Matters: The Myth of the Post-Industrial Economy* (New York: Basic Books, 1987) 참조.

〈표 1-2〉 GDP 대비 서비스산업 부가가치

단위: %

비 율				
연 도		1987	1997	증감치
사민주의 복지국가	스웨덴	66.3	70.5	4.2
	노르웨이	66.0	65.9	-0.1
	덴마크	71.6	72.1	0.5
	핀란드	61.6	66.3	4.7
기민주의 복지국가	오스트리아	64.1	68.2	4.1
	벨기에	68.6	71.3	2.7
	네덜란드	67.8	69.8	2.0
	독 일	64.0	69.9	5.9
	프랑스	66.9	71.5	4.6
	이탈리아	61.9	66.9	5.0
	스위스	60.8	63.5	2.7
자유주의 복지국가	캐나다	66.8	71.6	4.8
	아일랜드	57.0	55.6	-1.4
	영 국	66.1	70.8	4.7
	미 국	68.3	71.4	3.1
임금소득자 복지국가	호 주	64.1	68.2	4.1
	뉴질랜드	65.1	66.6	1.5
	일 본	56.8	60.2	3.4

출처: http://www.oecd.org/dataoecd/10/33/2090561.pdf

〈표 1-2〉는 1980년대 중반에 이르면 OECD 산하 주요 산업국들이 대부분 서비스산업 중심의 경제로 완전히 이동했음을 보여준다. 또한 그 추세는 1990년대까지 꾸준히 이어졌고, 나라들간에 어느 정도의 차이는 있지만 대체로 증가세를 확인할 수 있다. 복지국가 유형별 편차가 두드러지지 않는데, 이는 서비스 경제의 도래가 정당체제, 계급연

합 등의 요인들과는 상대적 독립성을 유지하면서 발전해온 현상임을 의미한다.

일단 기존의 대량생산체제에서 안정적 고용과 너그러운 복지를 누릴 수 있었던 노동계급은 심각한 조직적 위기에 봉착했다. 서비스 부문의 비정규성으로 인해 기존의 노조는 충원의 위기에 직면했고, 1970년대 이후의 경제성장 둔화는 노동시장의 유연화를 촉진하는 요인이었다. 더 이상 조직노동은 정부, 기업과의 관계에서 협력자로서 인식되지 않게 되었다. 체계적 수준에서 냉전의 해체는 미국으로 하여금 국제 자유주의 공동체를 어떤 가능한 대안적 체제와의 경쟁으로부터 지켜내야 할 필요가 없어졌음을 의미했다. 미국은 경제적으로 군사적으로 자유주의 질서를 유지하는 비용을 유럽과 동아시아의 동맹국들과 분담할 것을 요구하기 시작했고, 더 나아가 신자유주의의 이념적, 정책적 공세를 주도했다. 냉전과 대중적 삶의 안정성이 기묘하게 결합되었던 과거의 구조는 구 사회주의권과 자유주의 공동체 내부에서 공통적으로 허물어지기 시작했다.

그렇다면 남는 것은 국제 자유주의 경제를 국내수준의 정치적 타협과 접목시키고자 했던 체계수준의 사회적 목적이다. 문제는 내장된 자유주의가 건설되던 시기의 사회적 목적이 근본적으로 변하지 않았다는 것을 어떻게 알 수 있는가이다. 앞서 지적한 바대로 사회적 목적의 개념은 매우 추상적이고 조작화 자체가 쉽지 않다. 대안으로서 내장된 자유주의의 간접적 지표들인 국가의 케인스주의적 경제운용과 복지지출을 관찰해보는 방법이 가능하다. 1970년대 이후로 이른바 "복지국가의 재정위기"가 운위되었고 그 대안으로서 신자유주의 정책들이 경쟁적으로 추구되고 있는 것은 사실이다. 그러나 동시에 복지국가의 규모나 정책적 중요성이 눈에 띌 정도로 축소되지는 않았다는 점도 사실이다. 복지국가 지속성에 대한 최근의 많은 연구는 세계화에 의한 것이든 탈산업화에 의한 것이든 또는 제도적 경로의존성(*path dependency*)에

의한 것이든 전후 복지지출의 패턴은 급격한 감축보다는 현상유지 내지 증가세에 가깝다는 데 대체로 동의한다.[17)]

마이클 웹은 1980년대에 많은 나라들이 통화주의의 수사를 사용했으나 실제 경제정책은 여전히 케인스주의적 수요자극에 기반을 둔 것이었다고 본다. 특히 미국은 국내적으로 팽창적 경제정책을 계속 사용함으로써 결과적으로 자유무역이 확대되는 데 기여했다고 주장한다. 세계화와 사회민주주의는 양립 불가능하지 않다고 주장하는 대표적 학자인 제프리 개럿은 유럽국가들의 경험을 토대로 전국적 대표성을 갖는 노동운동과 연계된 강력한 좌파정당들의 존재는 시장이 적절히 공급하기 어려운, 그러나 지속성장과 경쟁력 강화에 필수적인 공교육, 직업훈련, 사회간접자본 등의 제공을 원활하게 만든다고 본다.[18)] 즉 내장된 자유주의는 아직도 건재하다는 것이다. 그러나 이 책에서는 내장된 자유주의가 지속되고 있는가 또는 사라지고 있는가[19)]의 논쟁보다는 공통의 사회적 목적이 주요 참여국 각각에서 상이하게 제도화되었던 과정에 초점을 맞춘다.

우리가 여전히 내장된 자유주의와 함께 살고 있다면, 그 전후재편이 어떠한 조건하에서 이루어졌고 그 조건들이 오늘날의 국제정치경제와

---

17) 토벤 아이버슨은 선진경제들의 탈산업화가 복지국가 확대의 주된 요인이라고 주장하는 대표적 학자이지만, 그의 다음 논문은 복지국가 지속요인에 대한 문헌을 잘 정리하고 있다. Torben Iversen and Thomas R. Cusack, "The Causes of Welfare State Expansion: Deindustrialization or Globalization?", *World Politics* 52(2000), pp. 313~349.

18) Michael C. Webb, *The Political Economy of Policy Coordination: International Adjustment since 1945* (Ithaca: Cornell University Press, 1995), pp. 263~264; Geoffrey Garrett, *Partisan Politics in the Global Economy* (New York: Cambridge University Press, 1998), pp. 1, 5.

19) 제6장은 이 쟁점을 좀더 자세하게 다룬다. 그러나 내장된 자유주의의 건재 여부는 그 자체로서 또 다른 연구분야를 구성하는 것으로 이 책의 범위를 넘어선다.

국내정치경제를 어느 정도로 계속 규율하고 있는지를 말할 수 있어야 한다. 국제정치경제 분야의 많은 학자들은 내장된 자유주의의 현 실태라고 말할 수 있는 브레턴우즈 체제가 1970년대 중반에 이르러 더 이상 세계정치경제의 기본틀이 될 수 없게 된 이유와 과정에 주목했다. 전후 자본주의의 황금기가 왜 이 특정한 시점에 퇴락하게 되었는지, 주요 산업국들은 전후 경제성장의 둔화에 어떻게 반응했는지, 그러한 반응의 국내정치적, 사회적 기반은 무엇이었는지가 학자들의 주된 관심사였다.[20] 전후재편 자체가 어떻게 국내적 요구와 국제적 요건을 절충시킬 수 있었는지에 대한 관심은 부차적이었다.

정치학자들이 이 중요한 퍼즐을 제쳐놓는 동안 역사가들은 탄탄한 경험적 연구를 진행했다. 그 가운데 한 사람인 앨런 밀워드는 단순하지만 전후재편의 의미를 이해하는 데 결정적인 질문을 던진다. "2차대전 후의 유럽재건이 1차대전 후에 비해 훨씬 더 성공적이었던 이유는 무엇인가? 그리고 … 전후 경기호황이 이전의 그것들보다 훨씬 더 지속적이었던 이유는 무엇인가?" 밀워드의 다소 동어반복적인 답은 정치적 재건의 측면에서 2차대전 이후의 전후재편이 더 성공적이었기 때문이라는 것이다.[21]

이 책은 2차대전 이후의 정치적 재건이 성공적일 수 있도록 만들고 국제 자유주의의 레짐을 안정시키는 데 기여한 국내적 조건들을 조명한다. 이러한 조건들에 대한 체계적 이해는 국제 자유주의 경제의 상이한 역사적 시기들을 비교분석하는 데도 도움을 줄 것으로 기대된다. 예컨대 금본위제(1870년대~1914년), 전간기(1919~1939년), 내장된 자

---

20) 예로서 다음을 참조. Stephen Bornstein, David Held, and Joel Krieger, eds., *The State in Capitalist Europe: A Casebook* (London: George Allen & Unwin, 1984); John H. Goldthorpe, ed., *Order and Conflict in Contemporary Capitalism* (Oxford: Clarendon Press, 1984).

21) Alan S. Milward, *The Reconstruction of Western Europe, 1945-1951* (Berkeley: University of California Press, 1984), pp. xv, xvi.

유주의 시기(1945년~1970년대 초), 그리고 1980년대 이후의 세계화 시기를 일관된 분석틀로 비교할 수 있을 것이다.

지난 10여 년 동안 국제정치경제와 비교정치경제 분야의 문헌은 세계화와 일국적 수준의 사회·경제·정치가 어떤 상호작용 관계에 있는지를 설명하는 연구들로 넘쳐 났다. 서두에서 밝힌 대로, 이 책은 오늘날 세계화가 국민국가 테두리 안의 정치경제체제에 어떤 영향을 미치는가를 분석하고 앞으로의 전망은 어떠할 것인가를 논하는 작업이 아니다. 하지만 내장된 자유주의가 오늘날 세계화와 긴 역사적 시각에서는 경제개방과 상호의존의 흐름을 함께 이루는 것이라면 국제경제질서의 향방에 대한 이 책의 시각을 분명히 할 필요가 있다.

이 책에서 필자의 주된 논점은 내장된 자유주의가 2차대전 직후시기에 안정적으로 건설될 수 있었던 것은 국내적으로 복지체제가 정비되면서 경제개방에 대한 사회적 저항을 방지할 수 있었기 때문이라는 것이다. 따라서 이 국내적 보상의 체계가 건재하는 한 내장된 자유주의는 세계화 시대에도 수정된 형태로 지속될 것이라고 예측한다. 사실 많은 학자들이 이러한 예측을 공유하고 있기 때문에[22] 논의의 초점은 내장된 자유주의가 세계화 시대에 겪고 있는 수정이 구체적으로 어떤 내용을 갖는지에 주어져야 한다. 이 책은 내장된 자유주의가 유지될 수 있는 조건은 무엇인가를 묻기에 앞서 그것이 건설될 수 있었던 조건들을 추적한다.[23]

---

22) 예로서 다음을 참조. Jude C. Hays, Sean D. Ehrlich, and Clint Peinhardt, "Government Spending and Public Support for Trade in the OECD: An Empirical Test of the Embedded Liberalism Thesis", *International Organization* 59(2005), pp. 473~494.

23) 건설의 조건(*founding conditions*)과 유지의 조건(*maintenance conditions*)의 대비는 다음에서 빌려왔다. Charles S. Maier, "Preconditions for Corporatism", in *Order and Conflict in Contemporary Capitalism*, ed. John H. Goldthorpe(Oxford: Clarendon Press, 1984), p. 50.

건설될 당시에 내장된 자유주의는 노동자들의 복리를 보장하는 데 일로매진하는 좌파정부들의 고안물과는 거리가 멀었다. 이 책에서 비교연구의 대상으로 선택된 미국, 영국, 프랑스, 서독 모두에서 새로운 국제경제질서가 구축되던 1950년대는 우파의 보수정당들의 집권시기였다. 서독을 부분적 예외로 할 때 다른 세 나라에서 삼자간 협의체제는 매우 미약한 형태로 존재했다. 이 자유주의 공동체의 주요 참여국들은 "사회적" 내용을 갖춘 자유민주주의 체제였다.

바로 여기에 이 책이 맞추고자 하는 경험적 퍼즐이 자리잡고 있다. 전간기와 전시를 통해 좀처럼 이단적 경제정책의 이념과 수단을 받아들이려 하지 않았던 보수정당들이 종전 이후에 재집권하면서 국제적 자유화와 국내적 보상의 결합을 추구하게 된 이유는 무엇인가? 몇 가지 손쉬운 해답들이 제시될 수 있겠다. 먼저 대공황과 2차대전의 충격이 너무나 컸기 때문에 보수정당들도 똑같은 파국을 다시는 반복해서는 안 된다는 인식의 전환이 이루어졌다고 설명할 수 있을 것이다. 이 설명이 설득력을 가지기 위해서는 1차대전의 충격이 2차대전의 그것과 질적으로 다른 것이었음을 증명할 수 있어야 한다.

정책이념의 역할에 주목하는 학자들은 2차대전 이후 케인스주의의 확산을 해답으로 내놓을 것이다.[24] 그러나 이단적 경제이념의 전통은 정통교의의 그것만큼이나 오래된 것이다.[25] 케인스의 주저인 《고용, 이자 및 화폐에 관한 일반이론》은 1936년에 출간되었고,[26] 스웨덴의

---

24) Peter A. Hall, ed., *The Political Power of Economic Ideas: Keynesianism across Nations* (Princeton: Princeton University Press, 1989); G. John Ikenberry, "A World Economy Restored: Expert Consensus and the Anglo-American Postwar Settlement," *International Organization* 46 (1992), pp. 289~322.

25) Eric Helleiner, "Economic Nationalism as a Challenge to Neoliberalism? Lessons from the 19th Century", *International Studies Quarterly* 46 (2002), pp. 307~329.

사회민주주의, 독일의 민족사회주의, 미국의 뉴딜 같은 "케인스 이전의 케인스주의" 실험은 경제개방의 국내적 기반이 되기보다는 경제적 민족주의를 강화하는 결과를 낳았다. 1930년대와 1940년대 후반 모두 케인스주의를 알고 있었다면 정책결과의 차이는 정책이념이 아닌 그것을 살아 움직이게 하는 제도적 조건들에서 발견되어야 한다.

이 책에서 그 제도적 조건들은 두 수준으로 나누어 분석된다. 비공식적 제도의 수준에서 필자는 노동계급 이익의 수용이 어떻게 이루어졌는지를 본다. 공식적 제도의 수준에서는 정당간 경쟁의 양태가 어떠했는지를 본다. 그리고 1950년대를 통해 이 두 수준의 제도적 조건들이 어떻게 상호작용하여 특정의 정책결과를 낳았는지를 볼 것이다.

내장된 자유주의를 국내화시키기 위해 각국이 취했던 정책쇄신은 실로 다양했다. 미국에서는 대기업 중심의 복지자본주의와 뉴딜이 창출한 복지국가가 맞물려 움직였다. 영국에서는 뒤늦게 도입된 케인스주의적 복지국가와 전통적인 스털링 정책이 결합되었다. 프랑스에서는 노동배제적 근대화 연합에 의한 지도주의적(*dirigiste*) 산업정책이 채택되었다. 서독의 사회적 시장경제는 집합주의 전통이 강하게 남아있는 경제를 제한적으로 자유화하는 효과를 가졌다. 이 자본주의의 다양성은 내장된 자유주의가 1971년에 닉슨 대통령이 달러의 금 태환 중지를 선언하면서 브레턴우즈 체제가 무너질 때까지 불안정할 수밖에 없었던 이유를 어느 정도 설명해준다. 그리고 동시에 세계화의 동화력에도 불구하고 각국 정치경제체제의 제도적 관성이 유지되고 있는 점도 어느 정도 설명된다.

제 2절에서는 내장된 자유주의 형성기에 대한 이 책의 분석이 어떤 이론적 시각에서 이루어지는지를 논한다. 제 3절에서는 필자의 접근법을 기존문헌과의 차이를 부각시킴으로써 제시한다. 제 4절에서는 비교

---

26) John Maynard Keynes, *The General Theory of Employment, Interest and Money* (London: Macmillan, 1936).

분석의 개요를 제공한다. 제 5절에서는 이 책의 개요와 사례선택, 방법론을 제시한다.

2. 이론적 분석틀: 제도주의의 재사회화

국제경제 자유화의 국내적 기반에 대한 기존문헌은 사회적 모형(*societal models*)과 제도적 모형(*institutional models*) 두 가지로 나누어 볼 수 있다. 사회적 모형에 의하면, 대외경제정책의 방향을 결정짓는 주된 요인은 정책과정 접근에 대한 사회집단들과 경제집단들의 경쟁이다. 한 나라의 정치경제는 국내적으로 대외적으로 서로 다른 이익을 가진 계급들과 부문들로 이루어진다. 대외경제정책은 국내적으로 승자와 패자를 만들어내기 때문에 계급들과 부문들은 정치과정 안에서의 대표성 획득을 위해 스스로를 조직화한다. 이러한 사회적 투입(*societal input*)의 관념은 비민주주의 체제보다는 민주주의하에서 더 설득력을 갖는다. 정기적으로 치러지는 선거가 정치인들로 하여금 득표를 극대화하는 방향으로 대외경제정책을 입안하고 실행하도록 압력을 가하기 때문이다. 그러나 사회적 모형들은 사회의 이익이나 선호가 정책으로 반영되는 과정의 정치동학을 이론화하지 못하는 경향이 있다. 이는 사회적 모형들 안에서 이익이나 선호는 내생적(*endogenous*)인 것으로, 즉 어떤 외부적 자극이나 충격과는 독립되어 존재하는 것으로 가정되기 때문이다. 제도들로 짜인 정책과정을 통과하면서 이익과 선호 자체가 변형될 수 있는 가능성을 사회적 모형들이 포착하기는 쉽지 않다.

지난 10여 년 동안 정치학의 지배적 접근법으로 자리잡은 제도주의는 사회적 모형들이 제도적 행위자들의 독자적 역할을 상대적으로 간과했던 것에 대한 정당한 반작용으로 출발했다. 정치적 결과는 단순히 사회적 요구로부터 비롯되는 것이 아니라 제도적 매개를 필요로 한다.

사회집단들과 경제집단들은 그들 내부의 제도이든 외생적 제도이든 간에 일단의 규칙과 절차, 규범과 원칙의 틀 안에서 집합행위를 한다. 엘머 에릭 샤트슈나이더가 "조직 자체가 행동을 준비하기 위한 편견의 동원"[27] 이라고 말했을 때 의미했던 바는 사회 내의 편견, 달리 말해 이익 또는 선호 가운데 어떤 것은 정책과정 속으로 들여보내고 어떤 것은 차단하는, 제도의 수문장 역할이었다.

더 나아가 제도는 특정의 정책결과를 산출하고자 하는 자체의 이해관계를 갖는다. 민주주의하에서 제도는 그 한 부분을 구성하지만 선거정치 논리에 귀속되지 않는 요소들을 또한 포함한다. 특정 정책영역에 대한 전문성, 정보, 지식으로 무장한 제도적 행위자들은 사회적 요구를 걸러냄으로써 정책결과에 패턴을 부여한다. 이 패턴은 시간이 흐르면서 그 자체가 하나의 제도적 고정물로 존재하게 되면서 전혀 다른 환경에서 만들어지는 정책결과에 영향을 준다. 즉 "경로의존성"이 만들어지는 것이다.[28]

제도적 모형들의 결점은 제도 자체의 독립변수적 성격을 강조하다 보니 정책과정에 대한 사회갈등의 영향을 가볍게 보는 경향이 있다는 것이다. 제도주의의 두 하위유형인 역사적 제도주의(*historical institutionalism*)와 합리적 제도주의(*rational institutionalism*)[29] 가운데 특히

---

27) E. E. Schattschneider, *The Semisovereign People: A Realist's View of Democracy in America* (Hinsdale, Ill.: Dryden Press, 1975〔1960〕), p. 30.

28) 폴 피어슨은 경로의존성 개념을 수익체증 개념, 즉 초기의 차이가 사라지지 않고 지속적으로 시장경쟁에 영향을 미친다는 관념과 결부시킨다. Paul Pierson, "Increasing Returns, Path Dependence, and the Study of Politics", *American Political Science Review* 94(2000), pp. 251～267. 또한 다음을 참조. G. John Ikenberry, "Liberal Hegemony and the Future of American Postwar Order," in *International Order and the Future of World Politics*, ed. T. V. Paul and John A. Hall (Cambridge: Cambridge University Press, 1999), pp. 136～139.

29) 두 접근법 각각에 대해서는 다음을 참조. Paul Pierson and Theda Skocpol,

탈사회화 경향이 강한 것은 후자이다. 합리적 제도주의는 비교적 계측가능하고 모형화가 쉬운 공식적 수준에서의 제도들 — 이를테면, 정당, 의회, 사법부, 중앙은행, 국제기구 등 — 의 내부결정과정에 치중한 나머지 그러한 공식화된 영역 밖의 움직임에 둔감한 경향이 있다.

반면에 역사적 제도주의는 제도가 갖는 역사성, 행위자와 제도 간의 상호관계를 시간의 흐름 속에서 파악하는 작업에 적절한 접근법이다.[30] 또한 역사적 제도주의는 노사관계, 하위문화, 정치적 동원기제 등의 비공식적 제도들 안에서 사회집단들이 벌이는 길항과 협력을 경험적으로 보여주는 데 적합하다. 요컨대 제도주의의 합리적 핵심은 유지하되 그것에 역사의 무게를 실어주고 재사회화시키는 작업이 필요하다는 것이다.

특히 2차대전 이후 국제경제질서 형성을 이해하려면 그 체제의 사회적 차원들에 충분한 주의를 기울여야 한다. 그 이유는 간단하다. 내장된 자유주의는 자본주의적 시장경제의 원리를 되도록 널리 국제화시키려는 나라들, 그리고/또는 기업부문들의 이해관계를 개별국가의 정치경제가 지향하는 특유한 사회적 목적이 포기되지 않는 한도에서 실현하는 것을 주된 내용으로 하는 체제였기 때문이다. 내장된 자유주의는 국제적 규모에서의 경제의 자유화를 국내적 수준에서의 정치적, 사회적 안정을 훼손하지 않으면서 추구하려는 체제로 출발하였다.

"Historical Institutionalism in Contemporary Political Science", in *Political Science: The State of the Discipline*, ed. Ira Katznelson and Helen V. Milner (New York: W. W. Norton, 2002), pp. 693~721; Barry R. Weingast, "Rational-Choice Institutionalism", in *Political Science*, ed. Katznelson and Milner, pp. 660~692.

30) Kathleen Thelen, "Timing and Temporality in the Analysis of Institutional Evolution and Change", *Studies in American Political Development* 14 (2000), pp. 102~109; Paul Pierson, *Politics in Time: History, Institutions, and Social Analysis* (Princeton: Princeton University Press, 2004), chap. 2.

국제적 자유화와 국내적 안정성의 연계가 필요하다는 데 전후에 주요 산업국들이 합의할 수 있었던 것은 물론 전간기의 경제적 민족주의가 국내적으로는 정치적 민주주의의 약화 또는 심지어 붕괴와 깊이 연관되어 있었고, 세계대전의 근본원인들 가운데 하나였다는 데 인식을 같이했기 때문이다. 따라서 전후 국제경제질서의 이해는 긴 역사적 시각에서는 전간기 유럽과 미국의 사회적 조건을 이해하는 데서부터 출발해야 한다.

이처럼 사회적 차원이 갖는 경험적, 분석적 중요성에도 불구하고 기존연구들은 내장된 자유주의를 무엇보다도 하나의 국제레짐으로서 미국이 주도하는 무역 및 금융질서로 다루었고, 그것들의 초점은 미국과 영국이 이 새로운 질서를 세우기 위해 어떤 협상과정을 거쳤는가 또는 미국과 유럽의 정책입안자들 간에 공유된 신념체계가 얼마나 이 레짐의 창설에 영향을 미쳤는가에 주어졌다.[31] 내장된 자유주의와 관련해서 학자들은 특정한 사회적 내용을 갖는 자유주의 체제가 어떻게 형성되었는지를 묻기보다는 브레턴우즈 체제로 불렸던 전후의 국제경제질서가 왜 불안정했고 마침내는 1971년의 미국의 금-달러 본위제 포기와 함께 붕괴했는지를 설명하는 데 더 많은 관심을 보였다.[32] 그리고 많은 경우에 설명변인은 체계적 수준 또는 국내적 수준이라 할지라도 공식적 제도의 범위 안에서 발견되었다.

---

31) John S. Odell, "From London to Bretton Woods: Sources of Change in Bargaining Strategies and Outcomes", *Journal of Public Policy* 8(1988), pp. 287~315; G. John Ikenberry, "A World Economy Restored: Expert Consensus and the Anglo-American Postwar Settlement", *International Organization* 46(1992), pp. 289~322.

32) Joanne Gowa, *Closing the Gold Window: Domestic Politics and the End of Bretton Woods*(Ithaca: Cornell University Press, 1983); Robert O. Keohane, "The World Political Economy and the Crisis of Embedded Liberalism", in *Order and Conflict in Contemporary Capitalism*, ed. John H. Goldthorpe(Oxford: Clarendon Press, 1984), pp. 15~38.

3. 내장된 자유주의의 대안적 설명들

그렇다면 기존의 접근법들에서 내장된 자유주의의 형성과 지속은 어떻게 설명되었고 또는 어떻게 설명가능한지 살펴보도록 하자. 먼저 패권안정이론(*hegemonic stability theory*)을 본다. 이 시각에서 내장된 자유주의는 전후 초기, 즉 미국의 도전받지 않는 패권이 가능했던 시기에 국한되는 한 역사적 레짐일 뿐이다. 내장된 자유주의의 두 지주, 즉 일국수준에서의 거시경제운용의 자율성과 자유무역은 금-달러 본위제 형태로 제공되었던 미국의 재정적 지원을 통해 가능했다. 전후재편의 국내적 원천은 국제체계상 힘의 분배라는 구조적 요인에 의해 압도된다. 이 논리를 바꿔 말하면 미국의 힘이 상대적으로 약화될 때 내장된 자유주의는 붕괴될 수밖에 없다. 그러나 패권안정이론에 대한 한 비판은 "내장된 자유주의의 구상은 여전히 일부 국가들에게 일정조건하에서 생명력을 가진다"고 말한다. 자유주의 공동체 참여국들에게 자신의 의지를 부과할 수 있는 미국의 능력은 1950년대와 1960년대에조차 제한적이었다는 것이다.[33] 이 책은 일국수준에서의 정치경제가 갖는 사회적 목적과 그 제도적 배열에 주목함으로써 힘의 배분을 중시하는 이론들의 한계를 교정하려는 것이다.

두 번째 대안적 설명은 무역-안보 연계(*trade-security linkage*)를 강조하는 접근법이다. 이는 미국패권하에서의 낮은 국제적 정책수렴도를 설명하는 체계수준의 접근법으로서 냉전이 자유주의 공동체 내부의 갈등을 어떤 범위 내로 묶어버리는 기능을 한다고 본다. "질적으로" 완전히 다른, 즉 도저히 "화해 불가능한" 정치경제체제인 소비에트 블

33) Michael C. Webb, *The Political Economy of Policy Coordination: International Adjustment since 1945* (Ithaca: Cornell University Press, 1995), pp. 252~253, 262~263.

록의 존재는 미국으로 하여금 서방동맹국들의 국내경제정책, 심지어는 대외경제정책의 이질성을 받아들이게 하는 체계적 압력이었다. 미국의 인내심은 자본주의 블록의 안전을 위해서는 지출이 불가피한 비용이었다.[34]

이러한 식의 논리전개는 매우 설득력을 갖지만 좀더 정련되어야 할 필요가 있다.[35] 아마도 내장된 자유주의에 대한 가장 간명한(*parsimonious*) 설명은 패권안정이론과 무역-안보 연계론을 적당히 섞은 어떤 것일지 모른다. 즉 1970년대에 들어와서 미국의 패권이 상대적으로 약화되었는데도 내장된 자유주의의 구조가 당분간 지속되었다면 그것은 소련이 아직도 안보위협으로 남아있었기 때문이고 무역은 자유주의 공동체를 강고하게 묶어주는 끈이었다고 말할 수 있을 것이다. 그러나 이런 식의 설명은 미 의회가 슈퍼 301조를 발동시켜 일본, 한국과 같은 안보상 대단히 중요한 동맹국들에게 불공정 무역관행의 시정을 강력히 요구했던 시점이 1980년대 중반에서 후반, 즉 아직도 소련이 건재하던 시기였다는 사실 앞에 그 분석력이 무뎌진다. 더 나아가 소련이 붕괴된 오늘날 자유주의 공동체가 존재해야 할 근거는 한층 줄어든다. 무역-안보 연계는 다니엘 베르디에가 그러했듯이 민주주의체제 내에서의 무역정책 변화를 설명하는 한 요인으로 사용할 때 더 큰 분석력을 가질 수 있다.[36] 내장된 자유주의에 대한 냉전의 영향력을 하나의 맥락적 변수로 한정시키지 않으면 신국제경제질서 형성과정에서의

---

34) Stephen D. Krasner, "State Power and the Structure of International Trade", *World Politics* 28(1976), p. 337.

35) 경제학자인 찰스 킨들버거(Charles P. Kindleberger)는 차치하고라도 패권안정이론을 제시했던 두 정치학자, 로버트 길핀과 스티븐 크래스너는 무역-안보 연계에 대한 논의를 더 진전시키지 않았다. Michael C. Webb and Stephen D. Krasner, "Hegemonic Stability Theory: An Empirical Assessment", *Review of International Studies* 15(1989), pp. 184~185 참조.

36) Verdier, *Democracy and International Trade*, pp. 42~43.

국내정치의 역할을 보는 것은 무의미해지기 때문이다.

세 번째 대안적 설명은 자유주의적 제도론자들(*liberal institutionalists*)에 의해 제시된다. 그들에게 내장된 자유주의는 무엇보다도 브레턴우즈 체제의 제도적 장치들을 가리킨다. 그들의 분석은 각자의 이익극대화에 일차적 관심을 갖는 국가들이 어떻게 자유주의 공동체를 재건했는지에 초점을 둔다. 《패권 이후》에서의 로버트 코헤인의 정식화를 따라 자유주의적 제도론자들은 미국패권과 국제제도는 서로 모순되기보다는 상보적 관계에 있다는 데 의견을 모았다.[37] 그들의 설명은 절충적이다. 내장된 자유주의의 등장은 미국의 패권으로 설명되는 반면, 미국의 경제력이 서독과 일본의 부상으로 인해 상대적으로 약화된 1970년대 이후에도 내장된 자유주의가 지속된 것에 대해서는 국제제도의 관성으로써 설명한다.

이러한 절충적 설명방식을 긍정하면서도 필자의 접근법은 두 가지 점에서 자유주의적 제도론자들과 다르다. 첫째, 그들이 국가를 하나의 일체적 행위자로 보는 반면에 이 책에서 국가는 계급들 또는 생산요소들, 산업부문들, 정치체제들로 분해된다. 둘째, 그들이 국제협상과 국제기구에 초점을 맞춘다면 이 책은 국내수준에서의 제도들, 그것도 공식적 제도와 비공식적 제도를 동시에 본다.

네 번째 대안적 설명은 경제적 모형들을 사용한다. 상이한 경제행위자들, 사회집단들의 장인 국내정치에 대한 경제개방의 영향을 설명하기 위해 정치학자들이 경제학자들로부터 차용하는 가장 흔한 모형은 두 가지이다. 첫째는 유동적 생산요소(*factors of production*) 모형인데, 스톨퍼-새뮤얼슨 공리(*Stolper-Samuelson Theorem*)와 그 변형들, 특히 로곱스키 모형이 이에 속한다. 전후 서유럽에서의 노동-자본 동맹은 1970년대 초까지는 로곱스키 모형 안에서 깔끔하게 설명될 수 있다.

---

37) Robert O. Keohane, *After Hegemony: Cooperation and Discord in the World Political Economy*(Princeton: Princeton University Press, 1984).

그러나 로곱스키 스스로 인정하듯이 유동적 생산요소 모형은 전후 첫 30년 동안 미국에서 지속되었던 뉴딜 자유무역 연합을 다른 요인들을 끌어들이지 않고서는 설명하지 못한다.[38]

또 다른 경제적 모형은 생산요소들이 자유롭게, 즉 상당한 비용을 치르지 않고도 이 부문에서 저 부문으로 옮겨가기보다는 한 부문에 고정되어 있는 경우가 많다는 경험적 관찰에서 출발한다. 이른바 부문특유적 생산요소 모형(*sector-specific factors models*)을 사용하는 학자들은 로곱스키처럼 분석시각의 시간적 범위를 확장 또는 축소함으로써 자신의 모형에 맞지 않는 사례들을 설명하는 대신에[39] 생산요소들의 완전한 이동가능성을 전제하는 것 자체가 비현실적임을 지적한다. 그들은 생산요소의 이동성과 연동하는 계급들, 부문들의 선호를 보여주는 더 치밀한 자료들을 검토한다. 그런 노력을 통해 최근의 한 연구는 주요 산업국들의 전후 시기(1945~1994년) 무역정치는 생산요소의 이동성이 높았던 스웨덴과 호주를 부분적 예외로 친다면 계급균열 — 생산요소들 간의 갈등 — 보다는 산업부문간의 균열로 특징지어진다는 관찰결과를 제시했다.[40] 산업부문들에서 들어오는 로비나 정부의 계획에 의해 지

38) Ronald Rogowski, *Commerce and Coalitions: How Trade Affects Domestic Political Alignments*(Princeton: Princeton University Press, 1989), pp. 127~128. 로곱스키에 대한 경험적 비판으로는 다음을 참조. Paul Midford, "International Trade and Domestic Politics: Improving on Rogowski's Model of Political Alignments", *International Organization* 47(1993), pp. 537~542.

39) Rogowski, *Commerce and Coalitions*, p. 97, n. 16.

40) Michael J. Hiscox, "Class versus Industry Cleavages: Inter-Industry Factor Mobility and the Politics of Trade", *International Organization* 55(2001), pp. 16~34. 이보다 앞서 부문특유적 모형을 적용한 연구로는 다음을 참조. Mark R. Brawley, "Factoral or Sectoral Conflict? Partially Mobile Factors and the Politics of Trade in Imperial Germany", *International Studies Quarterly* 41(1997), pp. 633~654.

배되는 부문정치는 시장의 변동에 대한 높은 응답성으로 인해 변화의 폭이 대단히 클 수밖에 없다. 반면에 생산요소의 정치, 즉 계급갈등은 상대적으로 오래 지속되고 변화에 둔감하다.

부문특유적 생산요소 모형은 더 많은 정책결과들을 하나의 분석틀 안으로 포괄하는 장점을 갖지만, 그것 역시 전후 시기의 사례들에 대해서는 하나의 장기적 시각이다. 필자의 관점에서는 부문특유성을 하나의 구조로 인정할 때 그 내부의 세세한, 그러나 정치적으로 대단히 중요할 수 있는 변화들을 간과하기 쉽다고 본다. 물론 전후 시기에 영국, 프랑스, 미국에서 생산요소의 이동성이 낮았던 것은 내장된 자유주의의 제도적 장치들을 설명하는 데 필수적인 요인이다. 높은 부문특유성은 자본과 노동이 한 생산체제 내에서 비교적 오랜 시간에 걸쳐 상호작용할 수 있음을 의미하고, 그러한 빈번한 상호작용은 내장된 자유주의의 타협을 용이하게 만드는 경향이 있기 때문이다. 그러나 특정의 정책결과들이 그러한 상호작용으로부터 어떻게 산출되는지를 이해하기 위해서는 한 단계 낮은 분석수준에 내려와 비공식 및 공식제도들을 살펴보아야 한다. 마이클 히스캇스는 그가 "마법의 탄환"이라고 부르는 제도의 자율성으로써 무역정치를 설명하는 접근법들을 비판하면서 사회세력들의 선호를 중시한다는 점에서 이 책의 "재사회화" 노력과 유사하다. 그럼에도 불구하고 그의 접근법은 필자의 그것에 비해 사회학적이기보다는 경제학적이다. 부문특유성으로 인한 계급교차연합(*cross-class alliances*)의 형성에 주목한 피터 스웬슨의 연구는 이 책의 논의에 훨씬 가깝다.[41]

---

41) Michael J. Hiscox, "The Magic Bullet? The RTAA, Institutional Reform, and Trade Liberalization", *International Organization* 53(1999), pp. 669~698; Peter Swenson, "Bringing Capital Back In, or Social Democracy Reconsidered: Employer Power, Cross-Class Alliances, and Centralization of Industrial Relations in Denmark and Sweden", *World Politics* 43(1991), pp. 513~544; *Capitalists against Markets: The Making of Labor Markets and*

다섯 번째의 대안적 설명은 이 책의 시각과 가장 가까운 구성주의(*constructivism*)이다. 러기가 내장된 자유주의에 관한 1982년의 논문에서 그 가능성을 제시한 이후로 구성주의적 시각은 구조적 현실주의와 자유주의적 제도론이 지배하는 국제관계학에서 하나의 유력한 대안적 접근법으로 부각되었다. 이 시각에 따른 내장된 자유주의의 설명은 두 가지가 가능하다. 관념적 구성을 강조하는 첫 번째 설명에서 내장된 자유주의는 사회집단들, 정부 내 행위자들, 그리고 국제적 수준의 행위자들간에 도출되는 "간(間)주관적 이해"(*intersubjective understanding*)의 산물이다. 그래서 관념적 구성론자들은 국내적 안정과 국제적 적응이 조화를 이루는 국제경제질서를 창출하는 과정에서 상이한 수준에 위치한 행위자들이 어떤 생각을 가졌는지에 주목한다.

경험적 구성을 강조하는 두 번째 설명은 일련의 정책적 쇄신들을 가능케 하는 사회적 조건에 초점을 둔다. "구조적 요인들의 중요성을 부정하지 않으면서" 경험적 구성론자들은 어떤 정책결과를 가져오는 독립변수로서 관념이 제도에 선행한다는 것을 논증하려 한다.[42] 이 두 번째 접근법은 "정치경제체제의 사회적 구성"을 강조한다는 점에서 다른 어떤 대안적 설명보다도 이 책의 시각과 유사하다.[43] 그러나 관념적이든 경험적이든 구성주의는 기본적으로 냉전과 같은 체계수준의 변수들의 틈입에 취약하다. 그들의 손에서 각국의 독특한 사회적 목적들은 사회주의 대 자본주의, 비주류 경제학 대 주류 경제학, 내장된 자유주의 대 이완된 자유주의의 구도로 편입되어 단순화될 수 있기 때문이다.

Welfare States in the United States and Sweden(New York: Oxford University Press, 2002).

42) Mark Blyth, "The Transformation of the Swedish Model: Economic Ideas, Distributional Conflict, and Institutional Change", *World Politics* 54(2001), pp. 1~2.

43) 예로서 다음을 참조. David Skidmore, ed., *Contested Social Orders and International Politics*(Nashville: Vanderbilt University Press, 1997).

이 책은 그러한 이분법을 넘어서는, 역사적으로 보다 풍부한 분석을 제시한다. 전후 정치경제의 재(再) 주형은 그러한 이분법들로써 설명되기에는 너무나 복합적인 현상이다. 당시 역사의 무대 한편에는 자유기업과 시장경제의 기본틀을 위협하지 않으면서 재분배 정책들을 추구할 수 있다고 인식하는 우파정부들과 그들의 기업가 파트너들이 있었다. 그 파트너십에 노동은 나라마다 상이한 정도와 형태로 참여하거나 배제되었다. 무대의 다른 편에서는 노동계급을 핵심적 지지기반으로 하는 좌파정부들이 노동의 자제와 기업의 신뢰감 회복을 동시에 가능케 할 다양한 “사회적 제도들”을 실험하고 있었다. 이 파트너십에 자본은 나라마다 상이한 정도와 형태로 참여했고, 배제되는 것은 사회민주주의의 정의상 불가능했다. 후자가 북유럽의 소국들에서 주로 발견되는 정치경제체제였다면, 전자는 유럽의 대국들과 미국에서 찾아볼 수 있었다.

전후의 민주적 코포라티즘과 계급타협에 대한 기존의 문헌에서는 당연히 북유럽 소국들의 사례가 과대 대표될 수밖에 없다. 문제는 그러한 일부의 경험에서 도출된 분석도구들을, 훨씬 더 많은 인구를 포괄할 뿐만 아니라 세계정치경제의 내용과 방향에 더 큰 영향력을 갖는 유럽 대국들이나 심지어는 미국에조차도 여과 없이 적용하는 경향이다.[44] 이 책은 코포라티즘의 모형을 스칸디나비아 바깥지역의 대국들에 적용하거나, 역으로 다원주의적, 전략적 행위자 모형을 미국 바깥의 나라들에 그대로 적용하는 대신에, 사회적 변수들과 제도적 변수들을 동시에 동원하는 하나의 분석틀로써 국제 자유주의 경제의 등장에 각국이 어떻게 상이한 대응을 보였는지를 드러내는 데 초점을 맞춘다.[45]

---

44) 피터 홀은 코포라티즘에 대한 엄격한 정의는 각국의 정치경제체제를 비교연구하는 데 도움이 되기보다는 분석의 범위를 좁힌다고 본다. 그는 코포라티즘을 “이분법적이기보다는 연속적인” 변수로 이해할 것을 제안한다. Peter A. Hall, *Governing the Economy: The Politics of State Intervention in Britain and France* (New York: Oxford University Press, 1986), pp. 268~271.

45) 사회적 변수와 제도적 변수를 하나의 분석틀로 끌어들이는 연구 프로그램은

4. 비교분석의 개요

내장된 자유주의는 1940년대에 미국과 영국의 정책결정자들에 의해 전후의 세계경제를 규율할 관리기제로서 고안되었다. 전간기에서 2차 대전 종전까지의 연쇄적 파국들은 브레턴우즈 체제를 입안한 두 나라들로 하여금 사회적 제약에 구애받지 않는 자유시장의 논리를 한편으로 하고 자족지향적,[46] 폐쇄적 국가개입주의를 다른 한편으로 하는 정치경제적 선택의 범위에서 중도적 체제를 탐색하게 만들기에 충분한 경험이었다. 일반적으로 자유다원주의와 시장경제의 주도국으로 알려져 있는 미국과 영국이 그러한 중도적 타협을 수용할 수 있었던 것은

두 가지 문헌으로 나누어진다. 하나는 기존의 경제적 모형들을 종합하되 국내정치의 제도적 요인들을 고려한다. 예들로는 다음을 참조. James E. Alt and Michael J. Gilligan, "The Political Economy of Trading States: Factor Specificity, Collective Action Problems, and Political Institutions", *Journal of Political Philosophy* 2(1994), pp. 165~192; James E. Alt, Jeffry A. Frieden, Michael J. Gilligan, Dani Rodrik, and Ronald Rogowski, "The Politics of International Trade: Enduring Puzzles and an Agenda for Inquiry", *Comparative Political Studies* 29(1997), pp. 689~717. 다른 하나는 코포라티즘과 다원주의를 결합하는 접근법으로서 질적, 양적 방법을 통해 다양한 경험적 검증결과를 제시하고 있다. 예들로는 다음을 참조. Herbert Kitschelt, Peter Lange, Gary Marks, and John D. Stephens, eds., *Continuity and Change in Contemporary Capitalism*(New York: Cambridge University Press, 1999); Torben Iversen, Jonas Pontusson, and David Soskice, eds., *Unions, Employers, and Central Bankers: Macroeconomic Coordination and Institutional Change in Social Market Economies*(New York: Cambridge University Press, 2000).

46) autarchy를 자족지향적이라고 옮긴 이유는 그것이 성공적인 경우와 실패한 경우로 나뉠 수 있기 때문이다. 뉴딜은 미국의 광대한 자원과 저수준의 계급 갈등에 힘입어 성공할 수 있었던 자족지향적 정치경제였다면, 민족사회주의는 부분적이기는 하지만 인구와 가용자원의 불균형으로 인해 대외적 팽창주의로 귀결될 수밖에 없었던, 실패한 자족지향적 정치경제였다.

1930년대와 1940년대에 걸쳐 두 나라의 정책결정자들이 비자유주의적 경제정책도구들의 효과를 경험하고 케인스주의와 같은 이론적 언술에 노출되었기 때문이다.

특히 뉴딜하에서의 미국은 19세기로부터 전수된 자유다원주의 체제가 시어도어 로위가 말하는 "(거대) 이익집단 자유주의"(*interest group liberalism*)로 전환되는 과정을 목도하였다. "미국의 제 2공화국"은 대규모로 조직화된 이익단체들, 특히 노동과 자본이 규제적이고 개입주의적인 국가의 정책에 호응하는 방향으로 재정렬된 체제였다.47)

이 책에서 다루는 사례들 가운데 나머지 둘, 프랑스와 서독에서는 정책결정자들과 조직화된 이익집단들이 과거와의 불편한 관계 속에서 내장된 자유주의를 내재화시켜야 했다. 전쟁과 승전이 미국인들과 영국인들에게는 경제침체를 극복하고 전시 코포라티즘에 대한 국내의 저항을 누르는 기회를 제공했던 반면에, 전쟁과 패전은 프랑스인들과 독일인들에게 비시체제와 나치체제하에서 실행되었던 비자유주의적 경제관리의 기법을 재활용할 수 없게 만들었다. 전시동원과 궁핍, 정치적 억압과 학살을 견뎌낸 이들은 물론이고 그로부터 어떤 형태로든 혜택을 받았던 프랑스인들과 독일인들도 무너진 체제의 국가운영 테크닉을 해방군/점령군에게 전후질서 재건의 도구로 내놓을 수 없었다.

미국과 영국은 조금씩 그 이유는 달랐지만 파시즘의 외양을 띠는 어떠한 정책도구도 공식적으로 인정할 수 없었다. 그렇다고 해서 전후재

47) Theodore J. Lowi, *The End of Liberalism: The Second Republic of the United States*, 2d ed. (New York: W. W. Norton, 1979), pp. 50~63; Marc Allen Eisner, *Regulatory Politics in Transition* (Baltimore: Johns Hopkins University Press, 1993), chaps. 4 and 5. 토머스 퍼거슨은 이익집단 (또는 대기업) 자유주의와 뉴딜 복지국가 간의 인과관계를 보다 명시적으로 설명한 바 있다. Thomas Ferguson, "From Normalcy to New Deal: Industrial Structure, Party Competition, and American Public Policy in the Great Depression", *International Organization* 38 (1984), pp. 41~94.

건(프랑스에서는 산업 현대화까지 포함되는)의 과정에서 프랑스와 서독이 자유주의 전승국들이 제정한 규범/원칙과 규칙/절차를 그대로 수용했다고 보아서는 안 된다. 이 대륙의 유럽인들은 그대신 각기 경제계획과 사회적 시장경제라는 중도적 해결책을 추구했다. 그것은 기본적으로 신국제경제질서에 부합하도록 국내정치경제를 자유화하되 과거에 오랜 시간에 걸쳐 비자유주의적, 전통적 원칙들에 따라 조직화된 사회집단들이 겪게 될 충격을 최소화하기 위한 것이었다. 이러한 토의는 1950년대에 이루어졌던 "부르주아 세계의 재(再)주형"(*recasting the bourgeois world*) 과정이 결코 일체적이지 않았고 개별 국가의 특이성이 그대로 드러나는 과정이었음을 보여준다. 〈표 1-3〉은 거칠기는 하지만 여기서 다루는 네 나라의 정치경제가 정당간 경쟁과 노사관계의 두 지표를 통해 볼 때 어떻게 분류될 수 있는지를 보여준다.

미국에서 내장된 자유주의는 복지국가와 복지자본주의[48]의 결합을 통해 내재화되었다. 미국에서 복지국가의 발전은 유럽 나라들에 비해 뒤늦은 것이었고, 1935년의 와그너법의 제정과 함께 시작된 제2차 뉴딜 시기의 사회보장제도의 수립은 재계 대부분의 저항 속에서 이루어졌다. 미국의 특이성의 핵심은 자본집약적 산업부문의 기업지도자들이 루스벨트 행정부에게 뉴딜 2기 정책들을 추진하기 위해서 절실히 필요했던 물질적, 조직적 지원을 제공했다는 점에 있다. 자본집약적 산업

48) 복지자본주의는 1870년대에 제너럴 일렉트릭(General Electric)과 이스트먼 코닥(Eastman Kodak)에서 사용되었던 노사관계 테크닉으로서 온정주의적 성격을 강하게 가졌고 기본적으로 노조를 인정하지 않는 체제를 가리켰다. 그러나 전후에 그 노동자 관리기법이 노조를 인정하는 다른 대기업들로 확산되면서 고용에 기반을 둔 기업별 복지체제를 가리키게 되었다. 복지자본주의의 초기 역사에 대해서는 Sanford M. Jacoby, *Modern Manors: Welfare Capitalism since the New Deal* (Princeton: Princeton University Press, 1997), chap. 1을, 복지자본주의의 확산에 대해서는 Edward Berkowitz and Kim McQuaid, *Creating the Welfare State: The Political Economy of Twentieth-Century Reform* (New York: Praeger, 1980)을 보라.

〈표 1-3〉 정당간 경쟁과 노사관계의 교차유형론

노사관계	정당간 경쟁	
	합의형	대립형
다원주의	미 국	프랑스
코포라티즘	서 독	영 국

부문들은 대부분 그 시장이 해외에 존재했고, 단순한 노동생산성에 의존하는 정도가 낮았다. 따라서 이 부문의 지도자들, 흔히 "기업 자유주의자들"(*corporate liberals*)이라 불리는 개명된 자본가들은 국내적으로는 사회복지 프로그램의 확대를 받아들일 수 있었고, 대외적으로는 단순한 민간조달업자 이상의 역할을 전시에 수행했다. 자신들의 핵심이익이 걸려있는 유럽이 파시즘과 전쟁으로 황폐화되는 것을 기업 자유주의자들은 두고만 볼 수는 없었다. 그들은 노동집약적 부문의 산업가들과는 달리 미국의 국제적 개입을 부정적으로 보지 않았다. 이처럼 1930년대 후반과 1940년대의 이례적 상황하에서 대기업의 자유주의 분파는 사상 유례없이 비대해진 연방정부와 긴밀한 협조관계를 유지할 수 있었다. 뉴딜 제 2기에 조직의 급격한 성장을 경험한 노동의 참여는 제한적이고 수동적이었다.[49)]

트루먼 행정부는 이러한 뉴딜하에서의 타협체제를 확대시키는 데 실패했다. 루스벨트의 유산 가운데 하나는 필자가 "잡동사니" 연합(*motley crew coalition*)이라고 부르는 다양한 유권자 집단들의 창출이었다. 그들 각각을 만족시키기 위한 수많은 개혁법안들이 쏟아져 나왔으나 트루먼 행정부는 거의 관철시키지 못했고, 오히려 노동법의 경우에는 개악을 경험했다. 페어딜 체제는 기본적으로 민주당 내 국제주의자들이 공화당 내에서 국내시장에 기반을 둔 산업들과 연결된 분파가 타협한 결과였

---

49) Ferguson, "From Normalcy to New Deal", pp. 85~88.

다. 더 많은 복지와 노동계급의 경제적, 정치적 권리증대는 정책의제에서 배제되었고, 그 대가로 트루먼 행정부는 공화당으로부터 공산주의 봉쇄를 위한 국제주의 정책의 지속 및 확대에 대한 동의를 얻어냈다.50) 소비에트 블록의 위협으로부터 자유진영을 지켜야 한다는 1940년대 후반의 "워싱턴 컨센서스"는 트루먼 행정부가 한국전쟁의 결과로 말미암아 공화당에게 백악관을 내준 뒤에도 대외정책의 기조로 존속했다.

아이젠하워가 1952년 선거를 이길 수 있었던 것은 오랜 전쟁지출에 지친 미국민들에게 "적당한 가격의 안보"(*reasonably priced security*)를 공약하였기 때문이지만, 유럽 전쟁의 영웅이 냉전이 얼마나 비싼 사업인지를 깨닫는 데는 그리 오랜 시간이 필요치 않았다. 긴축재정에 대한 아이젠하워의 강조 역시 사회복지와 공공지출의 영역에서는 애초 기획했던 대로 유지될 수 없었다. 실제로 아이젠하워는 공화당을 편협하고 국내지향적인 이익들의 대변자에서 현대적이고 중도적인 정당으로 변환시키는 것을 자신이 위임받은 과제라고 생각했다. 대통령과 그의 경제자문위원들은 뉴딜 복지국가에 대한 전면공격을 행하지 않았다. 아이젠하워 시기에 사회복지 프로그램을 관장하는 연방관료제의 규모는 전혀 축소되지 않았고, 연방복지의 혜택범위를 확대한다는 기본원칙은 철회되지 않았다.51)

1950년대는 또한 미국의 노동자들이 노사갈등 해결을 위한 비공식

---

50) Benjamin O. Fordham, *Building the Cold War Consensus: The Political Economy of U.S. National Security Policy, 1949-51* (Ann Arbor: University of Michigan Press, 1998).

51) Mark R. Brawley, *Afterglow or Adjustment? Domestic Institutions and Responses to Overstretch* (New York: Columbia University Press, 1999), pp. 244~245; Kim McQuaid, *Big Business and Presidential Power: From FDR to Reagan* (New York: William Morrow & Co., 1982), pp. 169~170; idem, *Uneasy Partners: Big Business in American Politics, 1945-1990* (Baltimore: Johns Hopkins University Press, 1994), pp. 73~74; Berkowitz and McQuaid, *Creating the Welfare State*, p. 150.

적 제도로서 복지자본주의의 재출현을 목도한 시기였다. 그 19세기적 원형과는 달리 20세기 중반의 복지자본주의는 일부 공동체주의적 성향의 기업가들이 직원들을 감독하는 온정주의적 방법 이상의 것이었다. 그것은 토머스 퍼거슨이 "다국적 기업 블록"이라고 불렀던 주도적 기업들에 의해 "생산성의 정치"(*politics of productivity*)[52]를 실현하는 수단으로서 제도화되었다. 제너럴 모터스(GM)는 1948년에 이미 임금책정 기준으로 생활비 상승요인을 포함시켰다. GM은 또한 1955년에 전미자동차노조(United Automobile Workers; UAW)와의 "디트로이트 협약"(*Treaty of Detroit*)을 체결했는데, 이 역사적 타협은 5년제 계약을 대량생산산업에서의 정상적 고용조건으로 정착시키는 출발점이었다. 제너럴 일렉트릭은 피고용자 연금제도를 재정비하면서 그 수혜범위를 확대했고, IBM은 시간제 임금 책정 대신 연봉제를 도입했다. 유럽 국가들의 "사회적 임금"(*social wages*)에 해당하는 부가급여(*fringe benefits*)는 1950년대를 통해 노조가 존재하는 부문들뿐만 아니라 반(反)노조 부문들까지 널리 급속히 확산되었다.[53]

기업별 복지체제와 피고용자 중심의 사회보장 프로그램의 결합은 자본집약적, 다국적 부문들에 고용된, 잘 조직된 노동자들의 이익에 부합했다. 뉴딜 이전에 이미 미국의 조직노동은 미국노동연맹(American Federation of Labor; AFL)의 지도하에 "기업조합주의"(*business unionism*)를 운동의 기조로 설정하였다. 법원에 의해 노동쟁의가 "법적으로만" 처리되는 데 좌절한 초기의 노동운동은 똑같은 상황에 처했던 영국의 노동운동이 자체 정당의 창립으로 대응했던 것과는 대조적으로 어떠한 정당과의 연계도 거부하고 경제투쟁에 집중하는 경향을 보였다.

---

52) Charles S. Maier, "The Politics of Productivity: Foundations of American International Economic Policy after World War II", *International Organization* 31(1977), pp. 607~633.

53) Berkowitz and McQuaid, *Creating the Welfare State*, p. 136.

전국수준에서의 집단교섭 대신 노조는 지역 수준에서, 작업장 수준에서 고용주들과 직접 흥정하는 것을 선호했던 것이다. 산업별 조직회의(Congress of Industrial Organizations; CIO)가 더 계급적이고 전국적인 노동조직으로 등장했지만, 그것 역시 유럽 나라들, 대표적으로 서독에서 볼 수 있는 종류의 산별노조와는 거리가 멀었다. 미국에서 거대노동의 조직적 힘은 소수의 대기업들에서 관철되었고, 그 교섭내용이 산업구조 내에서 비슷한 위상을 갖는 다른 대기업들에 의해 모방되는 패턴이 되풀이되었다. 그 대가로 조직노동은 고용주들에게 생산과정에 대한 "경영권"(*right to manage*)을 인정했다.

내장된 자유주의는 부분적으로는 뉴딜 규제국가의 반영이라는 점에서,[54] 전후의 새로운 자유주의 체제에 대한 미국의 적응은 다른 클럽 멤버들에 비해 훨씬 더 내생적인 과정이었다. 서독과 프랑스에게 내장된 자유주의에의 적응과정은, 물론 그 성격은 다르고 정도의 차이는 있지만, 전쟁의 결과로서 부과된 성격이 컸다.[55] 신국제경제질서와 영국의 관계는 미국과도 다르고 프랑스, 서독과도 다르기 때문에 분류

---

54) Anne-Marie Burley, "Regulating the World: Multilateralism, International Law, and the Projection of the New Deal Regulatory State", in *Multilateralism Matters: The Theory and Praxis of an Institutional Form*, ed. John Gerard Ruggie(New York: Columbia University Press, 1993), pp. 125~156.

55) 이 문제는 마셜플랜의 수행과정에도 연관된다. 즉 서유럽의 전후재건에서 주도적 역할을 한 것이 미국이냐 유럽이냐 하는 문제는 아직도 역사가들 사이에서 논쟁의 대상으로 남아있다. 예컨대, 미국의 입장을 대변하는 것으로는 Michael J. Hogan, *The Marshall Plan: America, Britain, and the Reconstruction of Western Europe*(Cambridge: Cambridge University Press, 1987); 유럽의 시각으로는 Milward, *Reconstruction of Western Europe*를 참조할 수 있다. 중도적 입장으로는 Maier, "Politics of Productivity"; "The Two Postwar Eras and the Conditions for Stability in Twentieth-Century Western Europe," *American Historical Review* 86(1981), pp. 327~352를 보라. 필자는 마이어의 견해를 선호한다.

가 쉽지 않다.

이제 자유주의 국제경제의 이등국으로 물러선 과거의 패권국인 영국은 미국 유럽과 북미를 아우르는 공영권을 창출하는 미국의 사업에 참여했다. 무역에서의 다자주의, 국제자본의 예비 저장고로서 국제통화기금(IMF)과 세계은행(IBRD) 창설에 동의함으로써 미국의 주도권을 받아들였지만 영국의 정책결정자들은 국내경제의 "달러화(化)"에 대해서는 단호하게 저항했다. 달러의 침투력에 맞서 대외적으로 스털링을 방호하는 것은 집권당이 보수당이든 노동당이든 상관없이 정책결정과정에서 다른 모든 고려사항들을 압도하는 제일의 원칙이었다. 영국경제에 대한 런던 금융가의 헤게모니는 1950년대를 통해 어떤 심각한 도전도 경험하지 않았다. 산업생산을 자극하고 완전고용을 지향하는 케인스주의적 거시경제정책들이 스털링의 가치하락을 조금이라도 가져오면 영국정부는 산업, 특히 제조업과 노동자들의 이익을 침해하더라도 국내경제를 긴축시키는 데 주저하지 않았다. 이른바 "스톱-고 사이클"(*stop-go cycle*)은 케인스주의 복지국가에 부과되는 자유주의적 제약의 반영이었다.[56]

일반적으로 영국은 미국적 다원주의와 가장 흡사한 정치경제체제를 갖고 있는 것으로 인식되었지만, 영국은 오랜 계급정치의 역사를 또한 가지고 있으며, 그것은 보수당과 노동당의 양당경쟁으로 제도화되었다. 영국의 노동자들은 미국의 동료들보다 더 높은 계급의식을 가졌다. 그들은 정책과정을 둘러싸고 다른 특수이익들과 경쟁하는 하나의 이익집단으로 스스로를 인식하지 않았다. 노조와 노동당의 연계는 이

---

56) Stephen Blank, *Industry and Government in Britain: The Federation of British Industries in Politics, 1945-65* (Farnborough, Hants: Saxon House, 1973); "Britain: The Politics of Foreign Economic Policy, the Domestic Economy, and the Problem of Pluralistic Stagnation", *International Organization* 31 (1977), pp. 673~721.

책에서 다루는 나라들의 어떤 노조-정당 연계보다도 강고했다. 실제로 노동당은 노동운동에 의해 창출되었다.[57] 물론 프랑스에서도 공산당과 노동총연맹(Confédération Général du Travail; CGT)의 관계는 매우 긴밀했다. 차이는 프랑스에서는 당이 노조를 통제한 반면에 영국에서는 노조가 당을 지배했다는 점이다. 초기의 노동당은 노조회의(Trades Union Congress; TUC)의 의회 파견부대 같은 존재였고[58] 그 성격은 1950년대까지 크게 변하지 않았다.

잘 조직된 노동이 존재했음에도 불구하고 영국의 코포라티즘은 그 기반이 대단히 허약했는데, 그것은 단체협상의 상대자인 기업가들의 조직이 느슨했고 미국과 같이 규제국가의 발전이 이루어지지 않았다는 데서 상당부분 기인한다. 영국산업연합(Federation of British Industries; FBI)은 특히 전국수준에서 노조들과의 집단협상을 제도화하는 데 열의를 보이지 않았다. FBI보다는 노동문제에 관심을 가질 수밖에 없는 영국고용주연합(British Employers' Confederation; BEC) 역시 임금책정 이외의 노동문제들에 대해서는 적극적으로 개입하지 않았다. 영국의 기업지도자들은 산업관계를 정부가 신경 써야 할 문제라고 생각했다. 그러한 상황에서 집단협상은 작업장, 회사, 지역 수준에서 이루어질 수밖에 없었다. 경제정책과정에서 이익집단과의 협의는 큰 비중을 차지하지 못했다. 기업들도 노조들도 언제 또 스털링 정책의 논리에 따라 번복되거나 폐기될지 모를 산업정책을 결정하는 데 참여해서 그 결과에 책임지려 하지 않았기 때문이다.[59]

노사관계가 이처럼 코포라티즘으로의 제도화에 실패하는 가운데 정

---

57) 영국에서 노동운동(*labour movements*) 대신 노조운동(*trade union movements*)이 조직노동자를 일컫는 용어로 더 많이 쓰이는 것은 주목할 만한 현상이다.

58) Bertrand Badie and Pierre Birnbaum, *The Sociology of the State*, trans. Arthur Goldhammer(Chicago: University of Chicago Press, 1983), p. 78.

59) Blank, *Industry and Government*.

당체제는 선거정치에서의 치열한 경쟁과 대립에도 불구하고 완전고용과 복지확대라는 원칙에 합의하였다. 종전 직후의 노동당 정부에 이어 집권하여 1950년대 내내 통치했던 보수당의 정책은 전임정부의 조치들을 완전히 뒤엎기보다는 보편적 복지국가 건설을 계속하는 것이었다. 물론 철강산업의 국유화를 원상태로 되돌려놓기는 하였으나, 보수당 지도자들은 1920년대에 취했던 자유방임은 노동자들의 표를 놓고 노동당과 박빙의 경쟁을 치러야 하는 상황에서 더 이상 현실적 입장이 아님을 잘 알고 있었다. 노동당 역시 계속되는 선거에서의 패배를 통해 사회주의적 노선 완화를 주장하는 신세대 지도자들이 1950년대 중반에 당권을 장악함으로써 중도적 경제정책을 대안으로 제시하면서 보수당과 경쟁하게 되었다.[60)]

프랑스에서 전후재편은 조직노동의 제도화된 참여 없이 이루어졌다는 점에서 이 책에서 다루는 네 사례들 가운데 내장된 자유주의로부터 가장 이탈된 경우라고 볼 수 있다. 2차대전의 종전과 함께 프랑스는 나치 부역자들의 숙청(*épuration*)과 국유화를 둘러싸고 해방정치의 소용돌이로 빠져들었다. 레지스탕스 시기의 투쟁에 힘입어 공산당(PCF)은 해방공간에서 주도적 정치세력으로 등장했다. 그러나 1947년에 냉전이 본격적으로 시작되면서 공산주의자들은 연립정부 구성에서 배제되었고, 제 4공화국은 유약한 사회당으로 구색을 맞춘 보수일색의 정당체제를 갖게 되었다. 장 모네(Jean Monnet)의 계획위원회가 공식적으로는 노동의 대표를 포함하고 있었지만, 정책과정에의 노동의 참여는 계획관료들과 선별된 대기업가들 간의 "공모"(*collusion*)에 의해 축소되고 유명무실해졌다. 더구나 노동운동은 이념적으로 경쟁하는 세 분파들, 즉 공산당계 CGT, 가톨릭계 CFTC, 그리고 사회당계 FO로 분

60) 영국의 정당정치가 보여주는 합의와 갈등의 양면성에 대한 논의는 중요하다. 예컨대 다음을 보라. Dennis Kavanagh and Peter Morris, *Consensus Politics from Attlee to Thatcher*(Oxford: Basil Blackwell, 1989).

열되어 있었다. 애초에 코포라티즘은 불가능했다.[61]

계급의식의 강도라는 측면에서 본다면 아마도 프랑스는 이 책이 다루는 네 나라들 가운데 가장 급진적이고 강렬한 노동운동을 가져야 할 것이다. 어떤 점에서 프랑스의 노동운동은 대단히 강하다. 문제는 그것이 제도화된 경로를 통해 정책과정에 반영되는 것이 아니라 간헐적 항의와 집단행동으로 표출된다는 데 있었다. 물론 프랑스에서 약한 형태로나마 코포라티즘이 자리잡을 수 없었던 것은 기업공동체라 할 만한 조직화된 자본이 없었기 때문이기도 하다. 기업가들의 정상조직이라 할 수 있는 프랑스 사용자 전국협의회(Conseil National du Patronat Français; CNPF)는 소속회원들을 지도하여 정부정책에 대응하는 어떤 조치를 내놓을 위치에 있지 않았다. 그리하여 모네의 계획위원회는 정책의 입안과 수행에서 하나로서의 재계를 대면할 것을 기대하지 않았고 개별기업가들과의 비밀스러운 접촉을 선호했다. 노동이 배제된 상황에서 경제정책과정을 둘러싼 경쟁은 소수의 대기업들과 다수의 중소기업들 사이의 경쟁으로 나타났다. 주로 농부들과 소규모 자영업자들로 구성된 후자는 프랑스의 전통부문이라고 할 수 있었고, 그들이 정책과정에 가하는 압력은 결코 무시될 수 없었다. 전후의 계획관료들에게 맡겨진 과업은 낙후된 프랑스의 경제를 현대화시키면서도 전통부문이 입게 될 피해를 최소화하는 것이었다.[62]

프랑스 정치경제를 특징짓는 한 구조적 결함은 공식적이든 비공식적이든 노동의 참여를 제도화하지 못했다는 점이다. 공산당이 전국수준

---

61) Richard F. Kuisel, *Capitalism and the State in Modern France: Renovation and Economic Management in the Twentieth Century*(New York: Cambridge University Press, 1981); Jean-Pierre Rioux, *The Fourth Republic, 1944-1958*, trans. Godfrey Rogers(Cambridge: Cambridge University Press, 1987).

62) Henry W. Ehrmann, *Organized Business in France*(Princeton: Princeton University Press, 1957); Kuisel, *Capitalism and the State*.

의 정치과정으로부터 축출되고 나서 제도권 내에 잔존한 좌파인 사회당(SFIO)은 보수정당들이 지배하는 정책과정에서 노동의 목소리를 들리게 만들 만큼의 힘을 갖고 있지 않았다. 작업장 수준에서 고용주들은 임금책정을 제외한 쟁점들에 대한 집단협상을 제도화하려는 어떠한 진지한 노력도 기울이지 않았다. 이러한 공백은 노사분쟁에 대한 국가의 개입으로 채워졌는데, 문제는 국가개입이 어떤 보편적 원칙에 입각하여 이루어진 것이 아니라 사례별로 대응하는 형식을 취했다는 점이다. 정부가 제시하는 임금수준과 부가급여의 범위는 고용주들에 의해 거의 매번 수용되었는데, 이는 기업가들이 정부의 판단과 결정을 존중해서라기보다는 노사갈등에 대한 행정적 해결책을 정치적 해결책보다 선호했기 때문이다. 기업가들은 법조문에 쓰여 있는 대로 문제를 해결하기를 원했다. 결과적으로 1950년대를 통해 노동의 교섭상대자는 고용주들보다는 정부였다. 이는 프랑스의 노동자들이 자신들의 주장과 요구를 제시하는 방법으로 왜 그토록 항의(*protest*)와 같은 직접행동에 빈번히 의존했는지를 상당부분 설명해준다.[63]

이 책에서 다루어지는 나라들 가운데 프랑스와 가장 이질적인 정치경제체제를 가진 나라는 아마도 서독일 것이다. 패전과 함께 나치정권이 무너지자 수용소나 망명지로부터 돌아온 노동운동 지도자들은 숙련도와 세부업종에 상관없이 산업별로 통일된 하나의 거대노조를 건설하는 데 의견의 일치를 보았다. 1949년에 한스 뵈클러(Hans Böckler)의 지도하에 창설된 독일노동조합연맹(Deutscher Gewerkschaftsbund; DGB)은 바이마르 공화국 시기의 노동운동을 그토록 분열시켰던 업종, 숙련도, 산업부문, 정치적 정향의 차이를 불문하고 모든 노동자들을 받아들이는 하나의 우산조직이었다. 뵈클러는 또한 조직노동과 사회민주당(SPD)

63) Warren C. Baum, *The French Economy and the State* (Princeton: Princeton University Press, 1958), pp. 205~206; Val R. Lorwin, *The French Labor Movement* (Cambridge: Harvard University Press, 1954), pp. 320~321.

간의 관계를 재설정했는데, 그 요체는 노동운동의 정치적 독립에 대한 강조였다. 1950년대에 DGB는 고도의 집중화를 이루었는데, 산하 16개 산별노조들 가운데 조직 전체를 주도적으로 이끈 것은 금속노조(Industriegewerkschaft 〔IG〕 Metall)였다. 이처럼 통일성과 집중성을 가지고 재활에 성공한 조직노동은 보수적 집권당과 재계에게 생산성의 정치를 추진하는 데 믿을 만하고 책임성 있는 파트너로 인식될 수 있었다.[64)]

서독의 기업공동체는 공동체라는 표현이 참으로 걸맞은 집단이었다. 사실상 독일의 코포라티즘은 자본가 그들만의 코포라티즘이라 해도 과언이 아닐 정도로 기업가들의 일체성은 두드러지고 그들의 협조관계는 긴밀했다. 조직노동에 대한 태도도 따라서 그다지 분열적이지 않았다. 기업가들의 정상조직인 독일산업협회(Bundesverband der Deutschen Industrie; BDI)가 노동문제에 대해 보수적이기는 하였으나 고용주 단체인 독일사용자단체연합(Bundesvereinigung der Deutschen Arbeitgeberverbände; BDA)은 전국수준, 작업장 수준에서의 DGB, 특히 금속노조의 독점적 위치를 인정하였다. 기민당 정부는 혼합경제의 원칙을 제시했던 1947년의 알렌(Ahlen) 프로그램을 구체적 정책들로 실천함으로써 전후의 복지국가 확대추세를 따랐다.

그러나 서독의 자본가들과 정치인들이 나치즘과 패전이라는 구조적 약점으로 말미암아 미국이 부과하는 자유주의 경제질서의 원리와 규칙을 그대로 받아들였을 것이라고 추측해서는 안 된다. 서독의 정책결정자들과 기업공동체는 독일 자본주의의 오랜 특성인 카르텔 구조를 거의 그대로 온존시킴으로써 외부로부터 강제된 자유화가 독일인들이 익숙해져 있는 비자유주의적 경제관행을 침해하지 않는 방향으로 해결책을

64) Andrei S. Markovits, "The Legacy of Liberalism and Collectivism in the Labor Movement: A Tense but Fruitful Compromise for Model Germany", in *The Political Economy of West Germany: Model Deutschland*, ed. idem (New York: Praeger, 1982), pp. 152~154.

찾았다. 주요 기업가들 대부분이 나치정권의 전쟁수행에 직간접적으로 연루되어 있었기 때문에 점령 초기 미국의 일차과제는 나치분자의 숙청과 함께 경제를 탈카르텔화시키는 것이었다. 1957년에 경제장관 루드비히 에르하르트(Ludwig Erhard)가 마침내 카르텔법을 의회에서 통과시키는 데 성공할 때까지 계속되었던 카르텔 논쟁의 결말은 전통의 승리였다. 주요 산업들을 주도하는 대기업들의 해체는 번복되었고, 중소기업들간의 시장협약은 계속되었다. 이는 독일의 조직화된 자본주의(*organized capitalism*)가 계급과 부문을 초월하여 얼마나 깊숙이 사회에 착근되어 있는지를 잘 보여주는 사례였다.[65]

5. 이 책의 구성, 사례선택, 방법론

이 책의 본문은 미국, 영국, 프랑스, 서독을 다루는 네 장으로 구성된다. 각 장은 여섯 절로 이루어진다. 각 장의 제 1절에서는 각국이 전후 자유주의 공동체 안에서 어떤 위상을 갖고 있었고, 그 국제적 위상이 국내적 타협에 어떤 영향을 미쳤는지를 본다. 각 장의 제 2절에서는 종전 직후 시기, 즉 1940년대 후반에 이루어진 정책혁신의 내용을 들여다본다. 각 장의 제 3절에서는 전후재편 과정에서 정치적, 경제적 이익을 확보하기 위해 조직노동이 어떤 전략을 사용했는지를 검토한다. 각 장의 제 4절에서는 조직노동과 개입주의적 국가에 대한 재계의

65) Christopher S. Allen, "The Underdevelopment of Keynesianism in the Federal Republic of Germany", in *The Political Power of Economic Ideas: Keynesianism across Nations*, ed. Peter A. Hall (Princeton: Princeton University Press, 1989), p. 266; Gerard Braunthal, *The Federation of German Industry in Politics* (Ithaca: Cornell University Press, 1965); Volker R. Berghahn and Detlev Karsten, *Industrial Relations in West Germany* (Oxford: Berg, 1987).

정치적, 경제적 대응을 살펴본다. 각 장의 제5절에서는 정책과정의 성격이 정책결과에 어떤 영향을 미쳤는지를 본다. 각 장의 제6절에서는 전후재편의 결과가 내장된 자유주의와 얼마나 잘 조응했는가를 평가한다. 결론인 제6장에서는 1980년대 이후 신자유주의적 정책혁신과 1990년대 이후의 세계화를 통해 내장된 자유주의가 어떤 변화를 겪었는지를 검토하고 국제경제질서로서 내장된 자유주의가 지속될 수 있는 조건은 무엇인지 논의한다.

여기서 사례선택의 근거를 간략히 밝히는 것이 필요할 것이다. 첫째, 미국, 영국, 프랑스, 독일은 19세기 후반과 20세기 전반에 걸쳐 민주주의의 제도적 배열을 각각 발전시켜 왔다. 공식적 수준에서 각국의 정책과정은 상이한 수준의 합의와 대립을 보여준다. 미국과 서독의 정당간 경쟁이 합의형에 속한다면 영국과 프랑스의 그것은 대립형에 가까웠다. 비공식적 수준에서 각국의 이익대표체계는 다원주의와 코포라티즘 사이의 상이한 지점들에 위치한다. 미국과 프랑스의 노사관계가 다원주의에 가깝다면 영국과 서독의 그것은 코포라티즘에 근접했다. 물론 프랑스의 제2제정, 독일의 제2제국과 제3제국은 민주주의 발전과정에서 예외적 시기로 분류된다. 그러나 비민주주의 체제에서 만들어진 제도적 배열이 민주화와 함께 일거에 사라지는 것은 아니다. 오히려 이 두 나라의 전후재편을 특징지었던 경제계획과 사회적 시장경제의 이념과 정책은 비민주적 과거에서 발원된 제도적 자원들이 조합된 결과였다. 이 책에서 경로의존성과 수익체증의 개념이 강조된다면 그것은 바로 제도적 관성이 만들어내는 복잡한 효과들을 민주주의하의 정치경제체제들을 비교하는 데 충분히 고려하기 때문이다.

둘째, 네 나라는 자유주의 국제경제질서와의 관계라는 측면에서 뚜렷이 구분되는 특징들을 갖는다. 미국은 내장된 자유주의를 건설하는 데 가장 직접적인 영향력을 행사한 패권국이었으나 전간기와 전시에 미국의 대외경제정책은 여전히 기회주의적이었다.[66] 저물어 가는 패권국으로서 영국은 새로운 국제경제레짐의 건설과정에 미국과 함께 적극적으로 참여했으나 제국의 제도적 관성으로 인해 국내정치경제가 내장된 자유주의와 지속적 긴장을 유지할 수밖에 없었다. 프랑스는 19세기 이래로 국내적으로는 비자유주의적 요소들을 많이 지니고 있었지만 국제경제질서를 대체로 따랐고, 내장된 자유주의 형성기에도 자국의 경제적 근대화를 위해 이 새로운 국제레짐을 활용했다. 서독은 국내적으로 비자유주의적 정치경제를 가졌을 뿐만 아니라 대외적으로도 국제자유주의에 두 번의 대규모 전쟁을 통해 도전했다.

이 책의 이론적 논점을 개진하는 데 독일의 사례는 특별한 유용함을 갖는다. 미국이 재건하고자 했던 자유주의 국제경제질서와 가장 배치되는—사실은 그렇다고 인식되었던—정치경제체제를 갖고 있었고 패전국이었던 독일의 전후재편은 미국의 정책의지가 가장 쉽게 관철될 수 있는 경우였다고 생각할 수 있다. 그러나 제 5장에서의 분석에서 잘 나타나듯이 서독의 전후타협은 국내 주요 정치집단들, 사회집단들간의 타협일 뿐만 아니라 독일 엘리트들과 미국 정책입안자들 사이의 타협이기도 했다. 미국은 독일과 프랑스처럼 전후질서의 청사진에 대해 독자적 의견을 내기 어려운 나라들과도 끊임없는 정책조율을 시도해야만 했다. 요컨대 이 책의 사례선택은 내장된 자유주의와 각국 국내정치경제의 상이한 조응도를 비교할 수 있도록 고안되었다.

영미식 시장 중심적 자유주의 정치경제, 유럽대륙의 사회적 자본주의 또는 조율적 정치경제, 북유럽의 사회민주주의 정치경제를 구별하는 현대 자본주의의 유형론[67]에 익숙한 이들은 필자의 사례선택이 중

---

66) 이 문제에 대해서는 졸고 참조. Chansoo Cho, "Hegemony and the Variety of Democratic Institutions: Executive-Legislative Relations and U.S. Foreign Economic Policy Change", *Asian Perspective* 27(2003), pp. 5~32.

67) 요스타 에스핑안데르센에 의해 구축된 이 유형론은 이제 비교정치경제 분야에서는 하나의 보편적 분석도구로 사용되고 있다. Gøsta Esping-Andersen, *The Three Worlds of Welfare Capitalism* (Princeton: Princeton University

요한 누락을 범하고 있다고 말할 수 있다. 즉 내장된 자유주의가 전간기 또는 그 이전 금본위제의 황금기에 노동계급의 요구를 제대로 수용하지 못했던 것에 대한 보완책으로 등장한 것이라면 사회민주주의의 사례들이 반드시 포함되어야 한다고 볼 수 있는 것이다. 이 책에서 사회민주주의 사례들이 배제된 이유는 앞서 언급된 바처럼 필자의 분석적 관심이 중도우파 정부들이 지배적이었던 1950년대의 이념적 환경에서 좌파적 내용을 상당히 갖는 정책들이 유지될 수 있었던 제도적 조건을 파악하는 데 있기 때문이다.[68]

매우 이질적인 제도적 자원들로 이루어진 네 나라의 정치경제를 비교하기 위해 이 책은 "맥락화된 비교"(*contextualized comparisons*)의 방법을 사용한다. 리처드 로크와 캐슬린 텔렌에 따르면 맥락화된 비교의 방법은 서로 너무 달라서 비교의 지점을 찾기 어렵다고 인식되는 사례들, 그리고 그 반대로 너무 비슷해서 비교의 효용이 거의 없다고 인식되는 사례들에 적용하기에 적합하다.[69] 사과와 오렌지의 비교는 가능해야 하고 그 최선의 방법은 체계적인 공통의 분석틀을 신중하게 각 사례에 적용하는 것이다. 이러한 비교의 전략은 각국에 대한 우리의 이해를 특수주의와 예외주의로부터 탈출시키는 데 도움을 줄 것으로 기대된다.

제 2장에서 제 5장까지의 비교분석은 내장된 자유주의가 형성되던 1940년대 후반과 1950년대에 주요 산업국들의 정치경제체제가 각국에

Press, 1990); Peter A. Hall and David Soskice, eds., *Varieties of Capitalism: The Institutional Foundations of Comparative Advantage* (New York: Oxford University Press, 2001).

68) 물론 이러한 진술이 북유럽의 사회민주주의가 내장된 자유주의의 범위 밖에 예외적으로 존재했다는 의미로 이해되어서는 안 된다.

69) Richard M. Locke and Kathleen A. Thelen, "Apples and Oranges Revisited: Contextualized Comparisons and the Study of Comparative Labor Politics", *Politics & Society* 23(1995), p. 338.

서 19세기 이후부터 축적되었고 전간기와 전쟁을 거치면서 전수된 독특한 제도적 자원들의 조합으로써 재편되었음을 보여줄 것이다. 내장된 자유주의를 미국패권의 산물이라고 보는 시각, 또는 내장된 자유주의의 형성기를 대공황과 전쟁에 의해 단절된 세계화가 재가동되는 단계였다고 보는 시각에서 이러한 개별국가의 특이성은 그리 중요하지도 설명될 필요도 없다. 1950년대에 고도경제성장이 선진산업국들에서 보편적으로 이루어지고 전간기에 그토록 혼미했던 정치체제들도 전에 없는 안정세를 보이자 "이념의 종언"이 지배적 담론으로 제시되었고, "미국의 세기"는 이제 적어도 서방진영 안에서는 움직이지 않는 사실인 것처럼 인식되었다. 그러나 역사에 대해 좀더 민감해진다면 미국의 패권이 동맹국들 사이에서 어떤 심각한 도전을 받지 않았던 1950년대에조차 주요 산업국들의 정치경제체제는 패권국의 그것과는 아주 다른 내용과 방향을 갖고 있었음을 볼 수 있다.[70] 내장된 자유주의는 각국의 정치경제체제들이 하나의 모형으로 수렴되는 체제로 이해되어서는 안 된다.

따라서 이 책은 "다양성의 탐구"를 주된 목적으로 하는 연구기획의 소산이라고 말할 수 있을 것이다. 사회과학 연구의 유형론에서 볼 때 다양성의 탐구는 이론적 일반화와 특수성의 이해 사이에 위치한다.[71] 국내적 안정과 국제적 자유화가 양립하기 위해서는 개별국가의 정책자율성이 보장되어야 했고, 그것은 일국수준의 정치경제적 특이성이 유지될 수밖에 없음을 의미했다. 전후의 새로운 국제경제질서는 자유주의가 내장되는 제도적 토양, 즉 국가-기업 관계, 노사관계, 정당간 경

70) 이 점에서 "브레턴우즈 시기의 정책조율도는 대체로 과장되어 왔던 반면에 1970년대 이후의 정책조율도는 대체로 과소평가되어 왔다"는 마이클 웹의 지적은 옳다. Webb, *Political Economy of Policy Coordination*, pp. ix~x.

71) 다양성의 탐구에 대해서는 다음을 참조. Charles C. Ragin, *Constructing Social Research: The Unity and Diversity of Method*(Thousand Oaks, Calif.: Pine Forge Press, 1994), pp. 41~43.

쟁의 양태 등이 어떠한가에 따라 상이한 모습을 띠는 정치경제체제들로 이루어졌다. 오늘날 비교정치경제 분야의 상투구가 되어버린 "자본주의의 다양성"은 내장된 자유주의의 근본속성이었다.[72]

이 책은 그 다양성의 국내사회적 기원을 추적함으로써 오늘날 우리가 여전히 그 한 부분으로 살고 있는 국제경제질서가 궁극적으로 하나의 정치적 선택이었음을 보여줄 것이다. 이는 세계화 또는 경제개방을 하나의 피할 수 없는 동화의 물결로 이해하거나 기술발전에 의해 추동되는 일종의 탈정치화된 과정으로 파악하는 일부 문헌에 대한 비판이기도 하다. 내장된 자유주의가 전후 주요 산업국들의 민주주의체제에게 가장 현실적인 선택이었다면, 내장된 자유주의의 부분적 해체를 수반하는 세계화도 시장이라는 비정치적 기제의 작동결과이기보다는 경제개방을 둘러싼 사회집단들간의 갈등과 타협의 과정으로 봐야 한다는 것이다.

72) 자본주의의 다양성 문헌의 진부함에 대한 비판으로는 다음을 참조. Chris Howell, "Varieties of Capitalism: And Then There Was One?", *Comparative Politics* 36(2003), pp. 103~124.

제 2 장

복지자본주의와 복지국가의 융합: 미국

1. 자유주의 패권의 국내사회적 기반

2차대전의 종식과 함께 미국은 사상 유례없는 경제력과 군사력의 집중을 통해 능력을 갖춘 동시에 자유주의 공동체를 이끌겠다는 의지를 보임으로써 새로운 패권국으로 등장했다. 미국은 영국과 함께 관세 및 무역에 관한 일반협정(GATT), 국제통화기금(IMF), 국제부흥개발은행(IBRD)과 같은 전후 국제경제질서의 주된 제도적 장치들을 고안했고, 그 설립을 재정적으로 뒷받침했다. 금 1온스의 가치를 35달러에 고정함으로써, 달리 말해 미화의 가치를 금에 결박시킴으로써 미국은 사실상 "달러 본위제"(*dollar standard*)를 도입했다. 국제경제거래의 안정적 결제수단이 마련됨에 따라 유럽과 일본의 레짐참여국들이 국제수지균형을 유지하기가 훨씬 용이해졌다. 미국 안에서 달러의 가치를 조작할 수 있는 여지가 줄어들었기 때문에 자본의 흐름은 미국에서 유럽으로 움직일 수밖에 없었다.[1]

---

1) Barry Eichengreen, *Globalizing Capital: A History of the International Monetary System*(Princeton: Princeton University Press, 1996), p. 97;

대규모 전쟁의 종식이 종종 대규모 경제부흥으로 이어지기는 했지만,[2] 그리고 다른 여러 요인들, 특히 냉전이 함께 작용한 결과이기는 했지만, 새로운 패권질서하에서 자유주의 국제경제는 1970년대 초까지 안정과 성장을 동시에 경험했다. 패권안정이론(*hegemonic stability theory*) 내에서 이 시기는 패권국 부재하의 전간기와 미국패권이 약화된 1970년대 이후의 국제경제 불안정과 대비되면서 패권국의 기능적 필요를 증명하는 사례로 나타난다. 패권안정이론은 기본적으로 기능주의적 설명법이다. 패권국의 존재와 국제질서의 안정은 패권국이 갖는 기능적 효용 — 국제체제상의 공공재 생산 및 제공 — 을 매개로 인과관계가 성립된다. 달리 말해 패권국은 국제체제가 안정을 위해 요구하는 조건이고, 그 요건이 잘 충족되는지를 판단하는 기준은 패권국의 기능이 얼마나 잘 작동하는가이며, 그 기능은 국제체제의 안정을 도모하는 것이다.

이러한 순환논법은 1차대전 종전 때 이미 미국은 저물어 가는 패권국인 영국을 대신할 유일한 경제대국이었음에도 불구하고 미국이 1920년대 내내 그리고 1930년대 초반까지 패권국의 부담을 안으려 하지 않았다는 사실을 정합적으로 설명하지 못한다.[3] 체계적인, 즉 설명변인의

John Gerard Ruggie, *Winning the Peace: America and World Order in the New Era* (New York: Columbia University Press, 1996), p. 37; Mark R. Brawley, *Liberal Leadership: Great Powers and the Their Challengers in Peace and War* (Ithaca: Cornell University Press, 1993), p. 184.

2) Jushua S. Goldstein, *Long Cycles: Prosperity and War in the Modern Age* (New Haven: Yale University Press, 1988).

3) 데이비드 레이크는 전간기의 미국은 국제체계상 패권국이 될 만한 힘을 갖고 있지 못했다고 주장한다. 대공황과 전쟁의 고리를 끊지 못한 미국의 책임은 의지(*willingness*)보다는 능력(*capability*)의 결여 때문이라는 것이다. David A. Lake, *Power, Protection, and Free Trade: International Sources of U. S. Commercial Strategy, 1887-1939* (Ithaca: Cornell University Press, 1988) 참조.

일관된 적용이 이루어지는, 설명이 부재할 때 국제주의(*internationalism*) 대 고립주의(*isolationism*) 같은 이분법은 손쉬운 대체설명으로 사용된다. 그러나 대외정책기조로서 국제주의와 고립주의는 모두 미국 예외주의(*American exceptionalism*)라는 공통의 국내적 기반을 갖는다. 한스 모겐소가 적확히 표현했듯이, "고립주의는 안을 향한 글로벌리즘이고, 글로벌리즘은 바깥을 향한 고립주의"[4]이기 때문이다.

가용자원의 측면에서 1차대전 이후와 2차대전 이후는 미국에게 별 차이가 없었다. 1919년에 우드로 윌슨이 천명했던 국제주의의 내용은 미국이 상당한 비용을 부담하는 패권체제가 아니라 "동등한 나라들의 협력"(*cooperation among equals*)이었다. 로버트 코헤인이 패권 이후의 세계질서를 지탱한다고 보았던 국제제도들의 역할[5]이 강조되었던 사조가 바로 윌슨 국제주의였다. 이 시기에 만들어진 대표적 국제기구들인 국제결제은행(Bank for International Settlement; BIS), 국제연맹(League of Nations), 국제노동기구(International Labor Organization; ILO)는 금융, 무역, 노동의 영역에서 국가간의 협력을 이끌어낼 것으로 기대되었다.[6] 이 국제기구들의 설립취지와 운영원리는 대체로 미국이 발전시켜온 정치경제체제에 바탕을 둔 것이었다.

이 야심 찬 기획은 그러나 참여국들의 서로 다른 국내질서와 유기적으로 연계되지 못했다. 저물어 가는 패권국인 영국은 정통 경제정책들을 고집하여 1926년 총파업과 같은 노동계급의 저항에 직면했다. 프랑스는 1920년대에 경제구조의 합리화를 시도했으나 그에 상응하는 사회협약은 갖지 않았다. 독일은 1930년대의 거대한 비자유주의 실험을 가

---

4) Hans J. Morgenthau, *A New Foreign Policy for the United States* (New York: Praeger, 1969), p. 16.

5) Robert O. Keohane, *After Hegemony: Cooperation and Discord in the World Political Economy* (Princeton: Princeton University Press, 1984).

6) Harold James, *The End of Globalization: Lessons from the Great Depression* (Cambridge: Harvard University Press, 2000), p. 217.

능케 할 제도적 자원들을 이미 갖추었으나 패전국으로서 어떤 능동적인 기여를 할 수 없었다. 미국은 패권국으로서의 잠재력이 가장 컸지만, 미국의 가치를 국제적으로 제도화하려 하지도 않았고 타국의 정책에 관용적이지도 않았다. 달리 말해, 전간기의 자유주의 체제에는 사회적 목적의 상호이해가 결여되어 있었다.[7]

반면에 전후의 자유주의 체제는 미국의 힘, 그리고 사회적 목적의 상호이해 양자에 기반을 두었다는 데 그 역사적 특이성이 있다. 주요 레짐 참여국들은 시장의 힘이 초래하는 사회적 손실을 국내경제정책의 조작을 통해 보상하는 데 주력했고, 미국은 그들에게 국제 자유주의로부터의 부분적 이탈을 허용했다. 1920년대와는 달리 미국은 자유주의 국제경제질서의 안정을 뒷받침하기 위해 경제적, 군사적 원조를 적극적으로 활용했다. 1920년대에 민간 투자가들이 국제결제은행 설립을 주도하도록 방치했던 것과는 달리 1940년대 후반의 미국 연방정부는 국제주의 정책을 입안하고 추진했다.[8]

미국이 재편된 동맹체제의 유지를 위해 유럽의 국내적, 대외적 비자유주의 경제관행을 수용했던 것은 어떻게 설명될 수 있는가? 냉전은 아

---

7) 러기는 윌슨이 자유주의 체제 관리수단으로서 강제력이 갖는 중요성을 프랭클린 루스벨트만큼 인식하지 못했다고 지적한다. John Gerard Ruggie, *Winning the Peace: America and World Order in the New Era* (New York: Columbia University Press, 1996), p. 33.

8) Charles S. Maier, "The Two Postwar Eras and the Conditions for Stability in Twentieth-Century Western Europe", *American Historical Review* 86 (1981), p. 341; Robert A. Pollard and Samuel F. Wells, Jr., "1945-1960: The Era of American Economic Hegemony", in *Economics and World Power: An Assessment of American Diplomacy since 1789*, ed. William H. Becker and Samuel F. Wells, Jr. (New York: Columbia University Press, 1984), p. 334; Beth A. Simmons, "Why Innovate? Founding the Bank for International Settlement", *World Politics* 45 (1993), pp. 361~405.

마도 가장 손쉬운 설명변수일 것이다. 1947년을 전후하여 소련과의 협력을 통해 세계질서를 재편한다는 루스벨트의 기획은 폐기되었고 미국의 대유럽 정책은 일차적으로는 공산계열 정치세력을 배제하고 이차적으로는 사회민주주의 정도의 이념적 강도를 갖는 복지국가 확산을 용인하는 것으로 바뀌었다. “공산주의는 빈곤에서 비롯된다”는 믿음은 1940년대 후반과 1950년대 미국의 대규모 원조정책을 뒷받침했다. 체계 수준의 적이 강해지는 것을 막기 위해 서방 내부의 정책적 차이는 크게 문제시될 수 없었다. 제 1장에서 언급하였듯이 필자는 냉전이 2차대전 종전 직후의 체제재편을 이념적으로 틀 짓는 결정적 요인이었음을 인정하지만, 그 이상의 설명력은 부여하지 않는다. 대신에 여기서는 다자주의적 국제경제질서가 각국의 계급간 타협, 부문간 타협과 병존할 수 있었던 것은 사회적 목적의 상호이해의 정도가 높았기 때문이라고 주장한다. 그러나 주요 산업국들의 정책입안자들이 상대방의 이질적인 사회적 목적을 갑자기 긍정적으로 평가했기 때문에 이러한 변화가 일어난 것인가? 그보다는 경제개방에 대한 국내적 보상의 필요성이라는 새로운 사회적 목적이 주요 레짐 참여국들에 확산된 것이 변화의 구조적 요인이었다고 봐야 할 것이다.

미국의 경우에 새로운 사회적 목적의 제도화는 뉴딜 정치연합이 재편되는 형태로 이루어졌다. 이 연합은 해외시장 진출의도를 갖고 있는 자본집약적 부문의 기업가들, 회사별 복지가 구축된 대기업 부문의 실용주의 조직노동, 국내경제성장과 국제주의적 개입의 병행을 추구했던 정치인들로 구성되었다. 유럽시장에 관심을 가진 기업가들은 국내경제 운용에서의 연방정부의 역할증대를 받아들였고, 그들 가운데는 경기부양책으로서의 적자지출을 적극적으로 고려하자는 케인스주의자들도 있었다. 이 “뉴딜 기업가들”은 월가(街)의 금융가들과는 달리 국제적 자본이동에 대한 제약을 받아들일 수 있었다. 내수시장의 활성화에 집착하는 국내지향 부문들과는 달리 그들은 서유럽 시장의 확대를 가져올 마셜플랜에 지지를 보냈다.[9] 미국의 전후 국제주의적 개입은 단순히 소련과의 체제경쟁의 일환에 그치는 것이 아니었다. 오랫동안 기다려 왔던 자유주의 패권의 행사는 표준화된 대량생산 부문의 기업가들에게는 글로벌 경영의 호기를 제공했다.

이 개혁주의 자본가들은 조직노동이 산업평화 제도화에 유용한 파트너가 될 수 있다고 인식했다. 이러한 준 코포라티스트 구상은 자발주의와 기업별 노조주의에 바탕을 둔 노동운동의 실용노선과 잘 조응했다. 노조 지도자들은 고용안정과 물가안정을 보장받는 대가로 경영진의 운영권을 인정했다. 더군다나 조직노동은 특정정당과의 유기적 연계를 통해 전국정치에서 자신을 하나의 계급으로 대변하려는 노력을 하지 않았다. 그보다는 복지국가와 복지자본주의가 뒤섞인 현실 속에서 성취 가능한 이익을 최대화하려는 이익집단으로 움직였다. 개혁주의 자본가들과 실용주의 노조 지도자들의 타협은 물론 조직노동 내부의 자정(自淨)을 요구했다. 산업별 조직회의(CIO) 내부의 좌파계열 노조들은 "정당한" 노동운동의 진영에서 축출되었고, 이러한 미국 조직노동의 우경화는 공산당의 영향력이 강했던 유럽의 노사관계를 재편하는 데도 무시할 수 없는 압력으로 작용했다.

트루먼 행정부하에서 도출된 합의틀, 즉 뉴딜 체제의 (확대가 아닌) 현상유지 및 국제주의적 개입의 지속은 아이젠하워 행정부에서도 정책기조로 사용되었다. 뉴딜과 페어딜의 연속성은 분명했고, 전쟁국가를 복지국가로 전환시켜야 할 정치적, 경제적, 사회적 필요는 뚜렷했다. 대공황과 전쟁을 거치면서 급격히 확대된 국가의 경제적 역할은 그 어느 나라보다도 미국에서 움직일 수 없는 사실로 자리잡았다. 요컨대

---

9) Robert M. Collins, *The Business Response to Keynes, 1929-1964* (New York: Columbia University Press, 1981), p. 56; Eric Helleiner, *States and the Reemergence of Global Finance: From Bretton Woods to the 1990s* (Ithaca: Cornell University Press, 1994), p. 63.

미국의 사례는 계급정치의 기반이 미약한 정치경제가 어떻게 계급타협의 방향으로 나아갈 수 있었는지를 잘 보여준다.

이 장은 여섯 절로 구성된다. 다음 절에서는 트루먼 행정부하에서의 전후재편에 관한 타협의 내용을 간략히 살펴본다. 후속하는 세 절에서는 조직노동, 재계, 정당체제 각각이 내장된 자유주의가 국내화되는 데 어떤 역할을 했는지를 검토한다. 결론에서는 미국의 전후 정치연합이 내장된 자유주의라는 신국제경제질서가 국내화되는 여러 유형들 가운데 어떤 위치를 갖는지 간략히 토의한다.

2. 트루먼 행정부의 전후재편: 페어딜과 국제주의

1950년대의 미국 정치경제가 어떤 계급타협의 내용을 갖는지를 보기에 앞서 1940년대 중반에서 후반에 걸쳐 트루먼 행정부에서 어떤 정책변화가 이루어졌는지를 볼 필요가 있다. 트루먼 시기는 루스벨트의 뉴딜과 그것을 축소 또는 해체시킬 것이라고 기대되었던 공화당 행정부를 잇는다는 점에서 전후 정치경제 재편의 첫 단계이기 때문이다. 루스벨트가 "뉴딜을 둘러싼 국내전은 파시스트들과의 전쟁으로 대체되었다"(*Dr. Win the War had replaced Dr. New Deal*) 고 말하면서 보수파들을 안심시키려 했었지만,10) 국내정치경제를 둘러싼 갈등은 사라진 것이 아니었다. 루스벨트의 정치적 실험은 수많은 개혁의제들을 개혁정치인으로서의 경력이 아주 모호한 후계자에게 남겨놓았다. 아직 정통 경제정책과의 단절이 완료되지 않은 상태에서 트루먼 행정부는 "평상시로의 복귀"를 요구하는 상이한 사회부문들을 직면했다. 전후재편을 둘러싼 갈등은 곧 "평상시의 상태"를 어떻게 정의할 것인가를 둘러

10) Barry D. Karl, *The Uneasy State: The United States from 1915 to 1945* (Chicago: University of Chicago Press, 1983), p. 221.

싼 갈등이었다.

뉴딜 시기에 대기업과 조직노동 모두 규모와 정치적 영향력에서 성장을 경험했기에 전후재편을 둘러싼 갈등의 강도는 컸다. 1935년의 와그너법을 통해 루스벨트의 제2차 뉴딜 체제는 미국노동연맹(American Federation of Labor; AFL)과 산업별 조직회의(Congress of Industrial Organizations; CIO)를 양대산맥으로 하는 거대 조직노동의 출현을 가능케 했고, 다른 한편으로는 대기업의 시장독점을 더 허용했다. 대기업의 시장독점은 국제주의 부문뿐만 아니라 자본집약적 산업들 전반에 걸쳐 용인되었다.[11] 1차대전보다 훨씬 더 큰 규모의 국민총동원 전쟁이었던 2차대전은 노동의 참여뿐만 아니라 산업생산의 집중과 집적을 수반했다. 이처럼 자본과 노동이 같이 조직적 성장을 했음에도 불구하고 기업독점 문제를 중심으로 하는 계급갈등이 부각되지 않았던 것은 전쟁수행이라는 공동의 사업이 있었기 때문이고, 그 사업은 "생산성의 정치"라 불릴 만했다.[12] 외부와의 전쟁이 내부의 전쟁을 최소화했던 것이다.

전쟁이 끝나면서 국내정치경제의 내용과 방향을 둘러싼 내전이 재개되었다. 트루먼 대통령이 1945년 12월에 "평화는 지옥"이라고 말했을

11) 이미 제1차 뉴딜에는 산업카르텔의 합법화가 포함되어 있었고, 제2차 뉴딜은 국제지향적 부문의 정치적 지지의 대가로 반독점 규제의 추가완화를 실행해야 했다. Thomas Ferguson, "From Normalcy to New Deal: Industrial Structure, Party Competition, and American Public Policy in the Great Depression", *International Organization* 38(1984), p.42; Michael Lusztig, *Risking Free Trade: The Politics of Trade in Britain, Canada, Mexico, and the United States* (Pittsburgh: University of Pittsburgh Press, 1996), p.66. 또한 이 문제의 초기 논의로는 다음을 참조. Ellis W. Hawley, *The New Deal and the Problem of Monopoly: A Study in Economic Ambivalence* (Princeton: Princeton University Press, 1966).

12) Charles S. Maier, "The Politics of Productivity: Foundations of American International Economic Policy after World War II", *International Organization* 31(1977), pp.617~618.

때 그는 종전 직후의 상황을 결코 과장한 것이 아니었다. 조직노동은 진주만 공격 직후인 1941년 12월에 동의했던 파업 자제 서약을 파기했다. 종전이 다가오자 산업별 조직회의(CIO)는 전시에 포기되었던 초과근무수당에 대한 보상으로 20% 또는 30%의 임금인상을 요구했다. 동시에 CIO는 생산과정에서의 노동자 권리를 보호하는 최선의 수단으로서 뉴딜 코포라티즘을 온존시킬 것을 원했다. 반면에 재계는 루스벨트의 "협력적" 코포라티즘에 대한 공격을 가했다. 제 2차 뉴딜은 필자가 "잡동사니" 연합(*motley crew coalition*)이라고 부르는 집단들의 지지를 얻기 위해 대기업들을 종종 압박했기 때문에 그들의 반격은 더 거셀 수밖에 없었다. 상대적으로 자유주의적인 20세기 재단(Twentieth Century Fund) 조차도 1944년에 이르면 노조들이 공익보다는 자신들의 특수이익에 봉사한다고 비판했다. 기업가들에게 미국판 자유-노동 동맹(*Lib-Labism*)은 노동자들이 "생산하고 또 생산"한다는 조건하에서만 유지될 수 있는 것이었다.[13]

1947년의 태프트-하틀리 법(Taft-Hartley Act)은 기업가들의 반격을 잘 예증한다. 공식적으로는 노사관계법(Labor-Management Relations Act)으로 불렸던 이 법안은 노조의 개입으로부터 경영권을 지키려는 것이었고, 트루먼의 거부권 행사에도 불구하고 통과되었다. 조직노동에 의해 "노예노동법"이라 비난받았던 태프트-하틀리 법은 전국노사관계

---

13) Bartholomew H. Sparrow, *From the Outside In: World War II and the American State*(Princeton: Princeton University Press, 1996), p. 67; Arthur F. McClure, *The Truman Administration and the Problems of Postwar Labor, 1945-1948*(Rutherford: Fairleigh Dickinson University Press, 1969), pp. 27, 47; Christopher L. Tomlins, *The State and the Unions: Labor Relations, Law, and the Organized Labor Movement in America, 1880-1960*(New York: Cambridge University Press, 1985), p. 318; Nelson Lichtenstein, "Labor in the Truman Era: Origins of the Private Welfare State", in *The Truman Presidency*, ed. Michael J. Lacey (New York: Cambridge University Press, 1989), pp. 134~135.

위원회(National Labor Relations Board; NLRB)를 행정적으로 분산시키고 그 판정들에 대한 사법심사를 강화했으며, 폐쇄적 노조가입제(*closed shop*)를 금지하고 유니온 숍(*union shop*) 설립을 제약했다. 또한 이 법은 고용주들로 하여금 상당수의 노조관행을 불법화할 수 있게 해주었고 연방법원이 파업금지명령을 내릴 수 있도록 해주었다. 대통령이 특정 산업쟁의를 국가비상사태로 선포하여 파업권을 제한할 수 있게 해준 것도 태프트-하틀리 법이었다.[14] 기업가들의 반격은 18개 주에서 이른바 "근로권"(*right to work*) 입법이 이루어지면서 더 힘을 얻었다.

전시협력체제의 정치적 시효가 만료되면서 나타난 반노동주의는 새로운 것이 아니었다. 1차대전이 끝났을 때에도 비슷한 현상이 관찰되었다. 그러나 두 전후시기 사이에는 뉴딜이라는 미국정치발전의 큰 전환점이 자리잡고 있었다. 윌슨 행정부 시기에 온건한 중도파 노조들의 성장이 촉진되기는 했으나 그것은 이익집단으로서의 기본권을 보장해주는 자유주의적 개혁이었지 뉴딜과 같은 국가-사회 관계 자체의 변형과는 거리가 멀었다.

루스벨트의 개혁은 리처드 벤슬이 "양키 리바이어던"이라고 불렀던 거대 연방정부를 완성하고, 개혁으로부터 혜택받는 이들의 수를 노동과 같은 특정집단을 넘어서는 규모로 늘려놓았다.[15] 전시협력체제에 대한 재계의 반격은 시계바늘을 되돌려놓을 수 없었다. 뉴딜을 통해 구조적 변화를 겪은 것은 조직노동뿐만 아니라 재계 또한 마찬가지였기 때문이다. 연방정부 주도의 경제정책과 사회정책이 늘어남에 따라 그

14) Melvyn Dubofsky, *The State and Labor in Modern America*(Chapel Hill: University of North Carolina Press, 1994), p. 204.

15) Richard Franklin Bensel, *Yankee Leviathan: The Origins of Central State Authority in America, 1859-1877*(New York: Cambridge University Press, 1990); Stephen Skowronek, *Building a New American State: The Expansion of National Administrative Capacities, 1877-1920*(New York: Cambridge University Press, 1982).

이해당사자(*stakeholder*)의 수도 급증했다. 뉴딜의 혜택은 사회적으로 분산되고 그 비용은 집중되기 때문에 재계 일부를 비롯한 반대집단의 목소리가 큰 정치적 영향력을 가질 수밖에 없다고 말할 수도 있다. 이를테면 사회보장 혜택을 수령하는 그 수많은 퇴직자들이 하나의 응집된 정치세력이 될 것이라고 1930년대의 입안자들 스스로도 기대하기 어려웠을 것이다.[16] 그러나 생각보다 뉴딜에 대한 지지는 깊고 넓었다.

트루먼 대통령 자신도 엄밀한 의미에서 뉴딜주의자라고 보기는 어려웠다. 그는 토머스 펜더개스트(Thomas Pendergast)로 표상되는 남부 민주당 머신정치(*machine politics*)의 소산이었다. 트루먼이 1934년에 뉴딜 민주당원이 된 것은 정부개입이나 사회개혁에 대한 신념에서 비롯되었다기보다는 당시에는 뉴딜에 동참하는 것이 전국정치에 나설 수 있는 최선의 방법이었기 때문이다. 뉴딜은 "권력을 향한 트루먼의 길" 위에 있는 이정표들 가운데 하나에 불과했다. 루스벨트 그 자신도 조직노동의 진정한 친구라고 볼 이유가 전혀 없지만, 트루먼은 노조 지도자들을 "파워 엘리트"의 일부로서, 그리고 조합원들을 유권자로 다룰 때 그의 전임자가 발휘했던 정치적 기지(奇智)를 갖고 있지 못했다. 루스벨트가 그를 러닝메이트로 선택한 것은 잡동사니 연합이 되어버린 민주당내 여러 분파들과 원만하게 일할 수 있는 사람으로 판단했기 때문이다. 실제로 트루먼은 "원칙보다는 사람이 중요하다"고 생각했고, 그 결과 보수파와 자유주의자가 뒤섞인 그의 내각은 경제정책과정에서 혼선을 초래했다.[17]

---

16) 1958년에 결성된 전미은퇴자협회(American Association of Retired Persons; AARP)는 사회보장법 제정 반세기 후인 1980년대 후반에 2,800만 명의 회원과 행정직원만 1,300명을 고용하는 미국 최대 이익집단으로 자리 잡았다. Paul Pierson, "The New Politics of the Welfare State", *World Politics* 48 (1996), pp. 146~147.

17) Richard S. Kirkendall, "Truman's Path to Power", in *Harry S. Truman and the Fair Deal*, ed. Alonzo L. Hamby(Lexington, Mass.: D.C. Heath,

페어딜의 주요 입법들이 좌절되는 가운데 1947년에 시작되어 한국전쟁의 발발로 이어진 냉전은 민주당과 공화당의 중도파들이 타협하는 계기를 제공했다. 소련 팽창주의의 위협은 양당으로 하여금 자신의 1순위 정책목표를 상대당의 2순위 정책목표와 바꾸도록 유도했다. 민주당의 행정부 분파는 국제주의적 개입을 지속하는 대신 내수부문 기업들과 밀착되어 있는 공화당에게 뉴딜 사회복지 프로그램의 확대 포기를 약속했다. 이는 아서 슐레진저 2세(Arthur M. Schlesinger, Jr.)가 "핵심 중도파"(*vital center*)라고 불렀던 세력들간의 타협으로서 전후미국의 국내 정책기조를 형성했다.[18] 한국전쟁이 발발하자 트루먼 대통령은 "중단 없는 산업생산"을 최우선 정책목표로 설정했다. 극동의 분쟁은 전후의 평화가 가져온 교착상태를 매우 빠른 속도로 해소시켰다. 태프트-하틀리 법 폐지, NLRB 개편, 국민건강보험 도입, 브래넌 계획(Brannan plan),[19] 소규모 기업 지원 등의 페어딜 개혁안들은 냉전의 압력하에 백지화되었다.[20]

냉전은 그렇지 않아도 사회주의와는 거리가 멀었던 미국의 노동운동을 더욱 생산성의 정치로 이끌리게 만들었다. 1948년 말에 이르면

1974), p. 6; idem, *A Global Power: America since the Age of Roosevelt*, 2d ed. (New York: Knopf, 1980), pp. 29~30.

18) 1순위 정책목표와 2순위 정책목표의 교환은 벤저민 포드햄의 논점이다. Benjamin O. Fordham, *Building the Cold War Consensus: The Political Economy of U.S. National Security Policy, 1949-51* (Ann Arbor: University of Michigan Press, 1998), pp. 9~10; 핵심중도파에 대해서는 다음을 참조. Alonzo L. Hamby, "The Vital Center, the Fair Deal, and the Quest for a Liberal Political Economy", *American Historical Review* 77(1972), pp. 653~678.

19) 페어딜 정책 가운데 하나로서 트루먼 행정부의 농무부 장관이었던 찰스 브래넌(Charles F. Brannan)의 농가소득 보장을 골자로 한다.

20) Gilbert J. Gall, *The Politics of Right to Work: The Labor Federations as Special Interests, 1943-1979* (Westport, Conn.: Greenwood Press, 1988), p. 57; Sparrow, *From the Outside In*, p. 78.

CIO 내 반공주의 다수파는 좌파가 주도하는 산하 노조들을 축출하기 시작했고, 1949~1950년 시기에 11개 노조가 CIO에서 제명되었다. 전미자동차노조(United Auto Workers; UAW) 지도자 월터 루더(Walter Reuther)의 시각에서 좌경노조들은 노조가 아니라 노조를 활동기반으로 한 소련의 첩자에 불과했다. 1949년 5월에 CIO는 마셜플랜에 대해 부정적이었던 세계노동조합연맹(World Federation of Trade Unions; WFTU)에서 탈퇴했다. 미국의 유럽재건 계획에 대한 반대는 곧 국제공산주의에 동조하는 것이라고 노조 지도자들은 믿었다. CIO와 미국노동연맹(American Federation of Labor; AFL)은 프랑스와 영국의 개혁주의 노조들을 규합하여 새로운 비공산계열 국제노조연합체를 창립하는 데 동의했다.[21]

2차대전 종전 후 노동운동 내부의 적색공포(*red scare*)는 대서양 양안에 공통된 현상이었지만 그것이 국내정치경제에 미친 영향은 나라마다 상이했다. 서독에서 공산계열 노조의 축출은 개혁주의 노동운동의 헤게모니하에 이루어졌고, 협력적 노사관계와 기민당 정권의 안정에 기여했다. 대조적으로 레지스탕스를 통해 공산당이 정치적 정당성을 갖고 있었고 사회당은 유약한 상태였던 프랑스에서 1947년 이후의 반공드라이브는 이미 이념적 분열이 심했던 조직노동을 내부적으로 더 갈라놓았고 계급타협의 가능성을 낮추었다. 미국의 노동은 서유럽 나라들처럼 사회주의 정당과의 긴밀한 또는 유기적 연계를 갖고 있지 않았고, 사회민주주의 헤게모니도 부재했다. 미국적 맥락에서 노동운동의 탈급진화는 복지자본주의의 제도화를 반영하는 것이었다.

---

21) Mary Sperling McAuliffe, *Crisis on the Left: Cold War Politics and American Liberals, 1947-1954* (Amherst: University of Massachusetts Press, 1978), pp. 53~58; Robert H. Zieger, *The CIO, 1935-1955* (Chapel Hill: University of North Carolina Press, 1995), pp. 277, 292; Maier, "Politics of Productivity", p. 636.

전전(戰前)에 그리고 대공황 중에도 복지자본주의를 경험한 바 있는 미국의 노동은 전후 노사관계 재편과정에서도 반응적이기보다는 앞장서는 모습을 보였다. 월터 루더는 트루먼에게 향후 백 년 동안의 산업평화를 위한 청사진을 제시하면서 공산주의의 위협은 단순히 민주적 가치에 대한 강조만으로는 대처할 수 없으며 적극적 사회정책이 필수적이라고 주장했다. 루더에게 민주적 노조주의는 좌파이념의 유령을 쫓고 자유자본주의를 가져올 것이며, 민주적 노조주의와 결합된 자유자본주의야말로 미국이 세계에 제공해야 할 범형이었다. 그의 말을 직접 들어보자.

> 수많은 국가의 사람들은 미국의 발명과 기업을 자극해온 개인에 대한 보상의 약속을 지켜보고 있다. 대량생산의 기적을 이루어낸 미국의 기술진보를 지켜보고 있다. 자유롭게 노조를 결성하고 고용주와 집단교섭하며, 자신의 의지에 따라 일자리를 선택하고 바꾸는, 승진에 어떤 제한도 없는, 짧은 근로시간에 지속적으로 실질임금을 올려가는 미국의 노동자들을 지켜보고 있다.[22]

미국은 모든 노동자들의 꿈을 현실에 이루어낸 나라로 표상되었다. 그리고 모든 형태의 "아메리칸 드림"이 그러하듯이 그 꿈은 계급이 아닌 개인이 성취해낸 것이었다.

1940년대 말에 이르면 전후 미국정치경제의 틀은 정부-기업-노동 삼자간의 관계로 자리잡게 되었다. 점점 많은 고용주들이 노조가 산업평화를 증진시키는 기능을 수행하고, 그럼으로써 생산성을 높인다는 인식을 갖게 되었다. 기업들은 "책임감 있는" 노조가 제도화될 때 정치화된 급진적인 노동조직들이 생산과정에서의 경영주의 권위에 도전하는

---

22) Mark Rupert, *Producing Hegemony: The Politics of Mass Production and American Global Power*(Cambridge: Cambridge University Press, 1995), pp. 160～161에서 재인용.

것을 막아준다고 생각했다. 더 나아가 노조는 "국민경제에 필수적"이라는 인식이 커졌다.[23] 1940년대는 이러한 기본적 합의틀이 형성되는 시기였다. 이제 그 구체적 제도화가 이루어졌던 1950년대를 살펴본다.

3. 성장연합의 하위파트너로서의 조직노동

뉴딜과 페어딜은 미국사에 유례없는 대규모의 조직노동을 만들어냈다. 1955년에 양대 노조연합체였던 AFL과 CIO가 합병한 것은 대공황과 전쟁 시기에 대부분 노동 지도자들의 최대관심사였던 조직화 문제가 일거에 해결되는 쾌거로 보였다.

CIO가 보다 현대적인 정상조직에 가까운 연맹체의 잠재력을 갖고 출발하기는 했으나 유럽에서와 같은 산별노조의 이념형과는 거리가 있었다. 조합원 수에서 CIO는 여전히 AFL에 뒤처져 있었고, 인종차별적 노조운영에도 불구하고 AFL은 민권문제에 민감한 CIO보다 더 많은 흑인 조합원을 갖고 있었다. 또한 산별노조주의는 사무직, 공공부문, 서비스 분야의 비핵심 노동자들을 소외시켰고, 이는 조합원들이 AFL을 선택하는 이유가 되기도 했다. 더구나 20년에 걸친 두 연맹체 간의 경쟁은 종종 이념적 차이보다는 지도자들끼리의 개인적 갈등을 반영했다.

CIO의 필립 머레이(Philip Murray)와 AFL의 윌리엄 그린(William Green)이 죽으면서 두 연맹체는 새 지도부하에서 합병을 서둘렀다.[24] 양대 노조연합체의 합병은 기업노조주의(*business unionism*)와 회사단위의 집단교섭이 미국 노사관계의 제도로서 공고화될 것임을 의미했다.

23) C. Wright Mills, *The New Men of Power: America's Labor Leaders* (New York: Harcourt, Brace, 1948), p. 26.

24) Zieger, *CIO, 1935-1955*, chap. 13; Mills, *New Men of Power*.

거대노조의 탄생은 복지자본주의 발전과 궤를 같이하는 것이었다.

1950년대 중반에 이르면 전체 조합원 수는 1,750만 명에 달했고, 이는 비농업 부문 노동자 세 사람 중 한 명이 노조원이었음을 의미한다. 이는 1947년보다 3백만 명이 늘어난 숫자였고, 1934년에 비하면 다섯 배가 증가한 것이었다.[25] 일부의 시각에서 이 극적인 성취는 미국정치경제의 유럽화, 즉 자본과 노동 간의 긴장고조와 계급정치의 등장을 알리는 것으로 해석되었다. 그러나 새뮤얼 곰퍼스(Samuel Gompers)가 AFL을 창설하고 조직을 이끌었던 1886~1924년 시기에 미국 노동자들은 기업노조주의의 철창에 갇힘으로써 작업장의 탈정치화가 초래되었다. AFL은 유일한 전국수준의 노조연맹체였지만, 그 조직적 중심은 각자의 재정권을 갖고 있는 지역노조들이었다. 연방정부가 노동문제에 관한 보편적 규칙과 절차를 제공하지 않았기 때문에 노조 지도자들은 주 또는 지역 수준의 정치적 권위, 특히 법원과 대면해야 했다. 거듭된 개혁시도 실패에 좌절한 그들은 정치를 기피하고, 노사관계에 대한 외부의 개입을 거부하는 자발주의(*voluntarism*)로 돌아섰다. 작업장에서의 요구사항을 선거와 정당의 영역으로 보내는 대신 조직노동은 고용주들과 "합의 보는" 방식을 선호했다.[26] AFL-CIO라는 거대한 우산조직의 등장은 이 과거의 유산을 청산하기보다는 강화시켰다.

찰스 라이트 밀스는 미국의 노동지도자들이, 서로 다른 이익들이 유동적 타협 속에서 서로 견제하는 체계로서 정치를 이해하는 다원주의

---

25) Tomlins, *State and the Unions*, p. 317.

26) Victoria C. Hattam, "Institutions and Political Change: Working-Class Formation in England and the United States, 1820-1896", in *Structuring Politics: Historical Institutionalism in Comparative Analysis*, ed. Sven Steinmo, Kathleen Thelen, and Frank Longstreth(New York: Cambridge University Press, 1992), pp. 163, 180, n. 3; idem, *Labor Visions and State Power: The Origins of Business Unionism in the United States*(Princeton: Princeton University Press, 1993), chap. 1.

에 깊이 침윤되어 있다고 개탄한 바 있다. 새로운 권력집단으로서 노조 지도부는 민주당 머신 보스들의 정치 스타일을 답습하고 있었다. 정치현실은 후견인-피후견인 관계의 네트워크로 이해되었고, 노동 역시 그 구조에서 예외가 될 수 없었다.[27] 주류 노조주의자들은 조합 내 민주주의를 노조 지도부에 의한 평조합원의 공식적 대표행위로 인식했고,[28] 그러한 형식적 정의는 정치체제 전반에 적용되었다. 노동운동 내부의 이러한 다원주의 경향은 아이젠하워 시기 동안에도 온존되었다. 민주당과 긴밀히 연결되어 있던 CIO의 정치행동위원회(Political Action Committee; PAC) 조차도 특정 정당과의 유기적 연계를 지향하지는 않았다. CIO-PAC의 주된 목적은 선거정치에 직접 참여함으로써 노동의 목소리에 귀 기울이는 의회를 재생산하는 것이었다.[29]

CIO-PAC이 민주당을 정치적 파트너로 선택한 것은 당연했다. 그러나 조직노동과 민주당의 파트너십은 의도되지 않은 결과, 즉 작업장과 전국정치의 분리로 이어졌다. 민주당에게 조직노동은 전국 수준의 "잡동사니" 연합을 이루는 한 이익집단 이상이 아니었고, 민주당의 정책의제는 대부분 노동의 절실한 요구와는 직접 연관이 없는 것이었다. 민주당은 작업장 수준에서의 평조합원들의 요구에 대해 세밀한 지식을 갖지 않았고, 그럴 필요도 없었다. 워싱턴에 상주하는 CIO-PAC 지도부가 필요한 정보를 제공했기 때문이다. 아이젠하워 행정부하에서 연방정부보다는 주정부의 역할이 강조되고 실제 정책과정에서도 후자의 비중이 커졌음에도 불구하고 CIO-PAC의 활동은 전국수준에 집중되었

---

27) Mills, *New Men of Power*, p. 163. 정당-노조 연계라는 점에서 미국과 서유럽 사이의 유사성을 강조하는 대안적 견해로는 다음을 참조. J. David Greenstone, *Labor in American Politics* (New York: Alfred A. Knopf, 1969), pp. 6~7.

28) Rupert, *Producing Hegemony*, p. 162.

29) James Caldwell Foster, *The Union Politic: The CIO Political Action Committee* (Columbia: University of Missouri Press, 1975), p. 197.

다. 주와 지역 수준의 정치조직이 없는 상황에서 고용주들과의 교섭은 근로시간, 임금, 근로조건과 같이 정치성이 약한 쟁점들에 국한되었다. 조직노동이 전국수준에서 갖는 로비력과 작업장 수준에서 갖는 교섭력은 별개의 것이었다.

전국정치 참여에 대한 CIO의 관심은 AFL에 비해 중앙집권화된 조직의 속성을 반영했다. 대부분의 AFL 산하노조들은 건설, 광산, 운송, 개인 서비스, 그리고 일부 전문직 분야의 숙련노동자들로 구성된 직종별 조합(*craft unions*)이었고, AFL 조직은 종족, 종교, 인종, 성의 균열선을 따라 갈라져 있었다.[30] 반면에 CIO의 조직적 기반은 제철, 섬유, 자동차, 전기설비, 고무 등의 대량생산 부문이었다. 이 산업들의 포드주의적 생산과정은 상이한 숙련도의 노동자들을 하나의 작업장에 집중시켰고 그들은 매우 동질적인 경영측 감독하에 있었다. 더욱 중요한 점은 대량생산 부문은 작업장의 소재지에 따른 차이가 거의 없었다는 것이다. 요컨대 CIO 산하노조들은 상대적으로 계급의식을 갖춘 전국조직들이었다. 그러나 CIO의 계급기반은 그리 넓지 못했다. CIO가 숙련도와 무관하게 조직을 확대하려는 노력을 기울였음에도 불구하고 노동시장의 위계질서 하층에 속하는 노동자들이 CIO에 접근하기는 여전히 쉽지 않았다.[31]

밀스가 노동연맹체들 내부에 존재한다고 보았던 "민주적 반대세력의 부재"는 역설적이게도 계급타협의 시간적 지평선을 넓히는 데 기여했다. 경영자의 입장에서 내부적 민주성보다는 지속성을 갖춘 노조 지도부가 안정적인 "공장체제"(*factory regime*)를 구축하는 과정에서 더

30) Mills, *New Men of Power*, pp. 55, 60~61; Mark Edward Rupert, "Producing Hegemony: State/Society Relations and the Politics of Productivity in the United States", *International Studies Quarterly* 34 (1990), p. 441.

31) Mills, *New Men of Power*, pp. 61~62.

믿을 수 있는 파트너였다. 노조의 입장에서도 조직 내 규율은 중요했다. 특히 보수적 사용자단체인 전국제조업협회(National Association of Manufacturers; NAM)와 미국상공회의소(U.S. Chamber of Commerce; USCC) 산하기업들과 부딪혀야 하는 노조의 경우 그러했다. 지도부는 조직 안의 기득권 유지를 위해 노조 내 규율을 사용했고, 데이비드 브로디(David Brody)가 "작업장의 법치"라고 불렀던 공장질서를 만들어냈다.[32] NLRB의 "협약장벽"(*contract-bar*) 규정은 단체협약 유효기간 중에는 현임노조의 대표독점권을 인정함으로써 노조의 중앙집권화를 법적으로 뒷받침했다. 1947년에 이르면 NLRB는 2년을 적절한 협약기간으로 간주하고 있었고, 기간은 이후 더 늘어났다. 단체협약 기간이 길어지면 노사관계가 안정될 것이라는 기대 때문이었다.[33]

노조조직의 중앙집권화는 재정의 집중화에 기반을 둔 것이었고, 조합비 일괄공제제도(*check-off system*)는 기존에 지역노조들이 누렸던 재정적 자율성을 약화시키고 연맹체 본부를 강화시켰다. 자체적 파업기금을 갖고 있지 못한 지역노조들은 상위조직에 기댈 수밖에 없었다. 보수화된 NLRB하에서 유니온 숍 제도가 현임노조에 대한 도전을 차단하는 방편으로 사용되면서 지역노조들이 대안적 전국조직을 만들 수 있는 기회도 제한되었다. 그러한 상황에서 동원 가능한 유일한 "약자의 무기"는 비공식 파업(*wildcat strikes*)이었다. 그러나 그것은 노조지도부의 정치적 타협에 대한 평조합원들의 항의였지 "풍요로운 노동자"의 이데올로기에 대한 어떤 대항 헤게모니의 표출이라고 보기는 어려웠다. 비공식 파업에 대한 주류 노조주의자들의 대응은 단호했다. 예컨대 1956년 5월에 전미광산노조(United Mine Workers; UMW)는 비공식 파업을 노조방침에 반하는 것으로 규정하고 본부의 승인 없는 파업을 주도하는 지역노조에 대해 벌금을 부과할 것임을 밝혔다.[34]

---

32) *Ibid.*, p.64; Rupert, *Producing Hegemony*, p.164.

33) Tomlins, *State and the Unions*, pp.322~324.

복지국가의 영역이 이전보다는 확대되면서 노동정치의 중심은 평조합원들과 지도부 사이의 상호작용에서 연방정부 기관, 정당, 기업가 단체, 그리고 법원과의 상호작용으로 옮겨갔다. 연방정부가 노동문제를 하나의 정책영역으로 다루게 되면서 노사관계는 "전문가들"의 영역이 되었다. 전국수준의 단일교섭에서 만들어진 결정들이 모든 작업장과 모든 사무실에 적용되는 것이 코포라티즘의 이념형이라면 뉴딜 규제국가는 기본적으로 사안별 심의체제였다. 특정사례에 대한 판정이 자동적으로 다른 사례들에도 일괄 적용되는 경우는 드물었다. 법원의 전통적으로 강한 역할은 내부적으로 통일된 노동정치의 가능성을 낮추는 효과를 가졌다. 집단교섭이 갈수록 실증자료, 통계수치, 경제학적 논리에 바탕을 두고 이루어짐에 따라 AFL-CIO는 더 많은 전문가들, 특히 변호사와 경제학자를 고용하게 되었다.[35)]

노사관계와 마찬가지로 복지국가의 발전 역시 보편적이기보다는 사안별로 이루어졌기 때문에 사회복지 프로그램의 수혜 여부는 정치적으로 결정되기보다는 사법적으로 판정되었다. 보편적 복지국가의 부재는 노조가 기업단위로 구축된 복지자본주의에 깊숙이 편입되게 만들었다. 전미자동차노조(UAW) 처럼 자리가 잡힌 산별노조들은 고용주와의 집단교섭을 통해 더 많은 부가급여를 얻어내기 위해 주력했고, 그렇게 획득된 사내복지는 작업장의 평조합원들을 통제하는 수단으로 기능했

---

34) Mills, *New Men of Power*, p. 63; Richard A. Lester, *As Unions Mature: An Analysis of the Evolutions of American Unionism*(Princeton: Princeton University Press, 1958), pp. 25, 32; Stanley Aronowitz, *Working Class Hero: A New Strategy for Labor*(New York: Pilgrim Press, 1983), pp. 93~94. "약자의 무기"와 "풍요로운 노동자"는 각각 다음에서 빌려온 표현이다. James C. Scott, *Weapons of the Weak: Everyday Forms of Peasant Resistance*(New Haven: Yale University Press, 1985); John H. Goldthorpe et al., *The Affluent Worker: Political Attitudes and Behavior* (London: Cambridge University Press, 1968).

35) Lester, *As Unions Mature*, p. 24.

다. 1950년에 제너럴 모터스(GM)와 UAW 간에 타결된 이른바 "디트로이트 협약"(Treaty of Detroit)은 복지자본주의의 제도화를 예증한다. 대량생산 부문에서 최초로 5년 계약을 고용의 기본조건으로 지정한 이 협약은 물가상승과 생산성 향상에 비례한 임금인상을 보장했고, 그 대가로 UAW는 생산일정, 차종변경, 기계 및 공장 투자에 관한 GM의 경영권을 전면 인정했다. 한 산별노조가 특정기업과 맺은 이 협약은 노조결성을 막으려는 비노조부문의 기업들에 의해 모방되면서 대량생산 부문 내에서 확산되었다.[36]

조직노동의 중앙집권화와 관료화는 자유무역이 일부 산업부문에서 노동자들의 이익과 상응하지 않는데도 노조 지도부가 무역자유화를 지

〈표 2-1〉 자동차 부문 노동자의 평균 주급, 1947~1955년

연도 \ 부문	자동차 노동자 평균주급	기타 제조업 노동자*	의류산업 노동자*	소매업 노동자*
1947	56.51달러	76.3%	71.2%	-
1950	74.85달러	69.4%	59.6%	53.1%
1955	99.84달러	64.9%	49.8%	48.8%

* 자동차 부문 노동자 평균 주급에 대한 비율

출처: Nelson Lichtenstein, "From Corporatism to Collective Bargaining: Organized Labor and the Eclipse of Social Democracy in the Postwar Era", in *The Rise and Fall of the New Deal Order, 1930-1980* (Princeton: Princeton University Press, 1989), p. 145.

36) Jytte Klausen, *War and Welfare: Europe and the United States, 1945 to the Present* (New York: St. Martin's Press, 1998), p. 226; Aronowitz, *Working Class Hero*, p. 47; Rupert, *Producing Hegemony*, p. 170; Jonas Pontusson, "Introduction: Organizational and Political-Economic Perspectives on Union Politics", in *Bargaining for Change: Union Politics in North America and Europe*, ed. Miriam Golden and Jonas Pontusson (Ithaca: Cornell University Press, 1992), p. 26.

지했던 사실을 상당부분 설명해준다. 공화당이 20년 만에 백악관을 탈환하자 무역자유화와 노동의 수용을 한데 묶었던 뉴딜의 정책패키지가 폐기될 것이라는 우려가 커졌다. 이에 AFL의 조지 미니(George Meany)와 CIO의 월터 루더가 포함된 국가안보 공공자문위원회(Public Advisory Board for National Security)는 아이젠하워에게 제출한 보고서에서 뉴딜의 자유무역정책을 가능케 했던 상호무역협정법(Reciprocal Trade Agreements Act; RTAA)을 지지했다. RTAA는 전체주의와의 전쟁에서 미국이 사용할 경제적 무기로 규정되었다. RTAA의 부정적 효과는 관세인하로 타격 받은 산업들을 보조하고 일자리를 잃은 노동자들에게 실업수당을 지급하는 방식으로 완화될 수 있다고 주장되었다.[37]

그러나 무역자유화로 인한 일자리 손실을 어떻게 보상할 것인가를 두고 AFL과 CIO는 상당한 견해차를 보였다. 노동집약적인 내수시장 부문의 직종별 조합들이 주축인 AFL은 자유무역이 고용과 근로조건 및 생활수준에 가할 충격을 우려했다. 따라서 AFL은 위험지점(*peril points*)과 면책조항(*escape clauses*) 규정을 유지하고 미국물자 우선구매정책(Buy American)[38]을 도입함으로써 상호무역협정 프로그램을 제한해야 할 필요가 있다고 보았다. 자본집약적 대량생산 부문 노조 중심인 CIO는 무역이 고용, 투자, 개발을 촉진시킬 것이라고 전망했다. 특히 루더는 국내생산자들이 우려하는 불공정 무역관행은 국제적으로

---

37) Peter Donohue, "Free Trade Unions and the State: Trade Liberalization's Endorsement by the AFL-CIO, 1943-1962", in *Research in Political Economy* 13, ed. Paul Zarembka (Greenwich, Conn.: JAI Press, 1992), pp. 36~37.

38) 위험지점은 무역자유화로 인해 자국산업이 손실을 입고 위협을 느끼기 시작하는 지점을 말하고, 면책조항은 그러한 위험에 대비하여 관세인상이나 수입제한을 통해 무역협정에 의한 특혜공여를 중지하는 것을 말한다. 미국물자 우선구매정책은 미국정부의 물자구매시 외국업체의 제시가격이 낮더라도 국내업체에 우선권을 주고, 미국원조를 받는 국가가 미국물자를 우선적으로 구매하도록 하는 정책이다.

통용되는 노동기준을 세우고 그것을 무역상대국들도 채택하도록 할 때 막을 수 있을 것이라고 보았다.[39] 보호주의로 회귀하기보다는 미국적 노동-복지 연계를 자유 자본주의의 범형으로서 자유주의 공동체에 투사할 때 그로 인한 이득을 미국 노동자들이 누리게 될 것이라고 루더는 믿었다. 미국의 노사관계조차도 수출할 수 있고, 다른 나라들이 그로부터 혜택을 얻을 수 있다고 믿는 이 사조는 가히 좌파 윌슨주의라 부를 만했다.

양대 노조연맹체간의 입장 차이에도 불구하고 1955년에 RTAA가 다시 3년간 연장될 수 있었던 데는 조직노동의 역할이 컸다. 같은 해 AFL과 CIO의 합병 역시 조직노동의 자유무역 지지노력에 힘을 더하는 요소였다. 그러나 노동 내부에는 또 다른 균열선이 존재했으니 지역주의(*sectionalism*)가 바로 그것이다. AFL-CIO가 노조정치를 장악하기는 했으나 그 지역적 기반은 오대호 인근의 산업지대, 뉴잉글랜드와 태평양 연안에 국한되었다. 근로권 입법이 집중되었고 "남부작전"(Operation Dixie)이라 불렸던 CIO의 노조조직 활동이 실패했던 데서 알 수 있듯이, 남부는 산별노조주의 및 다른 개혁주의 정치의제를 가로막는 장애물이었다. 대규모 면화 플랜테이션 운영을 가능케 하는 광활한 토지와 노예제를 통한 풍부한 노동공급은 남부의 섬유산업이 세계시장에서의 경쟁력을 바탕으로 자유무역을 지지하게 만든 요인들이었다. 그러나 외국의 합성섬유 생산자들과의 경쟁이 치열해지고 기술혁신이 가속화됨에 따라 남부의 비교우위는 급속히 사라졌다. 1955년에 이르면 대농장주(*planters*) 세력에 기반을 두는 남부 민주당 의원들 가운데 상당수가 보수적 공화당 의원들과 보호주의 연합을 형성하게 되었다.[40]

---

39) Donohue, "Free Trade Unions and the State", pp. 39, 44.

40) Ronald W. Cox and Daniel Skidmore-Hess, *U. S. Politics and the Global Economy: Corporate Power, Conservative Shift* (Boulder, Colo.: Lynne

AFL-CIO 안에서 남부의 시각을 대변했던 것은 미국섬유노조(Textile Workers Union of America; TWUA)였다. TWUA는 관세인하는 산업별, 제품별로 이루어져야 한다고 말하며, 1955년 RTAA 연장에서도 섬유산업에 대해서는 면책조항의 적용을 요구했다. 생산성의 정치를 강조했던 AFL-CIO에 의해 그 요구가 기각되기는 했으나 TWUA의 제한적 무역자유화 논리는 상당한 설득력을 갖추었다. 한 섬유노조 관료의 말을 들어보자. "무역은 추가적 일자리를 만들어낼 것이기 때문에 좋은 것이 아니라 그것이 어떤 일자리들을 더 생산적으로 만들어줄 것이기 때문이다."[41] 자유무역은 승자와 패자를 만들어낸다는 것은 노동자들에게 너무나 명백한 현실이었다. 경제개방의 최대 수혜자는 가장 자본집약적이고 가장 국제지향적인 산업부문에 고용된 노동자들이었다. 그러나 미국 노동의 지배적 분파가 내장된 자유주의의 방향을 결정했다고 볼 필요는 없다. 다음 절에서 우리는 경제개방이 대부분 노동자들에게 가져올 부정적 영향에도 불구하고 조직노동이 보호주의로 되돌아가지 않았던 이유를 자본가들에서 찾아본다.

4. 복지자본주의의 확산: 노동과 연방정부에 대한 대기업의 대응

일단 종전 직후 노동운동의 급진화를 막는 데 성공한 재계는 복지국가의 제도화를 둘러싸고 조직노동 및 연방정부와 상호작용을 계속해야만 했다. 그 이유는 정치적인 동시에 경제적이었다. 민주당이 공화당

Rienner, 1999), p. 95; Gall, *Politics of Right to Work*; Barbara S. Griffith, *The Crisis of American Labor: Operation Dixie and the Defeat of the CIO*(Philadelphia: Temple University Press, 1988); Donohue, "Free Trade Unions and the State", pp. 41, 46.

41) Donohue, "Free Trade Unions and the State", pp. 41, 46.

에 백악관을 내놓아야만 했던 것은 페어딜의 실패보다는 냉전 최초의 충돌이었던 한국전쟁의 장기화에서 기인한 바 컸다. 아이젠하워는 "적정가의 안보"(*reasonably priced security*) 라는 공약으로 극동에서의 소모전에 지친 미국민들의 지지를 얻을 수 있었다.[42] 그러나 긴축재정을 당연히 복지예산 책정에도 적용하려던 공화당 행정부를 견제하기 위해 유권자들은 민주당을 의회 다수당으로 밀어올렸다. 납세자 겸 복지수혜자라는 유권자들의 이중 정체성 앞에 아이젠하워 행정부는 사회보장 지출을 증세로써 무작정 늘일 수도 무작정 줄일 수도 없는 위치에 있었다. 복지국가는 이미 정책적 교착상태(*gridlock*)에 빠져 있었다.

이러한 정치적 이유 말고도 재계가 기존의 뉴딜 사회협약을 수용해야 할 경제적 근거가 있었다. 가격 및 임금에 대한 전시규제가 풀리면서 고임금은 고물가로 해결할 수 있게 되었다. 물론 고임금과 고물가 모두 생산성 증대를 전제로 하는 것이었으나, 1950년대를 통해 생산성은 임금인상보다 더 급속한 향상을 보였다. 고임금은 소비자로서 노동자들이 더 큰 구매력을 가짐을 의미했고, 이는 생산재 부문과 소비재 부문 간의 균형을 가져왔다. 확대된 내수시장이 있었기에 자본집약도가 낮고 국내지향적인 소비재 부문의 보호주의 정책 의존도는 상당히 낮아졌다. 그들 또한 "성장연합"(*growth coalition*) 으로 편입되었다.[43]

이는 성장연합의 외연이 넓어졌음을 뜻했다. 성장연합은 원래 재계의 자유주의 분파를 중심으로 형성되었다. 주로 경제발전위원회(Committee for Economic Development; CED)에 참여했던 이 자유주의 기업가들 가운데 대표적인 인물들은 이스트먼 코닥의 마리온 폴섬(Marion

42) Mark R. Brawley, *Afterglow or Adjustment? Domestic Institutions and Responses to Overstretch*(New York: Columbia University Press, 1999), pp. 244~245.

43) Sparrow, *From the Outside In*, p. 75; Rupert, *Producing Hegemony*, pp. 171~172.

B. Folsom), 제너럴 일렉트릭의 제라드 스워프(Gerard Swope), 스탠더드 오일의 월터 티글(Walter C. Teagle), 리즈 앤 노스럽의 모리스 리즈(Morris E. Leeds) 등이었다. 1944년에 발간된 《자유사회의 경제학: 미국경제정책의 선언》(*The Economics of a Free Society: A Declaration of American Economic Policy*) 이라는 제목의 보고서에서 이들은 전후 미국경제에서의 연방정부의 역할, 특히 집단교섭, 재정정책, 사회복지 프로그램에서의 적극적 역할을 인정했다. 무엇보다도 중요한 것은 자유주의 기업가들이 산업평화와 경제발전을 일구는 사업의 "정당한 파트너"로서 조직노동을 인정한 점이다.[44]

마크 루퍼트는 이렇게 말한다. "CIO(당시의 명칭은 Committee for Industrial Organization) 산하 노조들을 정당한 집단교섭 대리인으로 처음 인정한 주요 기업들(제너럴 모터스와 유에스 스틸)은 〔토머스〕 퍼거슨의 이론에서 조직노동을 수용할 가능성이 가장 높은 것으로 확인되는 산업부문에 속하지 않았다."[45] 전국제조업협회(NAM) 산하의 명백히 반노동적 기업들 가운데서도 노조의 지위를 존중하는 곳이 적지 않았다.[46] 퍼거슨의 간결한 이론, 즉 부가가치 가운데 임금의 비중이 낮은 국제주의 기업들이 조직노동에 호의적이었다는 주장은 경험적으로 완벽하게 뒷받침되지 않는다. 그러나 역사가 제임스 졸이 바이마르 공화국 붕괴에 대한 데이비드 에이브러햄의 연구가 사료의 부적절한 사용이라는 주류 독일사가들의 비난에 직면했을 때 말했던 바대로 "분석의 오류가 어떤 논증의 완전한 폐기를 정당화해주지는 못한다"(*Not all the errors vitiate all the arguments*).[47] 필자는 퍼거슨이 말하는 미국정치의

---

44) Kim McQuaid, *Big Business and Presidential Power: From FDR to Reagan* (New York: William Morrow, 1982), pp. 117~118.

45) Rupert, "Producing Hegemony", p. 437, n. 15.

46) Lester, *As Unions Mature*, p. 41.

47) James Joll, "Business as Usual", *The New York Review of Books* 32(14),

황금률, 즉 "누가 통치하는가를 보려면 금이 어디에 있는가를 보라"는 지나친 단순화 논법[48]이 설명하지 못했던 부분을 뉴딜을 전후로 한 재계의 복지자본주의 도입노력으로 설명하고자 한다.

서두에서 제 2차 뉴딜은 자본집약적이고 국제주의적인 부문의 지지를 통해 국내적으로 국가개입주의와 과감한 사회정책을 추진할 수 있었음은 지적한 바 있다. 이 국제주의 기업들은 생산과정에서 조직노동과 직접 대면할 기회가 상대적으로 적었기에 확대된 연방정부의 복지 및 노동정책에 수용적일 수 있었다. 그러나 내장된 자유주의가 국내화되기 위해서는 그러한 소수의 기업들에 국한된 합의 이상의 제도적 환경이 필요했다. 연방정부의 기능이 역사적으로 제한되어 있었던 미국에서 그러한 제도적 환경은 자유주의와 온정주의가 뒤섞여 있기는 했으나 노동자들을 생산성의 정치로 끌어들이는 데 대단히 효과적이었던 복지자본주의 공장체제에서 찾아볼 수 있다.

토머스 퍼거슨이 "다국적 블록"(*multinational bloc*)이라고 불렀던 기업군이 형성되기 훨씬 이전인 19세기 후반부터 발견되고 1920년대에 구체화되기 시작한 이 미국적 노사관계의 테크닉은 기본적으로 온정주의적 경영이념에 바탕을 둔다. "피고용자의 대표권, 이윤공유, 사원 주주제, 건의제도, 사보(私報), 그리고 집단생명보험, 연금, 질병수당 같은 부가급여 프로그램" 등이 산업평화의 수단으로 사용되었다. 제너럴 일렉트릭과 이스트먼 코닥이 복지자본주의를 선도한 기업들이었다. GM이나 유에스 스틸 같이 퍼거슨의 다국적 기업 블록에 속하지 않는 회사들이 창립된 지 얼마 되지 않았던 CIO를 집단교섭 상대로 인정할 수 있었던 것은 이러한 복지 자본주의 공장체제가 노조인정 여부에

September 26, 1985.

48) Thomas Ferguson, *Golden Rule: The Investment Theory of Party Competition and the Logic of Money-Driven Political Systems* (Chicago: University of Chicago Press, 1995).

〈표 2-2〉 제조업 부문 시급 노동자 복지혜택, 1940~1946년*

프로그램\연도	1940	1946
건강보험	36	68
입원보험	33	64
이윤공유	7	12
연 금	8	23

* 혜택을 제공하는 기업들의 비율

출처: Sanford M. Jacoby, *Employing Bureaucracy: Managers, Unions, and the Transformation of Work in American Industry, 1900~1945* (New York: Columbia University Press, 1985), p. 266.

앞서 파급되었기 때문이다. 오히려 회사 중심의 복지체제는 노조를 인정하지 않는 기업들에서 적극적으로 개발되었고, 그것이 노조를 인정하는 기업들에 의해 모방되는 패턴을 보였다.[49]

복지자본주의의 발전은 뉴딜 이전에 빈약한 재정의 연방정부가 경제와 사회에 대한 개입을 최소화하려 했다는 점으로 설명될 수 있을지 모른다. 물론 개별 기업가들이 노동자들의 복리증진을 사내문제로 전환시킬 수 있었던 것은 연방정부에 의해 운용되는 공적부조 프로그램이 개발되지 않았기 때문이다. 그러나 동시에 민간부문의 복지 프로그램 개발을 장려한 것 역시 연방정부였음을 지적할 필요가 있다. 예컨대 1920년대를 통해 재계에게 회사별 복지체제 구축을 위한 노사관계 기준의 제정을 촉구했던 이는 다름 아닌 진보주의 정책이념을 가진 상무장관 허버트 후버(Herbert Hoover)였다.[50] 따라서 전후에 연방정부

49) Lester, *As Unions Mature*, p. 38; Sanford M. Jacoby, *Modern Manors: Welfare Capitalism since the New Deal* (Princeton: Princeton University Press, 1997), chap. 1; Mark Edward Rupert, "Producing Hegemony: State/Society Relations and the Politics of Productivity in the United States", *International Studies Quarterly* 34 (1990), p. 437, n. 15.

의 역할이 증대되었다 해도 그것은 민간부문을 완전히 제쳐놓는 국가개입주의보다는 기존의 복지자본주의를 복지국가적 요소로 보완하는 성격이 강했다.

1940년대 후반과 1950년대를 통해 복지자본주의는 공장문을 넘어서 하나의 정치전략으로 발전했다. 하월 해리스가 지적했듯이, 경제적 불평등과 평등주의적 정치문화가 공존하는 미국에서 재계는 경제적 파이의 분배방식에 대해 피고용자들뿐만 아니라 미국민들 대다수의 동의를 얻어야 했다. 적어도 경제발전위원회(CED)의 기업 자유주의자들에게 복지자본주의는 작업장에서의 불만사항을 미연에 방지하기 위한 일부 개명된 고용주들의 경영기법에 머물러서는 안 되는 것이었다. 복지자본주의는 경영주의 일방적 시혜가 아니라 노동의 요구를 수용하는 제도적 고정물이 되어가고 있었다. 일종의 기업별, 또는 부문별 코포라티즘(*micro- or meso-corporatism*)에 가까웠던 복지자본주의는 연방정부의 역할증대를 통해 더 많은 정치적, 경제적 행위자들이 참여하는 체제로 변형되었다.[51]

복지자본주의와 복지국가를 결합시키는 데 연방정부의 역할은 컸다. 1950년에 의회는 사회보장(*Social Security*) 프로그램의 혜택범위를 대폭 넓혀 추가로 8백만 명의 피고용자들이 연금혜택을 받을 수 있도록

---

50) Kim McQuaid, *Uneasy Partners: Big Business in American Politics, 1945-1990* (Baltimore: Johns Hopkins University Press, 1994), p. 82; Beth Stevens, "Blurring the Boundaries: How the Federal Government Has Influenced Welfare Benefits in the Private Sector", in *The Politics of Social Policy in the United States*, ed. Margaret Weir et al. (Princeton: Princeton University Press, 1988), pp. 125~126; Edward Berkowitz and Kim McQuaid, *Creating the Welfare State: The Political Economy of Twentieth-Century Reform* (New York: Praeger, 1980), p. 60.

51) Howell Harris, *The Right to Manage: Industrial Relations Policies of American Business in the 1940s* (Madison: University of Wisconsin Press, 1982), p. 180; McQuaid, *Uneasy Partners*, p. 83.

했다. 사회보장세율과 이 목적을 위해 과세대상이 되는 임금총액 모두 높아졌다. 1950~1955년 시기에 사회보장 지급액은 다섯 배 증가했다. 이러한 추세는 공화당이 집권한 뒤에도 계속되었다. 중소기업 연합체인 USCC의 반대에도 불구하고 아이젠하워 시기에 사회보장 수혜자의 수는 천만 명이 늘어났고, 1956년에는 장애보험까지 신설되었다.[52] 다음 절에서는 페어딜의 재정위기를 지적하면서 집권한 아이젠하워 행정부가 이러한 반직관적 정책을 취한 이유를 알아본다.

5. 현상유지적 복지국가에 대한 정치적 합의

드와이트 아이젠하워가 공화당 대통령 후보가 되었던 1952년에 이 유럽전쟁의 영웅에게 부과된 위임사항은 트루먼 행정부의 방만한 재정지출, 특히 과다한 국제주의적 개입비용을 바로잡는 것이었다. "냉전의 세계화"가 진행중이던 1947~1950년에 방위비 예산은 130억 달러에 육박했고, 그 가운데 평균 50억 달러가 마셜원조와 같은 국제주의 프로그램들에 배당되었다. 트루먼의 대외정책에 대한 유권자들의 불만의 핵심은 한국전쟁이었다. 애초에 "제한전"이었어야 할 극동에서의 군사작전은 확실한 승리의 보장도 없이 미국의 자원을 소모하고 젊은이들을 죽이고 있다고 인식되었다. 아이젠하워는 안보와 건전한 재정의 결합을 공약함으로써 선거에서 인상적인 승리를 거두었다. 어떤 의미에서 아이젠하워는 한국전쟁을 끝내기 위해 선출되었고, 그는 전선시찰 직후에 가장 중요한 첫 번째 공약을 이행했다. 그렇다고 해서 아이젠하워가 패권 이전의 미국이 지향했던 고립주의로 회귀했던 것은 아니다. 공식적으로 NSC 162/2로 알려진 아이젠하워의 방위비 감축조치

---

52) McQuaid, *Uneasy Partners*, pp. 85~86, 88, 90.

는 미국의 국제적 개입을 유지한다는 전제하에 취해졌다.[53]

국내경제정책에서도 아이젠하워는 균형재정 달성에 분명한 우선순위를 부여했으나 그것이 뉴딜 복지국가의 전면해체를 뜻하지는 않았다. 실제로 아이젠하워는 유세기간 동안 뉴딜의 보존을 약속했다. 그는 공화당을 20세기 중반의 미국 현실에 맞도록 "현대화"시키는 것이 대통령으로서의 자신의 과업이라고 생각했다. 그것은 공화당과 민주당 모두의 최대강령파들로부터 새로운 행정부를 분리시켜 뉴딜체제를 현상유지하려는 것이었다.[54] 물론 그 방법은 앞서 지적한 대로 민간부문이 이미 발전시킨 복지자본주의와 연방정부의 복지 프로그램을 상호보완적으로 결합시키는 것이었다. 아이젠하워의 복지국가는 기본적으로 시장논리에 기반을 두는 수혜자 부담과 고용연계의 체제였다.

개인의 경제적 자립을 중시하는 보수주의자였지만 아이젠하워는 교의적인 통화주의자는 아니었다. 오히려 그는 경제안정책으로서 재정정책이 갖는 효용을 인지했다. 스튜드베이커(Studebaker) 자동차 회장이었던 폴 호프먼(Paul G. Hoffman)이 대통령 후보 시민자문위원장을 맡을 때 그는 아이젠하워에게서 전국제조업협회(NAM)에게도 CIO에게도 끌려다니지 않을 새로운 리더십을 발견했다. 그의 판단은 옳았다. 이 퇴역장군의 경제철학은 공화당 보수파들과 자유기업 옹호자들보다는 경제개발위원회(CED)로 대표되는 "핵심 중도파"(*vital center*)의 성장주의에 가까웠다. 또 다른 대공황에 대한 우려가 팽만했던 1950년대 초에 아이젠하워는 경제침체의 예방자로서 연방정부의 역할을 강조했다. 대부분 스스로가 기업가들이었던 그의 경제자문관들 역시 중도적

---

53) Iwan W. Morgan, *Eisenhower versus 'the Spenders': The Eisenhower Administration, the Democrats and the Budget, 1953-60* (London: Pinter, 1990), p. 27; Brawley, *Afterglow or Adjustment?* pp. 244, 248.

54) Collins, *Business Response to Keynes*, p. 152; Alonzo L. Hamby, *Liberalism and Its Challengers: FDR to Reagan* (New York: Oxford University Press, 1985), p. 118.

경제정책을 선호했고, 그들은 지속적 경제성장에 바탕을 둔 복지지출을 용인하는 입장을 보였다. "아이젠하워 보수주의자"라는 새로운 이념적 브랜드가 등장한 것이었다.[55] 이 보수주의 대통령하에서 보건, 교육, 복지를 관장하는 장관급 부서가 1953년에 신설되었음은 주목할 만한 사실이다.

아이젠하워의 통치 스타일 또한 합의적 정치체제를 공고화하는 데 기여했다. 미합중국 34대 대통령에 대한 초기의 평가는 대체로 부정적이었는데, 그것은 아이젠하워가 헌법이 부여한 직권을 사용하는 데 유보적인 것으로 보였기 때문이다. 권력분립 및 견제와 균형이 신성화되는 체제에서 "훌륭한 대통령은 강력한 대통령이고, 강력한 대통령은 자유주의적이고 국제주의적인 대통령"이라는 인식은 특히 학계에서 그 뿌리가 깊었다. 이처럼 자유주의적 편견이 많이 가미된 기준을 갖고 볼 때 아이젠하워는 밋밋하고 따분한 대통령이었다.[56] 그러나 아이젠하워와 그의 시대에 대한 보다 복합적인 시각에서는 상당히 다른 그림이 나온다.[57] 자신의 정책을 의회와 국민 앞에 제시하는 데 지나치게 조심스러웠던, 정치에 서투른 군인의 모습은 대외정책과 국내정책 모

---

55) Morgan, *Eisenhower versus the Spenders*, p. 4; Collins, *Business Response to Keynes*, pp. 152~154; John W. Sloan, *Eisenhower and the Management of Prosperity* (Lawrence: University Press of Kansas, 1991), p. 34.

56) James MacGregor Burns, *The Deadlock of Democracy: Four-Party Politics in America* (Englewood Cliffs, N. J.: Prentice-Hall, 1963), p. 178.

57) 예로는 다음을 참조. Gary W. Reichard, *The Reaffirmation of Republicanism: Eisenhower and the Eighty-third Congress* (Knoxville: University of Tennessee Press, 1975); Fred I. Greenstein, *The Hidden-Hand Presidency: Eisenhower as Leader* (New York: Basic Books, 1982); William E. Leuchtenburg, *In the Shadow of FDR: From Harry Truman to Ronald Reagan* (Ithaca: Cornell University Press, 1983); Douglas B. Harris, "Dwight Eisenhower and the New Deal: The Politics of Preemption", *Presidential Studies Quarterly* 27 (1997), pp. 333~342.

두 눈에 보이지 않게 통제했던 노회한 정치인의 모습으로 대치되었다. 그 자신이 루스벨트와 뉴딜을 몹시 싫어했음에도 불구하고, 아이젠하워는 복지국가 건설이 "이제 우리 문명 안으로 수용되었다"며 보수적 공화당원들을 설득하는 정확한 대세인식능력과 정치적 실용주의를 갖춘 대통령이었다.[58]

달리 말해 온건파 공화당 대통령으로서 아이젠하워는 자신의 소속 정당이 전통적으로 표방하는 원칙들에 크게 위배되지 않는 범위 내에서 국내경제정책과정을 운용했다. 이러한 아이젠하워의 정책적 타협은 대외경제정책 영역에서도 발견된다. 공화당 내의 보호주의자들과 지속적으로 대면해야 했던 아이젠하워는 아서 밴던버그(Arthur H. Vandenberg) 이후 의회 지도자들을 지배했던 대외정책에서의 초당주의(*bipartisanism*)를 적극 활용했다. 국내정쟁은 대외정책 영역으로 확장되어서는 안 된다는 상원의원 밴던버그의 주장은 노회한 아이젠하워에 의해 "보호주의는 곧 고립주의이며 자유무역주의자는 국제주의자"라는 등식으로 변형되었다. 〈표 2-3〉은 1945년을 기점으로 적어도 상원에서는 공화당의 보호주의 지지가 눈에 띄게 약화되었음을 보여준다. 냉전이라는 새로운 형태의 글로벌 규모의 전쟁을 위해 무역자유화에 대한 초당적 지지를 끌어내는 것은 대통령이 "핵심 중도파"의 이념적 범위만 넘어서지 않는다면 그리 어려운 일이 아니었다. 앞서 지적한 바대로 트루먼 행정부하에서의 타협이 국내적으로 국가개입을 제한하면서 국제주의적 개입은 유지하는 것이었다면, 보호주의와 고립주의의 등치는 아이젠하워가 당내의 반대자들을 누르는 매우 효과적인 무기였다. 물론 "불만은 혁명을 부채질할 수 있다"는 아이젠하워의 언명은 냉전과 초당주의의 인과관계를 보여주는 것으로 해석될 수 있다. 1950년대를 통해 무역-안보 연계가 강했음은 부정할 수도 부정

58) Harris, "Dwight Eisenhower and the New Deal", pp. 334, 335.

할 필요도 없다.[59]

〈표 2-3〉 무역법안에 대한 의회 표결, 1930~1962년

단위: %

		하 원			상 원		
연도	표 결	민주당	공화당	전체	민주당	공화당	전체
1930	무역자유화	90	9	41	86	22	49
	무역제한	10	91	59	14	78	51
1936	무역자유화	96	2	71	91	15	63
	무역제한	4	98	29	9	85	37
1945	무역자유화	94	19	61	88	48	72
	무역제한	6	81	39	12	52	28
1949	무역자유화	79	7	62	98	45	77
	무역제한	21	93	38	2	55	23
1958	무역자유화	72	56	65	60	80	70
	무역제한	28	44	35	40	20	30
1962	무역자유화	83	75	60	98	76	73
	무역제한	17	25	40	2	24	27

출처: Thomas L. Brewer and Lorne Teitelbaum, *American Foreign Policy: A Contemporary Introduction*, 4th ed. (Upper Saddle River, N.J.: Prentice Hall, 1997), p.120.

---

59) Chester J. Pach, Jr. and Elmo Richardson, *The Presidency of Dwight D. Eisenhower*, rev. ed. (Lawrence: University Press of Kansas, 1991), p.49; Daniel Verdier, *Democracy and International Trade: Britain, France, and the United States, 1860-1990* (Princeton: Princeton University Press, 1994), p.206; Burton I. Kaufman, *Trade and Aid: Eisenhower's Foreign Economic Policy, 1953-1961* (Baltimore: Johns Hopkins University Press, 1982), p.12.

그럼에도 불구하고 이 책에서 국내정치연합의 논리에 착목하는 이유는 공식적 제도의 수준에서 주요 행위자들이 어떤 국내적 환경에서 타협점을 찾았는지가 중요하기 때문이다. 가까이는 뉴딜에서부터, 멀리는 19세기 후반에서부터 축적되어온 냉전 이전의 미국적 계급타협의 양식을 볼 필요가 있다는 것이다. 이는 정책과정의 "경로의존성"(*path dependency*)에 대한 강조이기도 하다.[60]

아이젠하워가 초당주의적 원칙을 내세우며 국제주의적 대외경제정책을 계속 추진할 수 있었던 것은 냉전을 계기로 합의적 양당체제가 형성되었기 때문인데, 그러한 정당체제의 제도적 환경은 미국의 독특한 정치균열 구조에서 찾아볼 수 있다. 이미 40여 년 전에 제임스 번스가 지적했던 바대로, 미국의 정당체제는 양당이 아닌 4당구조라는 점에 주목할 필요가 있다.[61] 민주당과 공화당은 자체로 통일성을 갖는 각각의 응집된 정당이기보다는 의회에 기반을 두는 집단과 대통령과 함께 행정부를 운영할 집단으로 각각 나뉜다. 이 4당구조는 유권자들의 분할투표(*split-ticket voting*), 즉 의회선거에서의 지지정당과 대통령선거에서의 지지정당이 다르게 나타나는 현상을 반영하는 것이기도 하다. 〈표 2-4〉는 전후에 빠른 속도로 분할투표가 늘어나고 있음을 보여준다.

의회의 민주당과 행정부의 민주당 (그리고 의회의 공화당과 행정부의 공화당)은 정책과정에서 대단히 다른 이해관계와 선호를 대변하면서 각축하게 된다. 특히 이러한 구조는 뉴딜을 통해 연방정부의 기능과 권한이 확대되면서 심화되었다. 전국적 규모에서 선출되는 대통령직,

---

60) 제도주의와 경로의존성에 대한 논의로는 Paul Pierson, *Politics in Time: History, Institutions, and Social Analysis*(Princeton: Princeton University Press, 2004), chap. 1 참조.

61) James MacGregor Burns, *The Deadlock of Democracy: Four-Party Politics in America*(Englewood Cliffs: Prentice-Hall, 1963).

〈표 2-4〉 분할투표 지역구 비율, 1940~1960

연 도	지역구 수	분할투표 지역구 비율(%)
1940	362	14.6
1944	367	11.2
1948	422	22.5
1952	435	19.3
1956	435	29.9
1960	437	26.1

출처: Theodore J. Lowi, *The Personal President: Power Invested, Promise Unfulfilled* (Ithaca: Cornell University Press, 1985), p. 83.

그리고 주 전체를 대표함으로써 하원보다는 연방차원에서의 정책과정에 깊이 관여하는 상원은 행정부 지향적 정치인들이 상호작용하는 공간을 제공한다. 앞서 토의되었던 핵심중도파 연합은 바로 이 행정부 지향적 정치인들이 타협한 결과물이었다. 지역구의 협소한 이해관계에 얽매이지 않는 중도파 상원의원들은 반대편 정당의 대통령과 정책과정에서 동거할 수 있는 유인구조 아래 있었다.

특히 미국정치의 지역적 분할구조는 아이젠하워 시기의 합의적 정치체제를 설명하는 데 도움이 된다. 중서부 및 태평양 연안주의 공화당 의원들과 남부의 민주당 의원들이 당을 넘어선 정책동맹을 이루었고, 북동부의 공화당 의원들과 남부를 제외한 나머지 주들의 민주당 의원들 또한 당과 무관하게 연합했다. 이러한 교차정당 연합이 의회에서 주로 사용한 협조전술인 로그롤링(*logrolling*)은 뉴딜 이전부터 만연했다. 법안에 대한 지지를 서로 맞바꾸는 이 상호부조의 정치술은 그러나 뉴딜 시기를 통과하면서 지역주의(*sectionalism*)를 하나의 제도적 고정물로 만들면서 그 자체가 구조화되었다. 달리 말해 상하원에서 교환되는 입법사안들의 내용이 뉴딜로 인해 전국적 수준의 대규모 개혁사안들로 채워지면서 정치인들의 교차정당 연합은 일시적인 것이 아니라

〈표 2-5〉 미 연방의회 하원선거 결과, 1942~1958년

연도	민주당			공화당		
	의석 수	의석비율(%)	득표율(%)	의석 수	의석비율(%)	득표율(%)
1942	222	51.0	46.1	209	48.0	50.6
1944	242	55.6	50.6	191	43.9	47.2
1946	188	43.2	44.3	246	56.5	53.5
1948	263	60.4	51.2	171	39.3	45.4
1950	235	54.0	48.9	199	45.7	48.8
1952	213	48.9	49.2	221	50.8	49.3
1954	232	53.3	52.1	203	46.6	47.0
1956	234	53.7	50.7	201	46.2	48.7
1958	283	64.7	55.5	153	35.0	43.6

출처: http://clerk.house.gov/member_info/electionInfo/index.html

장기적이고 반영구적인 형태로 바뀌어갔다. 라이트 밀스가 "행정부가 선거정치를 대체한다"고 표현했던[62] 행정부 중심의, 좀더 정확히 말하자면 대통령직 중심의 정책과정은 거대정부의 출현과 함께 의회의 정치행태 자체를 변형시켰던 것이다.

6. 내장된 자유주의, 국내적 타협, 그리고 미국의 패권

하나의 국제경제체제로서 내장된 자유주의가 어떤 국내적 조건에서 형성되었는지를 설명할 때, 미국의 사례는 하나의 주요한 이론적 문제를 제기한다. 새로운 패권국으로서 미국은 전후 자유주의 국제경제질서를 틀 짓는 데 얼마나 중심적인 역할을 했는가? 이 물음에 대해 앤-머리 벌리는 내장된 자유주의는 뉴딜(그리고 그 페어딜적 변형)이 세계

62) C. Wright Mills, *The Power Elite*(New York: Oxford University Press, 1956), p.267.

로 투사된 것에 다름 아니라고 답한 바 있다. 그녀는 뉴딜 규제국가와 전후 국제체제 간에 제도적 배열의 유사성이 존재한다는 데 주목한다. "민간의 문제들은 〔해결되기 위해서는〕 국내에서든 해외에서든 제도화된 공적 개입을 요구한다"는 것이다. 제도들은 해당분야에 특화되고, 상대적으로 탈정치화된 것이어야 하지만, 동시에 중앙권위에 종속되어야 한다. 벌리에 의하면, 뉴딜 시기에 창설된 연방기구들은 농업, 무역, 민간항공, 통화 등을 다루는 국제레짐들의 모형이 되었다.[63]

필자는 이 견해에 부분적으로만 동의하는데, 그 이유는 단순히 그러한 시각이 내장된 자유주의를 건설하는 데 참여했던 다른 나라들의 역할을 축소할 수 있기 때문만은 아니다. 국제주의 뉴딜론자들의 구상과 그 제도적 발전이 전후 국제질서를 초기에 추동한 힘이었음은 이론의 여지가 없다. 그러나 내장된 자유주의와 관련하여 더 흥미로운 의문들은 왜 미국의 정책입안자들은 세계를 자국의 구상에 따라 재주형하지 못했는지, 왜 그나마 수립된 신국제질서의 운영도 타국들과의 끊임없는 협상과 타협을 필요로 했는지일 것이다.[64] 이러한 의문점들을 해결하기 위해서는 1940년대뿐만 아니라 1950년대를 아울러 들여다봐야 하고, 미국뿐만 아니라 다른 자유주의 레짐 참여국들도 살펴봐야 한다.

이 장의 서두에서 논의했듯이, 미국이 마침내 자유주의 리더십의 의무를 받아들인 것은 연방정부가 경제의 운용을 위한 거대한 관료기구를 갖추고, 조직노동과 기업공동체 양자가 서로를 생산성의 정치를 향한 협력자로 인정하고 나서였다. 내장된 자유주의의 이러한 국내적 조건을 닦았던 민주당의 뉴딜론자들이 행정부에 부재했던 1950년대를 통

---

63) Anne-Marie Burley, "Regulating the World: Multilateralism, International Law, and the Projection of the New Deal Regulatory State", in *Multilateralism Matters: The Theory and Praxis of an International Form*, ed. John Gerard Ruggie (New York: Columbia University Press, 1993), pp. 125~126.

64) Burley, "Regulating the World", p. 129.

해 전후 타협은 경제성장을 지향하는 광범한 연합의 형태로 공고화되었다. 좀더 대담한 반사실적 가정(*counterfactual*)을 해볼 때, 페어딜이 애들래이 스티븐슨(Adlai Stevenson)에 의해 또 다른 4년 동안 지속되었다면 공화당, 재계, 조직노동의 불만과 각축 속에 개혁정치는 좌초했을지도 모른다.[65] 트루먼의 임기가 끝나갈 무렵 뉴딜-페어딜 국가는 전통적인 적들뿐만 아니라 1930년대 이후의 지지자들로부터도 공격의 대상이 되었다. 앨런 울프는 "뉴딜 자유주의는 1948년에 이르면 이미 소진되어버린 힘이었다"고 말한다.[66] 미국이 내장된 자유주의를 국내화시키는 사업을 계속하기 위해서는 국내정치에서 유통될 수 있는 자유주의의 새로운 외양이 필요했다. 그것은 핵심중도파 타협, 냉전 자유주의, 또는 성장연합 그 무엇으로 불러도 무방할 것이다.

지금까지 국내적 타협과 내장된 자유주의 간의 긍정적 인과관계를 강조했다면, 여기서 울프의 부정적 인과론을 검토하는 것은 유용하다. 울프에 의하면, 성장의 정치는 경기유지와 경제정책과정의 탈정치화를 전제한다는 점에서 애초부터 외부조건의 변화에 취약한 연합일 수밖에 없다. 따라서 국내의 경제성장에 바탕을 두는 미국의 패권행사는 더욱 세계경제구조의 변동에 취약하다. 패권국으로서 자유주의 국제경제질서에 무역과 통화를 규율하는 레짐을 제공하는 것은 최대 자본보유국으로서의 미국의 지위가 흔들리지 않을 때에만 가능했다. 서독과 일본의 경제재건을 통해 그러한 위상이 흔들리기 시작하자 미국은, 때로 영국과의 협의는 거쳤지만, 스스로 만든 규칙들을 어기는 쪽으로 나아갔다. 이러한 선택은 클럽멤버들로부터 반발을 불러일으켰으나 미국의

65) 반사실적 가정의 방법론적 효용에 대해서는 James D. Fearon, "Counterfactuals and Hypothesis Testing in Political Science", *World Politics* 43 (1991), pp. 169~195 참조.

66) Alan Wolfe, *America's Impasse: The Rise and Fall of the Politics of Growth* (New York: Pantheon Books, 1981), p. 9.

국내정치경제 계산법으로는 지극히 합리적이었다. 국제주의적 의무를 다하기 위해 국내정책과정에서의 선택권을 포기한다는 것은 "네가 최근에 내게 해준 것이 무엇이냐"고 묻는 유권자들을 정기적으로 대면해야 하는 미국의 정책입안자들에게는 고려사항이 될 수 없었다. 울프의 논의를 따를 때, 내장된 자유주의는 모순을 내장하고 있을 뿐이다.

울프의 시각은 내장된 자유주의가 내포하는 긴장을 이해하는 데 유익하지만, 그럼에도 불구하고 그 체제가 지속된 이유에 대해서는 적절한 대답을 하지 못한다. 필자의 관점에서 성장의 사회적 한계와 복지의 정치적 한계는 내장된 자유주의가 끊임없이 부딪혀 해결을 시도해야 할 문제들이며, 이 체제를 이루는 본연의 성질이다. 우리가 미국 밖의 사례들을 볼 때, 국내정치경제와 국제경제질서의 완전한 조화란 있을 수 없음을 알기란 어렵지 않다. 물론 미국이 패권국으로서 양자의 조응도가 높은 사례였음은 충분히 인정된다. 바로 그 점에서 미국은 또 한 번 부분적으로 예외적이다. 미국의 사회연합과 정당체제는 내장된 자유주의가 국내화되는 여러 가능한 경로들 가운데 하나였고, 미국의 선택은 자유주의 국제경제질서에 참여하는 다른 나라들에게 참고사항은 될 수 있었을지 모르나 결코 모형은 아니었다. 적어도 1940년대 후반과 1950년대에는 그러했다.

제 3 장
자유주의 헤게모니하의 케인스주의 복지국가: 영국

1. 저물어 가는 패권국의 케인스주의 실험

국제 자유주의 경제질서가 대공황과 2차대전을 통해 와해되면서 주요 산업국들은 각기 다른 방식으로 기존 국제경제레짐의 규범과 규칙으로부터 이탈했다. 피터 걸비치의 저작이 잘 보여주었듯이, 미국의 뉴딜, 독일의 민족사회주의, 스웨덴의 사회민주주의는 그 사회연합의 내용과 정치적 관용의 수준에서는 큰 차이가 있으나 1930년대를 통해 등장한 "정치적 자본주의"의 세 가지 형태였다.[1] 이제는 빛 바랜 구조적 맑스주의의 언어로 표현하다면 이 체제들은 자본주의의 위기를 극복하기 위해 고안된 새로운 국가'형태'였다.[2] 이 체제들이 각자의 방식

1) Peter Gourevitch, *Politics in Hard Times: Comparative Responses to International Economic Crises*(Ithaca: Cornell University Press, 1986). 미국의 사례가 배제되기는 했으나 그레고리 루버트의 유작도 걸비치의 논의를 발전시켜 비자유주의(*aliberal*) 정치경제라는 범주하에 독일과 스웨덴을 묶고 있다. Gregory Luebbert, *Liberalism, Fascism, or Social Democracy: Social Classes and the Political Origins of Regimes in Interwar Europe*(New York: Oxford University Press, 1991) 참조.

대로 이루어낸 국가개입의 혁신은 또한 전쟁국가(*warfare state*)에서 복지국가(*welfare state*)로의 전환을 가능케 한 바탕이었다.[3]

미국에서 페어딜(Fair Deal)의 타협은 뉴딜 복지국가의 혜택을 민간부문의 복지자본주의가 제공하는 안전망 밖에 있는 이들에게까지 확대하는 효과를 가졌다. 패전국 독일에서 "비자유주의적 자본주의"의 구조는 미 점령당국의 — 수사적인 동시에 실질적이었던 — 개혁의지에도 불구하고 완전히 허물어지지 않았다. 제3제국의 전제적 정치기구들은 해체되고 훨씬 자유로운 정치체제로 대치되었던 반면에 나치즘을 뒷받침했던 생산체제와 그에 수반되었던 사회협약은 온존되었고 서독경제의 재건에 기여했다. 상대적으로 국가개입주의 도입에 소극적이었던 프랑스에서도 통화수축의 자유주의 교의는 전간기의 인민전선(Front Populaire)에 의해 중요한 단절을 경험했다. 1940년의 패전으로 인해 중단되기는 했으나 인민전선은 방크 드 프랑스(Banque de France)를 국유화하고 경기부양책을 도입했다.[4]

---

2) 니코스 풀란차스는 정치적 외피만으로는 극명한 대조를 보이는 체제들이 구조적으로는 하나의 국가 '유형'에 속한다는 점을 중시했다. Nicos Poulantzas, *Political Power and Social Classes*, trans. Timothy O'Hagan (London: New Left Books, 1975) 참조.

3) 전쟁국가와 복지국가의 연관에 대해서는 Bartholomew H. Sparrow, *From the Outside In: World War II and the American State*(Princeton: Princeton University Press, 1996); Jytte Klausen, *War and Welfare: Europe and the United States, 1945 to the Present*(New York: St. Martin's Press, 1998)를 참조.

4) 비자유주의 체제의 유산이 경제수행에 미치는 효과에 대해서는 Simon Reich, *The Fruits of Fascism: Postwar Prosperity in Historical Perspective* (Ithaca: Cornell University Press, 1990)를, 블룸 정부의 정책에 대해서는 L. D. Schwarz, "Searching for Recovery: Unbalanced Budgets, Deflation and Rearmament in France during the 1930s", in *Capitalism in Crisis: International Responses to the Great Depression*, ed. W. R. Garside (London: Pinter, 1993), p. 105을 참조.

이처럼 주요 산업국에서 비자유주의적 경제정책이념이 확산되던 시기에 정작 국가개입주의의 경제학적 기초를 제공한 케인스를 낳은 영국은 적어도 1930년대 초까지는 대공황 타개책으로 수요자극을 사용하는 케인스주의적 정책들을 적극적으로 사용하지 못했다. 정책과정의 주요 행위자들, 즉 보수당뿐만 아니라 노동당과 노조들에게도 따라야 할 정책노선은 케인스주의적 산업팽창 전략이 아니라 재무성과 런던 금융가(City of London)가 제시하는 안정지향적 통화정책과 재정정책이었다. 역설적이게도 이단적 거시경제정책들을 지지하는 유일한 정치세력은 자유당이었다. 그러나 시장기제에 불만을 가진 사회집단들 모두에게 하나의 집결점을 제공할 만큼 자유당은 강하지 못했다. 영국의 이러한 보수주의는 외환시장에서의 파운드의 통화가치를 유지하겠다는 의지를 반영한 것이었다. 1926년 총파업의 외상을 겪고 나서도 영국은 1931년까지는 금본위제의 원칙에 결박되어 있었다.[5)]

비교적 시각에서 이러한 특이성은 설명을 요하며, 영국이 대공황 직후 몇 년간 정통 경제교의로부터 벗어나는 데 지연을 경험했던 이유에 대해서는 이미 여러 좋은 설명들이 존재한다. 흔히 인용되는 설명들 가운데 하나는 걸비치의 저작으로 대표되는 사회연합 접근법이다. 영국이 1930년대, 그리고 1940년대의 상당기간 동안 케인스주의적 거시경제 도구들을 사용하지 못했던 것은 노동 및 일부 부문의 기업가들을 한편으로 하고 농업을 다른 한편으로 하는 동맹이 없었기 때문이라는 설명이다. 그 어느 나라보다도 빨랐던 산업화는 영국정치의 무대에서 어떤 영향력을 갖는 집단으로서의 농업부문을 퇴장시키는 효과를 가졌다.[6)]

---

5) Gourevitch, *Politics in Hard Times*, pp. 136~138; Peter A. Hall, *Governing the Economy: The Politics of State Intervention in Britain and France* (New York: Oxford University Press, 1986), pp. 49~50.

6) "농업의 약체성"에 대한 걸비치의 논의는 물론 배링턴 무어가 《독재와 민주주의의 사회적 기원》(1966)에서 영국사의 독특성을 설명할 때의 접근법을 차용한 것이다. 학문사적으로 무어보다는 세이머 마틴 립셋에 가깝기는 하지만

조직화된 농업의 부재에 주목하는 예외주의적 시각과는 대조적으로 지티 클라우센은 전쟁국가-복지국가 연계라는 점에서 영국의 경험이 다른 나라들의 그것으로부터 크게 벗어나지 않는다고 주장한다. 다른 나라 정부들과 마찬가지로 영국정부도 효과적 전시동원을 위해 국가기구의 조직적 혁신을 꾀했다. 정책쇄신의 추동력이 대공황보다는 전쟁에서 비롯되었던 것도 같았다. 많은 경제사가들이 지적했던 것처럼 대공황을 타개하기 위해 고안된 이단적 경제정책들이 평화시보다는 전쟁수행과 결합될 때 훨씬 효과적이었던 것이다. 혁신의 중심은 코포라티스트 삼자간 협의체제였고, 이는 전후재편과정에도 지속되었다. 따라서 클라우센에 따르면, 영국의 예외성이 있다면 그것은 1945년 이후의 사태전개에서 찾아야 한다.[7]

전후재편과정에서의 영국적 특이성을 설명하기 위해서는 코포라티즘의 거버넌스 기제와 케인스주의적 경제운영 간의 부조화를 들여다볼 필요가 있다. 양자 간의 자동적 연관을 상정할 필요는 없지만, 대체로 코포라티즘의 제도들은 케인스주의 정책들의 실행이 낳는 비용과 이득을 어떻게 분배할 것인가를 두고 갈등하는 이해관계자들에게 협상의 장을 제공한다. 영국에서도 삼자간 협의를 촉진시키는 방향으로 정부의 행정기구들이 개편된 것은 케인스주의가 궁극적으로 받아들여지는데 기여한 요인이었다.[8] 그럼에도 불구하고 비공식적 수준에서의 코포라티즘의 작동과정과 공식적 수준에서의 경제정책과정 사이에는 긴장이 지속되었고, 이것이 바로 이 장에서 다룰 영국적 특이성의 요체

루버트 역시 사회민주주의적 코포라티즘의 한 전제조건으로서 "적녹연합"(*Red-Green alliance*)을 강조한다.

7) Klausen, *War and Welfare*, chap. 2.

8) Margaret Weir, "Ideas and Politics: The Acceptance of Keynesianism in Britain and the United States", in *The Political Power of Economic Ideas: Keynesianism across Nations*, ed. Peter A. Hall (Princeton: Princeton University Press, 1989), p. 65.

이다. 결장에서 다루어지겠으나, 종전을 전후한 시기의 이러한 긴장은 1980년대 이후의 정책결과를 이해하는 데 도움을 준다. 대처의 노동당 정부하에서 영국은 선진산업국들 중 가장 폭넓은 노동시장 개혁과 국유기업 민영화를 경험했는데, 그것은 코포라티즘의 비공식 제도들이 공식적 수준의 정책과정이 변하면서 가해지는 충격에 매우 취약했음을 반증한다.

이 책에서 다루어지는 네 나라들 가운데 영국은 완전고용을 목표로 케인스주의적 거시경제 정책수단들을 가장 명시적으로 도입했다. 이단적 경제이념의 도입에 대해 그토록 소극적이었던 나라가 달라진 이유는 국내적인 동시에 국제적이었다. 국내적으로 그것은 양대 정당 가운데 어느 한쪽도 노동계급의 표를 얻지 않고서는 다수정부를 구성할 수 없는 선거정치의 논리에서 비롯된 결과였다. 케인스주의 복지국가를 향해 갈 것이라고 예상되었던 노동당은 차치하고라도 보수당 역시 노동계급을 끌어안는 경제정책들로 선회했다. 이는 1945년의 선거패배가 전간기에 산업노동자들의 요구에 제대로 대응하지 못했던 데서 기인한다는 믿음을 반영했다.[9] 전시의 약속을 이행하는 것은 보수당이 안정적인 국정운영을 원한다면 일종의 정치적 필수조건과도 같은 것이었다.

그렇다면 영국이 과감한 전후재편에 착수할 수 있게 해준 국제적 요인은 무엇이었는가? 영국은 국내정책목표들을 달성하기 위해 미국의 떠오르는 패권적 지위를 활용했다. 아직까지는 영국 스스로가 자유주의 공동체 내부에서 주요 자본 수출국들 가운데 하나였지만, 영국자본의 투자대상지는 구 스털링 통화권에 집중되어 있었다. 영국의 국제주의는 미국의 그것에 비교하여 그 범위가 제한적이었다. 브레턴우즈 체

---

9) Michael Moran, *The Politics of Industrial Relations: The Origins, Life and Death of the 1971 Industrial Relations Act*(London: Macmillan, 1971), p. 14.

제를 성립시킨 양국 간의 "특별한 관계"가 달러-파운드 태환성을 보장해주는 한에서 영국은 변화하는 경제상황에 맞춰 국내정책 패키지를 바꾸는 대신 스털링 정책과 같은 "자동적 조절장치"에 의존할 수 있었다. 영국이 미국 주도의 브레턴우즈 체제에 얼마나 의존적이었는가는 영국정부가 변동환율제를 채택한 것이 미국이 최종적으로 금본위제를 포기했던 1971년 이후였다는 사실에서 알 수 있다.[10)]

아서 스타인이 지적했듯이, 아무리 저물어 가는 패권국이라 하더라도 그 무역파워는 한동안 계속되기 때문에 국제경제질서가 개방성을 유지하기 위해서는 이전 패권국의 참여와 동의가 필수적이다.[11)] 특히 영연방 국가들에 대한 영국의 정치적, 경제적 영향력은 내장된 자유주의 레짐에 참여하는 데 중요한 자산이었다. 자본집약적 부문들이 상대적으로 경쟁력을 잃어가자 영국은 1931년에 제국특혜관세(Imperial Preference System)를 도입하여 배타적 자유무역지대를 만들었다. 미국이 전후 국제경제질서의 한 부분으로서 다자적 무역체제를 제안했을 때 영국의 반응은 냉담했을 뿐만 아니라 이를 저지하려는 의도도 없지 않았다. 재계는 물론이고 노동당—노동당 내각과 구분되는 의미에서—조차도 제국특혜관세의 폐지를 원하지 않았다. 이는 일종의 "2레벨 게임"이었는바, 한편으로 영국정부는 통화 및 무역 쟁점들을 두고 미국의 양보를 끌어내려 했고, 다른 한편으로는 국내의 보호주의 압력을 최소화하려 했다.[12)] 이러한 전략은 1950년대에 걸쳐 많은 서유럽 국

10) Hall, *Governing the Economy*, pp. 51, 58~59; Stephen Blank, *Industry and Government in Britain: The Federation of British Industries in Politics, 1945-65* (Farnborough, Hants: Saxon House, 1973), p. 123~126.

11) Arthrur A. Stein, "The Hegemon's Dilemma: Great Britain, the United States, and the International Economic Order", *International Organization* 38 (1984), p. 386.

12) Robert D. Putnam, "Diplomacy and Domestic Politics: The Logic of Two-Level Games", *International Organization* 42 (1988), pp. 427~460;

가들이 해외, 특히 미국으로부터의 경쟁압력으로부터 국내산업들을 보호하고 복지국가 확대재원을 확보하기 위해 사용했던 것이다. 영국의 경우에 이 전략이 특별히 유효할 수 있었던 이유는 다름 아닌 파운드를 기축통화로 삼는 영연방 시장의 존재에 있었다. 이어지는 두 장에서 다루어지겠지만, 다른 레짐 참여국들도 미국과의 협상에서 사용할 나름대로의 칩을 갖고 있었다. 차이가 있다면 영국의 협상 칩이 훨씬 국제체계상 함의가 컸다는 점이었고, 그 차이는 적어도 1950년대까지는 중요했다.

이 장에서 우리는 내장된 자유주의가 영국에서는 어떠한 방식으로 국내화되었는지를 본다. 이를 위해 두 요인, 즉 코포라티즘의 불안정성과 대립적 정당정치의 지속이 고려될 것이며, 추가적으로 영국의 "황혼정책"(*afterglow*)[13] 이 국내적으로 어떤 영향을 미쳤는지 살펴볼 것이다. 조직노동과 노동당조차도 패권 이후에 지속되었던 패권정책들의 제도적 관성으로부터 자유롭지 못했다. 다음 절에서는 전후의 첫 노동당 정부가 내장된 자유주의 타협을 어떻게 제도화했는지를 보는데, 특히 1945~1951년의 정책과정이 어떻게 약한 코포라티즘과 정당정치의 결합이라는 전후 패턴을 틀 지었는지에 초점을 둔다.

Mark R. Brawley, *Liberal Leadership: Great Powers and Their Challengers in Peace and War* (Ithaca: Cornell University Press, 1993), p. 157; Helen V. Milner, *Interests, Institutions, and Information: Domestic Politics and International Relations* (Princeton: Princeton University Press, 1997), p. 141.

13) 스티븐 크래스너가 가설로 발전시켰던 이 용어에 대해서는 Mark R. Brawley, *Afterglow or Adjustment? Domestic Institutions and Responses to Overstretch* (New York: Columbia University Press, 1999), chap. 1 참조.

2. 노동당의 전후타협

1930년대 이후로 노동당과 보수당의 정책 차이는 너무 컸기 때문에 새로 들어설 좌파 정부는 반대세력의 강력한 저항을 불러일으킬 것이라고 예측되었다. 희망과 우려가 섞인 이러한 예측과는 달리 정작 집권에 성공한 노동당은 "근본적으로 사회의 씨줄과 날줄을 찢어버릴" 정도로 급진적인 전후개혁을 밀어붙이지 않았다. 노동당의 3대 개혁의제 가운데 가장 큰 우려의 대상은 국유화였다. 나머지 두 가지, 즉 복지국가 수립과 완전고용 추구는 전쟁중에 보수당이 이미 동의한 사항들이었다. 내장된 자유주의 레짐 참여국들 가운데서 영국이 돋보이는 점 하나는 완전고용에 대한 초당파적 추구였다. 미국에서는 제2차 뉴딜에 참여한 재계 지도자들도 국가의 경제적 역할 확대를 조건부로만 받아들였다. 자유주의적 기업가들의 관점에서 연방정부의 역할은 고용수준을 향상시키는 데 그쳐야 하지 완전고용에 가까운 어떤 상태를 보장하는 것이어서는 곤란했다. 반면에 영국의 전시 연립정부는 전쟁이 끝난 후에 고용수준을 높고 안정적으로 유지하는 것을 정부의 주된 책임이라고 선언했다.[14)]

전후 첫 노동당 정부 말기에 영국의 경제지표는 전반적으로 뚜렷한 향상을 보였다. 1947~1950년에 산업생산은 30%, 수출은 60% 증가했고, 국제수지는 5억 4천5백만 파운드 적자였던 것이 2억 2천9백만 파운드 흑자로 돌아섰다. 단순한 회복을 넘어선 경제성장이 이루어졌

14) Kenneth N. Waltz, *Foreign Policy and Democratic Politics: The American and British Experience* (Boston: Little, Brown & Co., 1967), p. 82(인용구); Hall, *Governing the Economy*, p. 71; Kim McQuaid, *Big Business and Presidential Power: From FDR to Reagan* (New York: William Morrow & Co., 1982), p. 127.

음은 개인소비 증대, 주택공급, 사회서비스 확대, 그리고 무엇보다도 높은 고용수준에서 확인될 수 있었다. 종전 직후의 경제성장은 1944년에 애틀리가 했던 예상이 맞았음을 보여준 것이었다. 애틀리는 이렇게 말했다. “전후의 정부가 보수당이건 노동당이건 간에 그 정부는 혼합경제를 만들어나가지 않을 수 없을 것이다. 그것이 노동당 정부라면 사회주의를 향해 가는 혼합경제일 것이다. 그것이 보수당 정부라면 되도록 민간기업의 요소를 유지하려는 경제가 될 것이다. 그러나 두 정부 모두 세계, 그리고 이 나라의 현실에 맞추어 일해야 할 것이다. 시계를 앞으로 또는 뒤로 돌려놓는 데는 한계가 있다.”[15]

애틀리의 진단과 예측이 장기적으로는 옳았을지 몰라도 종전 후 6년의 경험은 영국의 케인스주의 복지국가 수립이 약한 코포라티즘과 국가 개입주의가 불안하게 결합된 것이었고, 그리하여 경기변동에 취약했음을 보여준다. 전후재편에 대한 합의수준이 높아 보였던 점은 단순다수대표제, 양당간 경쟁, 그리고 행정부 중심적 국정운영이 함께 만들어낸 결과라고 설명될 수 있겠다. 이미 자리 잡은 공식적 제도들이 변덕스러운 비공식적 제도들을 제어하면서 불안하기는 해도 어쨌든 작동하는 체제를 낳았던 것이다.

1945년 집권 당시 노동당의 정책강령은 여전히 1917년 이후 급진주의 유산에 의해 지배되고 있었다. 노동당 선거강령에는 국유화와 계획경제가 영국이 “신 예루살렘”(New Jerusalem) — 애틀리가 윌리엄 블레이크(William Blake)의 시에서 차용한 메타포 — 으로 가는 길에서 가장 먼저 이루어야 할 과제들로 제시되었다. 케인스주의자들이 여전히 당내에 남아있었지만 이들은 정책과정에 어떤 의미 있는 영향력을 행사

15) G. D. N. Worswick, “The British Economy, 1950-1959”, in *The British Economy in the Nineteen-Fifties*, ed. Worswick and P. H. Ady(Oxford: Clarendon Press, 1962), pp. 1~2; Waltz, *Foreign Policy and Democratic Politics*, p. 92(인용구).

할 위치에 있지 않았다. 더구나 당 지도부에게는 케인스주의 정책이념에 대한 지식이 없었다. 여기서 주목할 것은 국유화와 계획경제에 대한 노동당의 강조가 단순히 사회주의 이념의 반영이 아니었다는 점이다. 노동당 정부가 보기에 국유화와 계획경제는 영국을 더 이상의 경제적 쇠퇴로부터 구하는 최선의 수단이었다. 달리 말해 산업쇄신을 이루는 사회주의적 방법이었던 것이다. 국유화를 산업부흥과 연계시키는 이러한 전략은 노동당으로 하여금 긴축정책 지속과 생산성 제고를 추구하게 만들었다. 노동당이 주도했던 이 생산성의 정치는 수출촉진과 국내소비수준 유지라는 두 목표를 동시에 달성하려는 것이었다. 자원배분은 수출산업에 유리하게 이루어졌고, 국내소비는 많은 경우에 부차적인 목표로 남았다.[16]

석탄, 철광 산업을 부분적으로 제외하고는 노동당의 국유화 프로그램은 보수당으로부터 거센 반대에 직면하지 않았다. 처칠에게 뱅크 오브 잉글랜드(Bank of England)의 국유화는 어떤 심각한 의미에서의 사회주의화로 인식되지 않았는데, 그것은 이 은행에 대한 실질적 통제권을 런던 금융가가 여전히 장악하고 있었기 때문이다. 효율성이 크게 떨어지는 것으로 평가되던 석탄산업에 대해서는 산업합리화의 논리가 성공적으로 적용되었다. 통신 및 항공 분야의 국유화도 노동당이 새로 추진한 것이 아니라 이전 정부 정책들의 연속선상에서 이루어진 것이었다. 요컨대 "국유화를 둘러싼 논쟁들은 … 대체로 상징적"[17] 이었고,

---

16) Weir, "Ideas and Politics", p. 67; Steven Fielding, Peter Thomson and Nick Tiratsoo, *'England Arise!' The Labour Party and Popular Politics in 1940s Britain* (Manchester: Manchester University Press, 1995), p. 169; Jim Tomlinson, *Public Policy and the Economy since 1900* (Oxford: Clarendon Press, 1990), p. 233.

17) Henry Pelling, *A Short History of the Labour Party*, 4th ed. (London: Macmillan, 1972), pp. 96~97; Hall, *Governing the Economy*, p. 73; Colin Crouch, *The Politics of Industrial Relations* (Manchester: Manchester

어떤 구체적 결과를 두고 진행되지 않았다. 비슷한 시기에 역시 비슷한 사안으로 격렬한 정치적 논쟁이 벌어졌던 해협 건너편의 프랑스와 비교해 볼 때, 국유화의 실제과정은 이념적이기보다는 기술적인 과정이었다.

국유화가 이처럼 조용하고 평화롭게 진행될 수 있었던 것은 사회간접자본 및 공공서비스와 같이 이윤창출 압력이 낮은 반면에 사회적 수요는 높은 부문들이 대체로 국유화 대상이었기 때문이다. 노동당 정부의 국유화 프로그램은 사회주의적 몰수와는 거리가 멀었고, 보상을 통한 소유권 양도에 가까웠다. 결정적으로 노동자들은 여전히 국유화된 기업들의 경영에 참여하지 못했고, 새로운 경영진은 민간부문에서 충원되었다. 공산당이 산업의 사회화를 달성하기 위해 전쟁중의 연합관계 지속을 원했던 반면에 보다 현실주의적이었던 노동당은 의회주의의 틀 안에서 산업의 재구조화 문제를 해결하려 했다. 노동당에게 국유화는 국가 자본주의의 한계를 벗어나서는 안 되는 것이었다.[18)]

재계와 중산층이 좌파정부의 경제정책을 가로막지 않도록 설득하는데 효과적이었던 생산성의 정치는 또한 노동당의 전통적 지지세력을 소외시키지 않기 위해 사회복지 프로그램 확대와 병행되어야 했다. 1946년의 국민보험법(National Insurance Act)과 국민건강서비스법(National Health Service Act) 제정은 노동당 정부의 가장 괄목할 만한

University Press, 1979), p. 21; Correlli Barnett, *The Audit of War: The Illusion and Reality of Britain as a Great Nation*(London: Macmillan, 1986), chap. 4; Stephen Blank, "Britain: The Politics of Foreign Economic Policy, the Domestic Economy, and the Problem of Pluralistic Stagnation", *International Organization* 31(1977), p. 685(인용구).

18) Alan Warde, *Consensus and Beyond: The Development of Labour Party Strategy since the Second World War*(Manchester: Manchester University Press, 1982), p. 27; Anthony Carew, *Labour under the Marshall Plan: The Politics of Productivity and the Marketing of Management Science*(Manchester: Manchester University Press, 1987), p. 22.

성과들 중 하나였다. 구미 국가들 가운데 최초로 도입된 전국민 무상 의료체계는 1942년 베버리지 보고서의 정책적 실현이었고, 1945년의 가족수당법(Family Allowances Act)과 1948년의 국민부조법(National Assistance Act) 등이 그 뒤를 따랐다.[19]

국유화가 노동당의 정책의제와 실제 정책결과에서 차지했던 비중이 매우 컸던 반면에 계획경제는 그 자체로 어떤 중요성이 주어지지 않았다. 그것은 국유화 프로그램의 부분으로 간주되었고, 노동당 내부의 "효율성 숭배"는 계획경제조차도 자원의 통제와 배분이라는 측면에서 접근하게 만들었다. 자원배분의 국가통제를 통해 노동당 지도부는 희소자원에 대한 자본주의적 경쟁을 피하고 사회주의적 규모의 경제가 실현될 것이라고 기대했다. 노동당의 전후개혁이 가장 큰 저항을 불러일으킨 영역은 바로 이 자원배분에 대한 통제였다. 국유화와는 달리 미시경제적 성격을 갖는 통제는 재계의 지속적 불만의 대상이었다. 노동당 정부는 기업들의 삼자간 협의기구 참여를 유도하는 수단으로서 자원통제를 사용했다. 그리고 정부의 통제정책에 적극적으로 참여함으로써 경제단체들은 개별기업들로서 누릴 수 있는 것보다 훨씬 큰 힘을 갖게 되었다. 앞선 보수당 정부들과 마찬가지로 노동당 정부도 자원통제 실행을 자체 정책부서보다는 전문성을 갖춘 기업가들에게 맡겼기 때문이다.[20]

계획경제에 대한 이처럼 좁은 이해는 노동당 지도부의 경제정책수단이 매우 단조로웠음을 보여주는 것이다. 노동당의 경제적 상상 속에는

---

19) Dennis Kavanagh and Peter Morris, *Consensus Politics from Attlee to Thatcher*(Oxford: Basil Blackwell, 1989), pp. 74, 76.

20) Geoffrey Denton, Murray Forsyth, and Malcolm MacLennan, *Economic Planning and Policies in Britain, France and Germany*(London: George Allen & Unwin, 1968), p. 108; Klausen, *War and Welfare*, pp. 70~71; Nigel Harris, *Competition and the Corporate Society: British Conservatives, the State and Industry, 1945-1964*(London: Methuen & Co., 1972), p. 64.

통화정책도 재정정책도 자리 잡을 여지가 없었다. 산업에 대한 직접적이고 물리적인 통제만이 정부로 하여금 또 다른 경제침체를 예방할 수 있게 해줄 것이라는 믿음이 강했다. 통제에 대한 집착은 전시경제의 관성을 반영하는 것이었다. 노동당은 케인스주의에 입각한 것이든 아니든 간에 어떤 거시경제적 정책패키지를 공격적으로 사용할 준비가 되어 있지 않았다. "전시통제는 예산정책을 직접적 자원계획의 단순한 보조물로 만들었다." 전시동원의 관점에서 긴축정책은 당연한 것이지 수요관리를 통해 극복될 수 있는 대상이 아니었다. 긴축정책이 상수로 받아들여지는 상황에서 계획경제가 실현되기 위해서는 다시 한 번 생산성 증대가 강조될 수밖에 없었다.[21]

완전고용의 추구에서도 노동당 정부는 케인스주의를 도입하는 데 소극적이었다. 노동당 정부 초기에 완전고용의 목표는 공공부문 확대를 통해 달성되었다. 뉴딜식 경기회복책 대신에 노동당은 새로이 국유화된 산업들의 일자리를 핵심 지지세력에게 배분하는 방식을 택했다. 고용정책 자체가 이처럼 정치적 성격을 노골적으로 띠게 되자 노동당은 생산성 증대를 강조했다. 1946년 10월에 애틀리 수상은 이렇게 말했다. "우리는 완전고용의 경제학에 걸맞은 완전고용의 윤리학을 필요로 한다. 고용주들은 자신들이 고용하고 있는 이들이 낭비되어서는 안 될 국가의 자산임을 인식해야 한다. … 다른 편에 서 있는 노동자들은 국가를 위해 일하든 민간 고용주를 위해 일하든 상관없이 그들이 생산하는 재화와 서비스로부터 우리 모두가 삶의 필수품과 쾌적함을 얻는다는 사실을 인식해야 한다. 과거의 경제상황에서 정당화되었던 어느 한쪽의 제약적 관행들은 오늘날 설 자리가 없다."[22]

---

21) Denton et al., *Economic Planning*, pp. 108~109; Klausen, *War and Welfare*, p. 71; Hall, *Governing the Economy*, p. 72(인용구).

22) A. A. Rogow, *The Labour Government and British Industry, 1945-1951* (Oxford: Basil Blackwell, 1955), p. 4; Chris Wrigley, ed., *British Trade*

노동당 정부가 경제운영을 위해 케인스주의를 하나의 정책패키지로 사용하기 시작한 것은 1947년이었다. 국유화와 계획경제에 대한 열광이 사그라지면서 재무성은 케인스주의 정책이념에 호의적으로 변하게 되었고, 정책과정에 대한 이 부처의 영향력도 커졌다. 케인스주의는 직접적 국가개입의 대안으로서 도입되었고, 이 새로운 정책이념에 대한 재계의 반감이 거의 표출되지 않았던 이유가 바로 여기에 있다. 보수당 정부가 1950년대와 그 이후에 계속해서 비정통 경제이론에 입각한 정책들을 사용했던 이유도 동일했다. 미국에서는 케인스 이론을 사회주의와 비슷한 것으로 인식하던 재계 다수를 설득하기 위해 뉴딜론자들과 기업 자유주의자들(*corporate liberals*)이 부심했지만, 영국의 케인스주의자들은 자신들의 정책에 자유주의의 외양을 씌울 필요가 없었다. 전쟁중과 종전 후의 오랜 자원통제를 경험한 민간부문에게 케인스주의는 일종의 자유화 조치였다. 과잉수요를 억제한다는 명목으로 유지되어온 통제는 이제 예산조정으로 대체되었고, 경제가 안정되면서 미시적 수준에서의 국가개입은 명분을 잃게 되었다.[23]

노동당 정부가 힘겹게 제도화한 국내타협이 유지될 수 있는가는 이 좌파정당이 국제준비통화로서의 스털링화의 지위 방어에 대한 의지와 능력을 갖고 있는가에 달려 있었다. 노동당 정부의 전후 목표들 가운데 하나는 영연방이라는 울타리를 계속 공고히 하는 것이었고, 그러기 위해서는 파운드의 힘이 약화되어서는 안 되었다. 영연방 국가들은 또한 영국의 달러 보유고를 채우는 역할을 담당했기에 스털링화 문제는 영미 간 구조적 힘의 관계에 직결되어 있었다. 1948년에 이르면 미국

Unions, 1945-1995 (Manchester: Manchester University Press, 1997), p. 36 (인용구).

23) Weir, "Ideas and Politics", pp. 69, 75; Robert M. Collins, *The Business Response to Keynes, 1929-1964* (New York: Columbia University Press, 1981); Tomlinson, *Public Policy and the Economy*, p. 219.

과 서유럽 국가들은 서로 이유는 달랐지만 범유럽적 평가절하가 필요하다는 결론에 도달하게 된다. 평가절하는 서유럽 국가들에게 더 넓은 미국시장에의 진출을 가능케 해주는 동시에 미국의 대외경제정책의 초점이 원조에서 무역으로 바뀌도록 해줄 것이라고 인식되었다. 노동당 정부는 유럽 국가들과 미국으로부터의 평가절하 압력에 버텼으나 오래 가지는 못했다. 부분적으로는 국내 경기팽창 정책들의 결과로 영국은 계속 달러 보유고를 잃고 있었기 때문에 평가절하와 경기수축 가운데 어느 하나를 선택해야만 했다. 후자는 노동당 정부에게 정치적으로 받아들일 수 없는 선택이었기에 결국 스털링화는 평가절하되었다.[24)]

노동당은 대외정책 전반에 걸쳐 영국의 오랜 전통에서 벗어나지 않았다. 보수당이 이 좌파정당에게 가장 편안한 느낌을 가졌던 것이 바로 대외정책 분야였다. 노동당 지도부는 대외정책을 경제정책의 쟁점들, 특히 국내적 수준의 갈등과는 완전히 별개의 영역으로 취급했다. 평화시 징병제의 도입, 핵무기 프로그램의 시작, 대규모 재무장 개시 등은 모두 노동당이 적극적으로 추진한 대외정책들이었다. 계속된 군사비 지출은 스털링 지역의 관리와 밀접히 연관되어 있었다. 그러나 영연방에 대한 이 제국의 집착은 유럽연합에 대한 국제주의적 리더십으로 발전되지 못했다. 노동당 정부는 지리적 절연과 미국의 원조를 최대한 활용하면서 대륙의 유럽합중국 건설노력에 직접 연루되는 것을 피했다. “유럽과의 협력은 바람직하지만 유럽과의 통합은 그렇지 못했다.”[25)]

---

24) Milner, *Interests, Institutions, and Information*, p. 142; Michael C. Webb, *The Political Economy of Policy Coordination: International Adjustment since 1945* (Ithaca: Cornell University Press, 1995), pp. 66~67, 70.

25) T. O. Lloyd, *Empire to Welfare State: English History, 1906-1976*, 2d ed. (Oxford: Oxford University Press, 1979), p. 284; Blank, “Britain: The Politics of Foreign Economic Policy”, p. 688; Michael Pinto-Duschinsky, “Bread and Circuses? The Conservatives in Office, 1951-1964”, in *The Age of Affluence, 1951-1964*, ed. Vernon Bogdanor and Robert Skidelsky

3. 조직노동의 정당정치

최초의 산업국으로서 영국은 작업장과 정치권에서 모두 잘 대표되는 강력한 조직노동을 갖고 있었다. 사실상 영국의 노동운동은 맑스주의 교의가 확립되기 훨씬 이전에 발전했고, 또한 미국의 노동자들과는 달리 영국 노동계급은 상대적으로 동질성이 높았다. 일찍 진행된 산업화로 인해 영국의 노동시장은 근대적 장인이라 할 수 있는 특정 직종의 숙련노동자들이 지배하게 되었다. 역시 산업화의 기대되지 않은 효과였던 지주들의 자산다변화 전략에 따라 농촌에서 도시로 대규모로 이주하게 된 미숙련 노동자들은 노동운동의 중심세력이 될 수 없었다. 분파성이 강한 동업조합들은 전국 수준의 산업노동자 조직이 발전하는 데 큰 걸림돌이었다. 노조 내부의 권위의 분산은 노조주의자들 사이에 팽배했던 국가에 대한 불신과 짝을 이루었다. 국가에 대한 불신은 조직노동의 세력이 커짐에도 불구하고 국가가 노동과 정치적 상호작용을 하기보다는 여전히 사법적 규율에 의존했던 데서 비롯된 것이었다. 노조가 노동당과의 동맹을 결의하게 된 계기 자체가 1901년의 태프 베일(Taff Vale) 사건에 대한 법원 판결이었음은 주목할 만하다. 쟁의중에 발생한 기업의 손실에 대해 고용주가 노조를 상대로 소송을 걸 수 있도록 했던 이 판결을 뒤엎기 위한 정치적 수단으로 노조가 선택한 것이 노동당이었던 것이다.[26]

(London: Macmillan, 1970), p. 73; Geoffrey Ingham, *Capitalism Divided? The City and Industry in British Social Development* (London: Macmillan, 1984), p. 204; Miriam Camps, *Britain and the European Community, 1955-1963* (Princeton: Princeton University Press, 1964), pp. 2, 4; Daniel Verdier, *Democracy and International Trade: Britain, France, and the United States, 1860-1990* (Princeton: Princeton University Press, 1994), p. 229.

26) Luebbert, *Liberalism, Fascism, or Social Democracy*, p. 164; Henry Pelling,

이 점에서 흥미로운 비교의 대상이 되는 것이 미국이다. 노동문제의 사법화로 인해 정부에 대한 불신이 뿌리 깊었던 미국 노동자들은 영국 노동자들과는 정반대의 선택을 했다. 새뮤얼 곰퍼스가 이끄는 미국노동연맹(American Federation of Labor; AFL)은 노동자들의 집합이익을 방어하는 최선의 수단으로 자발주의(*voluntarism*)를 채택했다. 미국노동연맹은 정당들과의 어떤 직접적인 연계도 갖지 않으려 했고, 특히 연방정부의 노사관계 개입에 대한 분명한 반대입장을 견지했다. 이와는 대조적으로 영국에서는 작업장과 정치권의 거리가 멀지 않았기에 법원의 반노동적 움직임을 견제할 수 있었다.[27)]

동시에 영국 노동운동의 정치화 과정은 대륙 유럽의 일반적 패턴과도 다르다. 대부분의 대륙 유럽 국가들에서는 맑스주의 교의에 입각한 사회주의 정당들이 노동운동 정치화를 주도했던 반면에 영국 노동당은 노조의 의회 파견부대 같은 존재로 출발했다. 노조의 관점에서 노동당은 하나의 동질적인 계급이 정치적으로 조직화된 것이 아니라 영국적 자유-노동 연합(*Lib-Labism*) 내에서 노조들이 누리는 분파적 이익을 정치적으로 지키기 위해 만들어진 것이었다. 달리 말해 영국 노동운동은 토리 사회주의자들과 일부 개입주의적 자유주의자들이 설정해 놓은 정치적 범위를 벗어나지 않았다. 노동정치는 곧 정당정치를 의미했다. 조직노동의 의회주의는 1926년 총파업의 뼈아픈 경험을 통해 더욱 강화되었다. 총파업의 실패는 직접행동을 통한 국가와의 대면은 어떤 효용도 없으며, 정치권에서 제어할 수 없는 쟁의행위는 당규에 어긋나는

A History of British Trade Unionism (London: Macmillan & Co., 1963), pp. 121, 126; Victoria C. Hattam, "Institutions and Political Change: Working-Class Formation in England and the United States, 1820-1896", in *Structuring Politics: Historical Institutionalism in Comparative Analysis*, ed. Sven Steinmo, Kathleen Thelen, and Frank Longstreth (New York: Cambridge University Press, 1992), p. 170.

27) Hattam, "Working-Class Formation", pp. 155～156.

것으로 인식되었다.[28)]

부르주아 정치제도에의 참여를 통한 사회주의 목표의 추구라는 전략이 영국에서만 발견되는 것은 아니지만 대륙의 다른 점진주의적 노동운동들과 비교해 볼 때도 영국 좌파의 의회주의는 두드러진다. 조레스나 베른슈타인같이 민주주의를 사회주의의 중심가치들 가운데 하나라고 본 이들도 있었으나, 대부분의 사회주의 지도자들의 관점에서 기본적으로 수의 정치인 민주주의는 사회주의에 유리한 결과를 가져올 수밖에 없고 그것에 대한 부르주아지의 반격은 투표가 아닌 물리적 투쟁으로 물리쳐야 하는 것이었다. 대륙의 사회주의자들에게 민주주의를 지키는 투쟁에서 부르주아지는 믿을 만한 세력이 될 수 없었고, 1851년의 루이 나폴레옹 쿠데타는 그러한 불신의 한 역사적 원천이었다. 반면에 영국 사회주의자들은 자신들이 의회 다수파가 되었을 때 의회 밖으로부터의 반동 가능성은 거의 없다고 보았다.[29)]

전후 초기에 비숙련 노동자들이 집중되어 있는 소규모 노조들이 전시 코포라티즘을 상시적 제도로 정착시키려 했을 때 숙련노동자들 중심의 대규모 노조들은 부정적 태도로 일관했다. 소규모 영세 작업장의 성격상 고용주의 자의적 결정에 취약할 수밖에 없었던 비숙련 노동자들은 산업 전반에 걸친 보편적이고 전국적인 수준의 임금결정체계 도입을 원했다. 그러나 운송, 광산, 철강 등 기간산업의 대규모 노조

---

28) Hall, *Governing the Economy*, p. 65; Bertrand Badie and Pierre Birnbaum, *The Sociology of the State*, trans. Arthur Goldhammer (Chicago: University of Chicago Press, 1983), p. 78; Luebbert, *Liberalism, Fascism, or Social Democracy*, p. 164; Pelling, *History of British Trade Unionism*, p. 114; Moran, *Politics of Industrial Relations*, pp. 11~12.

29) Ralf Miliband, *Parliamentary Socialism: A Study in the Politics of Labour* (London: George Allen & Unwin, 1961), p. 13; Adam Przeworski, "Social Democracy as a Historical Phenomenon", *New Left Review*, no. 122, 1980, pp. 30~32; Przeworski and John Sprague, *Paper Stones: A History of Electoral Socialism* (Chicago: University of Chicago Press, 1986), p. 1.

지도자들 — 운송노조(TGWU)의 아서 디킨(Arthur Deakin), 광산노조(NUM)의 윌 로더(Will Lowther), 공무원 노조(GMWU)의 톰 윌리엄슨(Tom Williamson), 철강노조의 해리 더글러스(Harry Douglas) — 은 폐쇄적 노조가입제(*closed shop*)를 통해 전국 수준의 단일 조직 결성을 가로막았고, 1950년대를 통해 확산되고 있던 비공식 파업에 대해 다양한 징계조치들을 내렸다. 1940년 처칠의 연립정부하에서 노동장관이 된 어네스트 베빈(Ernest Bevin)은 대규모 노조들이 정부와의 접촉을 독점하는 패턴을 확립하고, 노조가 고용주와 정부의 양보를 얻는 효과적 수단은 협의임을 분명히 했다.[30] 〈표 3-1〉에서 볼 수 있듯이, 1940~1944년에 파업회수는 1933~1939년에 비해 두 배 가량 늘어났으나 파업일수에서는 눈에 띄는 증가세가 없었던 것은 전시 코포라티즘이 작동했음을 의미한다.

〈표 3-1〉 파업 연평균 통계, 1926~1964년

연도	파업회수	참가 노동자 수	파업일수
1926	323	2,734,000	162,233,000
1927~1932	379	344,000	4,740,000
1933~1939	735	295,000	1,694,000
1940~1944	1,491	499,000	1,816,000
1945~1954	1,791	545,000	2,073,000
1955~1964	2,521	1,116,000	3,889,000

출처: Richard Hyman, *Strikes*, 3d ed. (London: Fontana Paperbacks, 1984), p. 28.

30) Klausen, *War and Welfare*, pp. 83~86; Ross M. Martin, *TUC: The Growth of a Pressure Group, 1868-1976* (Oxford: Clarendon Press, 1980), p. 271.

〈표 3-2〉 노조 조직률 증가추세, 1900~1960년

연도	노조 수	조합원 수 (천 명)	조직밀도	TUC 노조 수	TUC 조합원 수 (천 명)	TUC 조합원 비율(%)
1900	1,323	2,022	12.7	191	1,200	59.3
1910	1,269	2,565	14.6	202	1,662	64.8
1920	1,384	8,348	45.2	213	6,417	76.9
1930	1,133	4,842	25.4	210	3,719	76.8
1940	1,004	6,613	33.1	223	5,079	76.8
1950	732	9,289	44.1	186	7,827	84.3
1960	664	9,835	44.2	183	8,299	84.4

출처: Jelle Visser and Joris Van Ruysseveldt, "From Pluralism to … Where? Industrial Relations in Great Britain," in *Industrial Relations in Europe: Traditions and Transitions*, ed. Ruysseveldt and Visser(London: Sage, 1996), p. 59.

또한 〈표 3-2〉에서 알 수 있듯이, 1940년대 후반에서 1950년대를 통해 노조의 조직률은 꾸준히 증가했고, 노조회의(Trades Union Congress; TUC)의 조직노동 전체에 대한 지배력이 확고해졌다.

노조회의를 장악한 핵심노조들은 작업장 수준의 집단교섭과 전국 수준의 코포라티스트 협의 가운데 어느 하나를 고집하지 않았다. 정치권과의 관계에서도 조직노동은 자신의 운명이 노동당의 선거결과에 좌우되기를 원하지 않았다. 예컨대 1951년 선거에서 보수당이 정권탈환에 성공했을 때 노조회의 지도부는 국정참여에서 물러나지 않았다. 노조 지도자들은 처칠 행정부가 협의의 관행을 폐기하지 않을 것으로 기대했고, 협의체제하에서의 기득권 유지를 위해 노조회의 내부의 참여 반대 의견을 거듭 억압했다.

조직노동이 두 개의 협상창구를 활용할 수 있었던 것은 노조회의가

의회보다는 행정부와의 유대를 공고히 하는 데 노력을 기울였다는 점으로 설명될 수 있다. 의회와는 달리 선거정치의 제약에서 자유로웠던 조직노동과 행정부는 서로를 산업평화 확보를 위한 믿을 만하고 책임감 있는 파트너로 간주했다.[31] 하지만 조직노동은 코포라티스트 삼자간 협의체제를 반드시 지켜내야 할 제도라고 보지 않았는데, 이러한 태도는 작업장 수준에서 그들이 갖고 있는 힘에서 비롯된 것이었다. 예컨대 1957년에 보수당 정부가 가격, 생산성, 소득에 관한 위원회(Council on Prices, Productivity and Incomes; CPPI)를 제안했을 때 노조회의의 반응은 미온적이었다.

코포라티스트 협의체제에 대한 재계의 공격이 워낙 미약하기도 했지만 보수당 정부 자체가 기업들이 원하는 대로 국내경제를 조속히 자유화시키기보다는 노동의 불만을 적정한 수준에서 가둬두는 데 더 급급했다. 1950년대 초 몇 년 동안 보수당은 완전고용과 복지국가에 대한 정책의지를 노조에게 보여주기 위해 앞선 노동당 정부가 시작했던 산업통제를 계속하기까지 했다. 1955년 이후 경제상황이 악화되면서 보수당의 조직노동에 대한 유화책은 강경책으로 바뀌기 시작했지만, 보수당은 노조가 정치적으로 조정되지 않은 쟁의행위에 돌입하게 만들 정도로 경기위축 정책을 공격적으로 펼치지는 않았다. 1926년 총파업의 기억은 노조회의 지도부에게 만큼이나 보수당에게도 큰 외상이었다. 그리고 조직노동은 보수당의 이러한 신중함을 전후재편의 틀 안에서 이용할 줄 아는 정치적 수완을 발휘했다. 다음 절에서는 영국 기업가들이 정부와 노조에 대해 보다 통일된 입장을 취하지 못했던 이유를 밝힌다.

---

31) Martin, *TUC: The Growth of a Pressure Group*, pp. 299~300; Moran, *Politics of Industrial Relations*, pp. 11~12.

4. 재계의 조직적 약체성

코포라티즘에 대한 기존문헌에서 우리는 영국이 코포라티즘의 전형에 못 미치며, 그 주된 이유가 자본의 조직적 약체성이라는 합의를 발견할 수 있다. 하지만 그러한 합의는 사회민주주의 헤게모니와 높은 무역의존도 가운데 양자 또는 어느 하나를 만족시키는 유럽국가들(예컨대, 스웨덴, 오스트리아, 스위스, 벨기에, 네덜란드)에서 경험적으로 발견되는 코포라티즘의 이념형에 기반을 둔 것이다. 영국과 사회민주주의적 유럽 간의 비교는 그러나 영미 간의 또 다른 비교로써 균형을 맞출 필요가 있다. 흔히 코포라티즘 문헌은 영국과 미국을 자유다원주의 범주 속에 묶어버림으로써 영국의 계급정치적 성격과 미국의 부문정치적 성격을 구분하지 못하는 경향이 있다. 따라서 영국과 기존문헌에 따르면 영국만큼이나 비코포라티스트적인 나라들 간에 이론적으로 의미 있는 비교를 하기 위해서는 코포라티즘의 정의를 완화시키고 그것을 이분적 변수가 아닌 연속적 변수로 파악할 필요가 있다.[32] 주요 산업국들의 정치경제를 다원주의와 코포라티즘을 양극단으로 하는 하나의 연속선상에서 비교해야 한다는 것이다.

코포라티즘의 영국적 변이와 관련하여 논의되는 또 다른 측면은 사회이익들을 조직화하는 국가의 역할이다. 집권당이 어느 당인가와는 관계없이 영국정부는 1930년대 이후로 협의체제 구축에서 중개자 이상의 역할을 해왔다. 특히 이미 잘 조직되어 있는 노조들과 함께 기업들이 정책과정에 들어오도록 설득하는 데 정부의 역할은 컸다. 비공식적

---

32) Hall, *Governing the Economy*, pp. 268~271; Peter J. Katzenstein, *Corporatism and Change: Austria, Switzerland, and the Politics of Industry*; *Small States in World Markets: Industrial Policy in Europe*(Ithaca: Cornell University Press, 1984; 1985).

제도로서 코포라티즘의 구조가 약함에도 불구하고 협의체제가 구축될 수 있었던 것은 공식적 제도로서 내각의 헌법적으로 보장된 힘이 있었기 때문이다. 이 점에서 영국의 정책결정 패턴은 코포라티즘보다는 차라리 국가개입에 가깝다고 보는 견해도 있다.[33] 그러나 영국정부가 삼자간 협의체제 구축에 적극적이었던 이유는 합리적 국가관료제에 대한 어떤 믿음이 있어서라기보다는 기업가들과 노조의 전문성에 정부 스스로가 의존했기 때문이다. 영국에서는 뉴딜하에서 급팽창한 미국의 연방정부와 같은 규제국가(*regulatory state*)를 만들려는 어떤 진지한 시도가 없었다. 화이트 홀은 전통적 의미에서의 행정 중심이었고, 사회와 경제의 분화를 반영하는 부처구조를 갖고 있지 않았다.[34]

1950년대를 통해 재계는 정책과정에 하나의 목소리를 보내지 못했는데, 그것은 그들이 산업부문별이 아닌 사안별로 갈라져 있었기 때문이다. 구체적 정책사안보다는 부문이익에 기초한 균열이 그 성격상 더 구조적이라고 생각할 수 있으나 적어도 영국의 재계에는 들어맞지 않는다. 정상조직인 영국산업연합(Federation of British Industries; FBI)은 노동정책과 사회정책의 쟁점들을 아예 다루지 않았고 경제정책 영역에서도 정부가 기업에게 협의를 구하는 형식을 선호했다.[35] 영국산업연합이 노동당 정부 때 마련된 전후재편의 기본틀—수요관리와 완전고용—을 받아들이기는 했으나 시간이 흐를수록 타협의 경제적 결과에 대한 인내심은 옅어졌다. 임금인상 속도는 생산성 증대 속도보다 빨랐고, 노동시장, 특히 숙련노동자들의 노동시장은 여전히 수요에 비해 공급이 적었으며, 자본통제는 산업투자를 어렵게 만들고 있었다. 이

33) 홀의 *Governing the Economy*의 부제가 "영국과 프랑스의 국가개입의 정치"라는 점에 주목할 것.

34) Keith Middlemas, *Industry, Unions and Government: Twenty-One Years of NEDC* (London: Macmillan, 1983), p. 2; Weir, "Ideas and Politics", pp. 63~64, 69.

35) Blank, *Industry and Government*, p. 18.

모든 것들은 "흉물스럽게 비대한" 공공부문의 존재 탓으로 돌려졌다.[36)]

영국산업연합이 조직노동을 대면하고자 하는 의지와 그럴 수 있는 능력을 결여하고 있었고, 국가개입주의는 갈수록 강해지는 상황에서 노동문제는 영국고용주연합(British Employers' Confederation; BEC)에게 맡겨졌다. 영국고용주연합은 1919년 정부에 의해 소집된 국가산업회의(National Industrial Conference)에 기원을 두는 단체로서 처음부터 국가개입주의의 산물이었다. 또한 이 단체는 엔지니어링 고용주 연합(Engineering Employers' Federation)과 같은 특정분파가 장악하고 있어 재계 다수를 포괄하는 조직과는 거리가 멀었다. 영국고용주연합은 양차대전 사이에 코포라티스트 기구에 참여하고 국제노동기구(International Labor Organization; ILO)에서 영국을 대표하는 위상을 부여받았지만, 실제 정책과정에 대한 영향력은 미미했다. 이러한 BEC를 국내정치경제의 운영에서 막강한 노조회의와 동등한 위치의 파트너로 인식하기는 어려웠다. BEC의 소극성은 노사관계 자체가 기업이 적극적으로 다루어야 할 문제가 아니라고 보는 지배적 시각의 반영이었다. 기업의 대표로서 BEC가 보는 적절한 노동문제는 임금결정과 같이 기술적이고 행정적인 대상에 국한되었다.[37)]

1955년 경제위기가 영국을 강타하자 보수당 정부는 재계와 조직노동 양측이 노사관계 전반에 걸쳐 자제하도록 설득했다. 이는 앞선 노동당 정부하에서 재무장관이었던 스태포드 크립스(Stafford Cripps)가 노조회의의 지지를 얻어 성사시켰던 자제협약(*restraint deal*)을 재현하고자 했던 보수당의 희망을 반영했다. 그러나 정부의 제안은 그것을 받아들였을 때 부담하게 될 짐을 원치 않는 노조와 재계 모두에 의해

36) Middlemas, *Industry, Unions and Government*, p. 6.

37) H. A. Clegg, *The System of Industrial Relations in Great Britain* (Oxford: Basil Blackwell, 1972), pp. 406~407; Blank, *Industry and Government*, p. 18.

거부되었다. 1955년 위기는 보수당 정부가 전후재편의 최우선과제로서의 완전고용에 대한 인식을 바꾸게 된 계기였다. 《완전고용의 경제적 함의》라는 제목의 백서 발표는 임금인상 반대근거를 필요로 했던 재계에게는 오랫동안 기다려온 청신호였다. 1948년의 노동당 정책강령의 핵심인 생산성-대중소비 연계논리는 그대로 받아들이면서도 이 백서는 과도한 임금인상 요구의 경제적 비용을 강조했다. 그러나 동시에 보수당은 노조와의 관계를 악화시키려 하지 않았고, 재계가 악역을 맡도록 유도했다. 엔지니어링과 조선 부문이 가장 먼저 정부의 이러한 신호에 반응하여 임금인상 요구를 거절했다. 즉각 장기간의 파업이 이어졌고, 노사갈등의 확산을 우려한 정부는 고용주들에게 양보책을 따르도록 압력을 가했다. 임금은 또다시 올랐다.[38)]

따라서 재계가 전후재편을 수용한 것은 기업가들에게 내면화된 어떤 사회적 목적의 표현이기보다는 조직적 약체성의 결과였다. 재계 지도자들은 부문별로 갈라져 있었고 희소한 노동력을 두고 경쟁했다. 작업장 수준과 전국 수준에서 조직노동을 대면하기보다는 고용주들은 정부의 보다 강하고 효과적인 개입을 기대했다. 코포라티즘의 주역이 되지 못했던 영국의 자본가들은 정부가 분명한 조치를 취해주지 않을 때 작업장 수준에서의 집단교섭에 대체로 소극적으로 임할 수밖에 없었다. 나이젤 해리스는 이렇게 말한다. "다원주의적 성격이 강한 코포라티즘하에서 기존의 조화를 유지하기 위해서는 정부가 아무런 움직임을 취하지 않아야 했다. 그러나 실제로는 그러한 가장된 조화 자체가 위기를 초래했다. 정부가 내놓은 해독제는 조화를 더 깨기만 했다." 마거

38) Blank, *Industry and Government*, pp. 129~130; idem, "Britain: The Politics of Foreign Economic Policy", p. 693; Colin Crouch, *Class Conflict and the Industrial Relations Crisis: Compromise and Corporatism in the Policies of the British State* (London: Humanities Press, 1977), p. xiv; idem, *Politics of Industrial Relations*, pp. 36~37; Klausen, *War and Welfare*, p. 88.

릿 위어의 지적대로, "케인스주의는 과도한 개입으로부터의 자유를 의미"했고, 재계는 그 자유의 대가를 치러야 했다.[39]

5. 대립적 정체하에서의 불안정한 계급타협

전후 시기 대부분에 걸쳐 노동당과 보수당은 혼합경제, 완전고용, 노사관계, 복지국가, 대외정책 등 주요 정책영역들에서 거의 똑같은 입장을 취했다. 양당간의 현저한 정책모방 현상은 많은 이들로 하여금 영국을 합의의 정치로 특징 짓게 만들었다. 〈이코노미스트〉지가 양당간의 경제정책 수렴을 묘사하기 위해 보수당 재무장관 버틀러(R. A. Butler)와 노동당 재무장관 게츠켈(Hugh Gaitskell)의 이름을 섞어 만들어낸 버츠켈리즘(*Butskellism*)이라는 용어는 조롱의 의미를 담고는 있었으나 전후재편에 대한 합의를 잘 표현한다. 그러나 이 일반화된 합의론은 양당간에 지속되었던 갈등은 물론이고 각 당과—특히 그 당이 집권당일 때—주요 이익집단들간의 갈등을 가린다는 비판을 받아왔다. 정치적 수준에서의 합의는 종종 영국 엘리트 집단의 유별나게 동질적인 성격으로 설명되기도 한다. 비슷한 계층 출신의 자녀들이 사립학교와 옥스브리지(Oxbridge)를 거치면서 형성한 동창 네트워크는 그들이 관료 또는 정치인으로서 만드는 정책들의 내용을 비슷하게 만든다고 이해된다. 이른바 "민주적 일당 정부"가 정책과정을 지배했다는 것이다.[40]

---

39) Harris, *Competition and the Corporate Society*, p. 156; Weir, "Ideas and Politics", p. 85.

40) Kavanagh and Morris, *Consensus Politics*; Samuel Brittan, *Steering the Economy: The Role of the Treasury* (London: Secker & Warburg, 1969), p. 112; Hall, *Governing the Economy*, p. 62; Samuel Beer, "Democratic

영국에서의 합의정치가 신화인가 아닌가라는 문제는 여기서 논의의 대상이 아니다. 오히려 양당이 국내적으로는 케인스주의, 대외적으로는 강한 파운드의 정책기조를 똑같이 유지할 수 있었던 제도적 기반, 즉 단순다수 선거제도와 그것이 정당정치에 미친 영향에 주목한다. 또한 이 장의 서두에서 지적한 대로 공식적 제도의 안정성은 비공식적 제도, 즉 코포라티즘의 불안정성을 가리고 있었다. 정책수렴이 공고한 사회연합에 바탕을 두지 못한 상황에서 합의의 정치는 파운드의 가치하락과 같은 외부충격에 매우 취약했다.

보수당이 1951년 정권을 탈환하면서 가장 염두에 두었던 것은 친기업적이고 반노동적인 이미지를 벗어 던지는 것이었다. 처칠은 조직노동의 존재를 공공연하게 인정했고, 노동장관직에 보수당 내에서 그 당파성의 애매모호함으로 잘 알려져 있었던 월터 멍튼(Walter Monckton)을 임명함으로써 노조와의 유화관계를 쌓고자 애썼다. 처칠의 기대대로 멍튼은 TUC 총회의 사전동의 없이는 어떤 중요한 정책도 추진하지 않았다. 1950년대를 통해 보수당은 조직노동을 다루는 데 매우 신중했고, 불개입 원칙에 바탕을 둔 노동정책을 펼쳤다. 일부 보수당 의원들이 노조 내부 사안들에 대한 조사를 추진한 적은 있지만 번번이 당 지도부에 의해 좌절되었다. 1955~1957년에 상원에서 노조의 복지기금 유용을 조사했던 미국과 비교해 볼 때, 영국의 노동은 위험기피적인 정치인들 덕에 보다 특권적인 지위를 누릴 수 있었다.[41]

One-Party Government in Britain", *Political Quarterly* 32(1961), p. 114~123.

41) Blank, *Industry and Government*, p. 120; Keith Middlemas, *Politics in Industrial Society: The Experience of the British System since 1911* (London: André Deutsch, 1979), p. 406; Moran, *Politics of Industrial Relations*, pp. 15~16; Richard A. Lester, *As Unions Mature: An Analysis of the Evolution of American Unionism* (Princeton: Princeton University Press, 1958), p. 46.

1950년대에 이루어진 보수당의 세대교체도 정책변화에 큰 영향을 미쳤다. 처칠이 여전히 수상직에 앉아있을 때, 이든(Anthony Eden), 버틀러, 맥밀란(Harold Macmillan) 같은 신세대 중도파 정치인들은 이미 당내 입지를 굳힌 상태였다. 이들 중도파의 등장은 정당정치 동학의 결과였다. 1945년 선거패배는 보수당 내 중도파로 하여금 전통적 최소국가론 대신에 노동의 요구를 보다 수용하는 방향으로 개혁하게 만든 계기였다. 1951년 선거강령에서 노사관계를 비롯한 경제정책 전반에 걸친 조직노동과의 대화가 제안되었고, 1955년 선거유세에서도 삼자간 협의체제에 대한 지지는 유지되었다.[42]

보수당의 개혁주의에 대한 노동당의 태도는 적어도 1950년대 초반에는 부정적이고 방어적이었다. 보수당의 집권은 완전고용, 포괄적 복지 프로그램과 같은 역사적 성취를 무산시킬 것으로 예측되었고, 처칠이 경제통제를 전면중단했을 때 노동당의 예측은 맞는 것 같았다. 그러나 당시의 호황은 통제해제가 경기침체를 가져올 것이라는 노동당의 생각을 비켜갔다. 노동당 지도자들은 이념편향의 정도에 상관없이 직접통제와 결합되지 않을 때 케인스주의는 경제성장 효과를 낳지 못할 것이라고 믿었다. 4년의 실험을 거친 뒤에도 노동당 정책 패러다임 안에서 케인스주의는 어떤 지도이념이 아니었던 것이다. 반면에 보수당은 정책쇄신과 운이 함께 작용한 결과이기는 하지만 복지국가의 범위를 축소하지 않으면서도 지속적인 경제성장을 이룰 수 있었다.[43] 달리 말해 노동당은 더 이상 완전고용과 복지국가라는 사회적 목적을 독점할 수 없었다.

---

42) Klausen, *War and Welfare*, p. 60; Verdier, *Democracy and International Trade*, p. 230.

43) Vernon Bogdanor, "The Labour Party in Opposition, 1951-1964", in *The Age of Affluence, 1951-1964*, ed. Bogdanor and Robert Skidelsky (London: Macmillan, 1970), pp. 79~81.

노동당 내부에서도 중도노선을 향한 세대교체는 있었다. 1955년 게츠켈이 당권을 쥐면서 등장한 중도파 지도부는 계급투쟁과 사회주의의 정치적 수사로 인해 영국경제를 갱생시킬 현대화 프로젝트를 노동당이 주도하지 못했다고 보았다. 새로운 지도부의 이념적 지향은 크로스랜드의 《사회주의의 미래》가 1956년에 출간되면서 널리 유포되었다. 크로스랜드는 현대산업사회에서 차지하는 중간계급의 비중이 커짐에 따라 생산수단 소유 여부는 그 중요성을 잃어가고 있기 때문에 노동당이 국유화와 물리적 통제에 집착할 이유가 없다고 주장했다. 공공소유보다는 높은 생산성과 지속적 경제성장이 우선과제로 인식되었고, 공기업에서도 효율성이 중심가치로 강조되었다.[44]

동시에 1950년대는 보수당 내에서 신자유주의적 노선이 나타나기 시작했던 시기였다. 보수당은 재집권하면서 제철산업의 국유화, 발전협의회(Development Council) 설치 등의 노동당 개혁조치들을 백지화했다. 1957년의 스털링화 위기는 시장 개인주의로의 회귀를 원하는 보수당 자유방임론자들에게 힘을 실어주는 계기였다. 앞서 언급되었던 CPPI는 협의기구의 외양을 띠고는 있었으나 기본적으로 경기수축을 목표로 했기 때문에 정부가 후원하는 코포라티즘으로부터의 노조의 단절을 초래했다.[45] 따라서 전체적으로 볼 때 1950년대의 영국 정당정치는 합의와 갈등이 섞여 있었다고 하겠다.

실제 정책과정과 결과에서 주요 정당들 사이의 차이가 줄어드는 현상에 대한 한 설득력 있는 분석은 월츠에게서 발견할 수 있다. 그는 의

---

44) Klausen, *War and Welfare*, p. 60; Ingham, *Capitalism Divided? The City and Industry in British Social Development* (London: Macmillan, 1984), p. 213; C. A. R. Crosland, *The Future of Socialism*, abridged ed. (New York: Schocken Books, 1957), p. 20.

45) Blank, *Industry and Government*, p. 123; Verdier, *Democracy and International Trade*, p. 229; Crouch, *Class Conflict and the Industrial Relations Crisis*, pp. 71~74.

〈표 3-3〉 영국 총선결과, 1945~1959년

연도	노동당		보수당	
	의석수	득표율(%)	의석수	득표율(%)
1945	393	49.7	197	36.2
1950	315	46.1	282	40.0
1951	295	48.8	302	44.3
1955	277	46.4	345	49.7
1959	258	43.8	365	49.4

출처: http://www.electoralcommission.org.uk/election-data

미 있는 정치적 경쟁이 두 정당간의 그것으로 압축될 수밖에 없는 제도적 요인들에 주목한다. 해럴드 호텔링(Harold Hotelling)에서 발원하여 앤서니 다운즈(Anthony Downs)에 의해 정치학에 수입된 공간적 경쟁 모형의 논리를 따라 양당간 경쟁은 이념적 차이가 큰 정당들이 결국은 같은 내용의 정책을 내놓을 수밖에 없다는 것이다. 월츠는 똑같은 양당 체제이면서도 미국보다 영국에서 정당간 차이가 컸다고 지적하면서도 왜 영국의 정당체제가 더 대립적이었는지는 설명하지 않았다.[46]

영국과 미국이 단순다수제에 입각한 양당제라는 공통점을 갖는다 해도 두 정치체제 사이에는 뚜렷한 제도적 차이가 남아 있고, 그 차이는 월츠가 남겨놓은 의문을 상당히 설명해준다. 미국에서는 계급정치적 요소가 미약할 뿐만 아니라 행정부와 입법부의 권력분립을 통해 만들어지는 합의정치적 요소가 강하게 나타난다. 다양한 사회집단들과 경제집단들이 정책과정을 두고 벌이는 경쟁은 바로 양당간 경쟁으로 투영되기보다는 균열의 교차를 통해 다면적 성격을 띠게 된다. 앞서 제2장에서 번스의 논의를 빌어 지적했듯이 미국의 양당체제는 사안에

46) Waltz, *Foreign Policy and Democratic Politics*, pp. 83~93.

따른 의원들의 교차투표의 가능성이 풍부하다. 대통령 소속당과 의회 다수당이 다른 분할정부(*divided government*) 현상이 빈번하고, 전국 수준의 당 조직이 의원들 개개인에게 어떤 의미 있는 영향력을 행사하지 못하는 구조에서 나타나는 약한 당내 규율이 그 주된 요인들이다. 미국정치에서 정당의 쇠퇴는 프랭클린 루스벨트가 행정부 역할을 확장시킨 이후로 지속적으로 대통령직 자체가 사인화되어온 과정과 궤를 같이한다. 대통령 스스로가 자신이 원하는 법안의 통과를 소속당 의원들에만 의존할 수 없는, 오히려 그들이 반대세력으로 존재하는, 상황에서 강력한 사인적 대통령직은 당내 규율보다는 다양한 종류의 이면보상(*side payments*)을 정치적 무기로 사용하게 된다.[47)]

따라서 미국정치가 합의형에 가깝다면 그것은 의회가 대통령에게 위임한 권한의 수나 연방정부 내 특별기구의 수로 측정될 수 있을 행정부 중심 체제를 가능케 한 사회균열의 복잡성에서 기인한다고 봐야 한다. 반면에 영국에서 우리는 보다 순수한 형태의 행정부 중심 체제를

---

47) James MacGregor Burns, *The Deadlock of Democracy: Four-Party Politics in America*(Englewood Cliffs, N.J.: Prentice-Hall, 1963), p.257; Martin P. Wattenberg, *The Decline of American Political Parties, 1952-1988* (Cambridge: Harvard University Press, 1990); Theodore J. Lowi, *The Personal President: Power Invested, Promise Unfulfilled*(Ithaca: Cornell University Press, 1985), chap.4; Milner, *Interests, Institutions, and Information*, p.109; Giovanni Sartori, *Comparative Constitutional Engineering: An Inquiry into Structures, Incentives and Outcomes*(London: Macmillan, 1994), p.177. 사회균열의 교차를 통해 정치균열의 심화가 방지된다는 주장은 물론 데이비드 트루먼이 말하는 "중첩적 멤버십"(*overlapping memberships*)에서 비롯된 것이지만, 필자의 작업은 토머스 퍼거슨이 그러했듯이 이러한 다원론에 계급적 함의를 더하는 것이다. David Truman, *The Governmental Process: Political Interests and Public Opinion*(New York: Alfred A. Knopf, 1958〔1951〕), pp.506~516; Thomas Ferguson, *Golden Rule: The Investment Theory of Party Competition and the Logic of Money-Driven Political Systems*(Chicago: University of Chicago Press, 1995).

발견하게 된다. 웨스트민스터 모형은 정의상 분할정부를 허용하지 않으며, 불문법에 속하는 사안에 대해서만 심의할 수 있는 사법부는 정치과정에 개입할 수 있는 여지가 없다. 이른바 거부지점(*veto points*)이 거의 존재할 수 없어 영국의 내각정부는 의회 불신임을 받기 전까지는 행정부 중심의 정책과정을 운영하기에 미국의 대통령보다는 훨씬 용이하다고 말할 수 있다. 하지만 여기서 초점은 영국의 행정부 중심 체제가 어떤 지속성을 갖는 합의정치로 이어지지는 못했다는 데 있다. 의회의 다수당이 곧 실질적인 행정부를 구성하기 때문에 정책의 근원이나 책임소재가 분명한 대신에 의회 내 주요 정당간의 갈등은 다음 선거 때까지 증폭되는 경향이 강하게 나타나는 것이다.

6. 영국이 이끌었던 세계와 내장된 자유주의

자유주의 국제경제질서와 국내정치경제의 교직이라는 점에서 영국과 미국은 흥미로운 대조를 보인다. 2차대전의 종전과 함께 미국이 패권국으로서의 부담을 짊어진 국제 자유주의 레짐은 뉴딜 규제국가를 본떠 만든 것이었다. 브레턴우즈 체제의 실제 모습들이 미국의 설계자들이 구상했던 것과는 상당한 거리가 있었지만, 새로이 획득된 자유주의 패권국의 위상은 루스벨트의 "잡동사니" 연합이 뒷받침했던 개혁정치가 공화당 행정부하에서도 계속될 수 있었던 중요한 요인이었다. 미국이 국제 자유주의 공동체의 안정을 보장해야 한다는 의무감은 초당적으로 공유되었고, 국제주의에 대한 국내적 합의를 얻기 위해 아이젠하워 행정부는 뉴딜 복지국가를 유지하고 더 나아가 확대했다. 미국이 이처럼 내장된 자유주의 레짐 참여와 국내적 타협의 제도화라는 두 가지 목적을 다른 나라에 비해 성공적으로 달성할 수 있었던 것은 국제주의적 정책의지를 뒷받침할 수 있는 국내적 자원이 상대적으로 충분했기 때문이다.

이에 비해 영국이 패권국의 지위에 있던 19세기는 국제 자유주의 경제가 각국의 사회적 목적으로부터 유리되어 있었던 시기였다. 최초의 산업국으로서 영국은 생산에서 다른 나라들을 앞섰을 뿐만 아니라 금융 역시 주도했다. 튼튼한 제조업 기반과 풍부한 자본은 영국으로 하여금 국제무역을 지배할 수 있도록 해주었다. 1846년의 곡물법 폐지가 결과적으로는 도시 노동자들에게 저렴한 빵을 제공했지만, 영국의 일방적인 자유무역 조치는 노동계급 요구의 수용이라는 사회적 목적보다는 자산의 다변화를 꾀하던 지주들의 이익을 반영하는 것이었다.[48]

또한 영국이 이끌던 19세기 후반의 자유주의 국제경제는 보나파르티즘과 제 3공화국을 차례로 겪었던 프랑스, 일종의 선거민주주의에 가까웠던 제정 독일, 금박시대(*Gilded Age*)의 민주주의 체제였던 미국 등과 같이 서로에게 아주 이질적인 정치체제들로 구성되어 있었다. 각국의 정치체제가 상대적으로 동질화되었던 1950년대와 비교해 볼 때, 19세기 후반의 사회적 목적은 나라마다 상당한 차이를 드러냈다. 내장된 자유주의가 비민주주의 체제를 원칙적으로 배제하는 국제레짐인지를 밝히기 위해서는 더 포괄적인 사례군에 대한 경험적 연구가 필요하지만, 2차대전 이후의 경험은 내장된 자유주의와 민주주의 사이에 선택적 친화성이 있음을 보여준다. 경제개방에 대한 국내적 보상이 민주적 정책과정의 결과로서가 아니라 온정주의적 통합전략으로서 취해지는 정치체제는 협의적 복지국가보다는 비스마르크의 사회국가(*Sozialstaat*)에 가깝다. 이질적인 사회적 목적을 가진 나라들로 이루어진 국제경제질서는 금본위제라는 자동적이라고 믿었던 기제를 제외하고는 국가간 정책차이를 조율할 수 있는 제도적 장치를 결여하고 있었다. 독일과 같이

48) Cheryl Schonhardt-Bailey, "Specific Factors, Capital Markets, Portfolio Diversification, and Free Trade: Domestic Determinants of the Repeal of the Corn Laws", *World Politics* 43(1991), pp. 545~569.

국제체제의 힘의 분포를 수정하려는 의지를 갖는 나라로부터의 위협을 방지할 국제적 수단을 영국의 패권체제에서 찾기는 어려웠다. 미국이 주도한 내장된 자유주의가 그 참여국들에게 상대적으로 일관성과 보편성을 제공한 다자적 질서였던 반면에 영국이 비자유주의 도전국들을 다루는 방식은 반응적이었다.[49]

일찍이 경제학자이자 풍자작가였던 스티븐 리칵은 제국특혜관세의 도입을 "개인주의적 생산"의 무질서를 교정하는 한 방법이라고 옹호한 바 있지만,[50] 전간기의 경험을 볼 때 영국은 국제무역과 국제금융을 관장하는 어떤 포괄적인 레짐을 건설했다고 보기 어렵다. 제국특혜관세의 주된 목적은 대영제국 안에서의 상품과 자본의 흐름을 관리하는 것이었지 다른 주요 산업국들과 공유할 수 있는 사회적 목적에 바탕을 둔 것이 아니었다. 영국의 관세레짐은 소규모의 다자주의에 불과했고, 그것의 존재를 가능케 하는 것은 영국이 자신의 영향권 안에 있는 나라들에게 행사하는 힘이었다. 달리 말해 "뜻 맞는 국가들간의 클럽"(*club of like-minded states*)보다는 영국의 뜻이 위계적으로 전달되는 질서라고 보는 것이 정확하다.

이 책의 이론적 논점은 첫째는 자유주의가 사회적 목적에 접합되는 경로들은 다양하다는 것이고, 둘째는 그 변이를 설명하는 방법들 가운데 하나는 각국의 제도적 특성들에 대한 비교분석이라는 것이다. 영국에서 내장된 자유주의가 국내화되던 1950년대에 보수당 정부, 조직노동, 재계의 상호작용은 전통적인 자유주의 경제질서와 국가개입주의 사이의 균형을 유지하는 결과를 낳았다. 1970년대 후반 이후 영국의 경제적 쇠락의 원인으로 지목되었던 대립적 정치체제는 전후 초기에는

---

49) Steven E. Lobell, "Britain's Paradox: Cooperation or Punishment prior to World War Ⅰ", *Review of International Studies* 27(2001), pp. 169~186.

50) Stephen Leacock, *Back to Prosperity: The Great Opportunity of the Empire Conference*(Toronto: Macmillan, 1932), p. 4.

양당이 노동계급의 표를 두고 경쟁하게 만듦으로써 노동의 목소리가 정책과정에 전달되도록 했다. 노동의 수용은 정치적 불안정보다는 안정과 통합을 가져오는 거버넌스 테크닉이었다.[51]

---

51) Blank, "Britain: The Politics of Foreign Economic Policy", p. 721; A. M. Gamble and S. A. Walkland, *The British Party System and Economic Policy, 1945-1983: Studies in Adversary Politics* (Oxford: Clarendon Press, 1984), p. 38.

제 4 장

경제적 근대화를 통한 복지국가의 창출: 프랑스

1. 미국 패권체제에 대한 프랑스의 태도

2차대전의 종식과 함께 프랑스가 대면해야 했던 도전들은 미국과 영국의 전후재편 과제들과는 상당한 차이가 있었다. 미국과 영국에서 전후재편은 각기 1930년대 후반과 전시에 시작된 조직노동과 재계 간의 계급타협이 지속되고 확대되는 것을 의미했던 반면에 프랑스는 국내적 타협의 유산도, 새로운 국내정치경제에 대한 뚜렷한 청사진도 없이 종전을 맞이했다. 1차대전이 끝나고 나서 10여 년 동안에도 프랑스는 금본위제에 다른 어떤 나라보다도 충실하게 결박되어 있었다. 프랑스가 금본위제의 족쇄를 깨뜨리고 비정통 경제정책들을 마침내 도입한 것은 1931년에 시작된 평가절하 경쟁으로 인해 대공황의 충격이 가해지면서였다. 프랑스의 국가개입주의는 그것이 이루어져야 할 어떤 새로운 사회적 목적이 등장해서가 아니라 북미와 기타 지역의 주요 산업국들의 경기악화가 계속되는 한 "통화안정이 경제안정을 보장하지 못했기" 때문이었다.[1)]

포앙카레 프랑(Franc Poincaré)은 정통 경제정책이념이 이 나라에서 얼마나 지배적이었는지를 단적으로 보여주는 한 예이다. 대공황에 맞서 경기회복을 촉진하기 위해 다른 대부분의 산업국들이 금본위제에서 빠져나오고 있을 때 프랑스 통화관리정책은 경기회복의 지속성은 재정균형과 물가상승억제를 통해서만 달성될 수 있다는 신념에 바탕을 두고 있었다. 인민전선(Front Populaire) 시기에 이루어진 유사 케인스주의적 실험은 시간적으로 영국보다 앞섰을 뿐만 아니라 내용적으로도 과감했음에도 불구하고 프랑스에서 케인스주의가 갖는 정치적 힘은 미미했다. 프랑스 정책입안자들에게 케인스주의는 프랑스 풍토에 맞지 않는 영국 또는 앵글로색슨계로부터의 수입품에 불과했다. 그들에게 익숙한 정책이념은 소규모 기업 중심의 현상유지를 강조하는 맬서스주의였다. 프랑스의 경제정책 패러다임에 깊이 뿌리내린 이 보수적 성향은 정책결정 스타일과 경제철학에서 매우 달랐던 두 개혁가, 피에르 망데스프랑스(Pierre Mendès-France)와 장 모네(Jean Monnet)가 공히 전후 경제재건의 최대 장애물이라고 지목했던 것이었다. 두 사람은 경제의 여러 측면들을 조정하는 정책결정의 중심체가 없는 것 또한 맬서스주의의 결과라고 보았다.[2]

---

1) Jytte Klausen, *War and Welfare: Europe and the United States, 1945 to the Present*(New York: St. Martins' Press, 1998), p. 255; Peter Gourevitch, *Politics in Hard Times: Comparative Responses to International Economic Crises*(Ithaca: Cornell University Press, 1986), p. 154; Barry Eichengreen, *Golden Fetters: The Gold Standard and the Great Depression, 1919-1939*(New York: Oxford University Press, 1992), p. 311.

2) Kenneth Mouré, *Managing the Franc Poincaré: Economic Understanding and Political Constraint in French Monetary Policy, 1928-1936*(New York: Oxford University Press, 1991); Pierre Rosanvallon, "The Development of Keynesianism in France", in *The Political Power of Economic Ideas: Keynesianism across Nations*, ed. Peter A. Hall(Princeton: Princeton University Press, 1989), pp. 172~183; Peter A. Hall, *Governing the Economy: The Politics of State Intervention in Britain and France*(New York: Oxford University Press, 1986), p. 162.

프랑스가 내장된 자유주의 클럽에 참여한 다른 나라들과 구분되는 또 다른 특징은 정통 경제교의로부터의 이탈시도가 1939년 10월에서 이듬해 5월까지 치러졌던 "기묘한 전쟁"(*phony war*), 즉 전쟁 같지도 않은 전쟁에 패함으로써 단절되었다는 사실에 있다. 물론 나치군대의 파리입성 훨씬 이전에 이미 레옹 블룸(Léon Blum)의 실험은 실패하고 전전의 경제정책이 되풀이되고 있었다. 정작 프랑스가 경제운영의 기법으로서 유사 코포라티즘을 경험하게 된 것은 비시(Vichy) 정권하에서였다. 2차대전의 종식을 프랑스는 전승국으로서보다는 해방된 나라로서 맞이했고, 비시 정권을 "조직화된 자본주의"(*organized capitalism*)의 한 전형으로 내세울 위치에 있지 않았다. 파시즘의 프랑스적 변형에 대한 영국과 미국의 반감이 뿌리 깊었을 뿐만 아니라 프랑스인들 스스로도 비시 정권의 혜택을 입었던 일부 기업들을 제외하고는 전시경제에 대한 기억이 좋지 않았다. 1920년대에 유럽대륙 안에서도 지배적 위치를 잃어가고 있던 프랑스에게 독일 점령기의 경험은 엘리트 수준과 대중 수준 모두에서 국민적 자존감의 심대한 손상을 남겼다.[3)]

점령의 정치적, 경제적, 외교적 결과는 심각했다. 미국, 영국과는 달리 프랑스는 전후재편에 활용할 제도화된 국내적 타협을 갖고 있지 못했다. 프랑스는 독일점령이 남긴 상처와 싸우는 것이 더 시급했고, 부역자 숙청(*épuration*)은 전후재편에 앞서 해결되어야 할 과제였다. 부역자들 가운데 상당수가 비시 정권에 연루되었던 기업인들이었기 때문에 재계의 경제재건 참여는 제한될 수밖에 없었다. 해방정국의 주도

3) Matthew H. Elbow, *French Corporative Theory, 1789-1948: A Chapter in the History of Ideas* (New York: Octagon Press, 1966〔1953〕); Stephen A. Schuker, *The End of French Predominance in Europe: The Financial Crisis of 1924 and the Adoption of the Dawes Plan* (Chapel Hill: University of North Carolina Press, 1976); Richard Vinen, *France, 1934-1970* (New York: St. Martin's Press, 1996), p. 82; Henry W. Ehrmann, *Organized Business in France* (Princeton: Princeton University Press, 1957), chap. 2.

권은 나치와 그 비시 괴뢰들에 맞선 투쟁을 통해 임시정부 안에서 정당성을 강화해온 공산주의자들에게 넘어가고 있었다. 우파 레지스탕스, 특히 드골주의자들은 공산주의자들의 위상 제고를 불편하게 여겼지만, 주로 공산당의 프로파간다를 통해 광범하게 행해지던 숙청을 묵인하는 것 이외의 선택은 없었다. 비공산계열 정치집단들에게도 숙청은 불가피한 통과의례였고, 드골의 입장은 그 범위를 최소화한다는 것이었다. 드골은 이 응징의 물결을 가로막음으로써 자신의 정치적 미래를 위험에 빠뜨리려 하지 않았다. 숙청의 사회적 결과들 가운데 하나는 재계의 발언권 박탈이었고, 특히 고용주들은 노동자들과의 어떤 직접적이고 제도화된 접촉도 피했다. 노사관계의 한 축이 공백으로 남겨지면서 국가개입은 불가피했고, 프랑스 국가의 접근법은 미국과 영국의 경우와 크게 다르지 않았다. 노사관계는 사법화되었고, 사안별로 다루어졌다.[4)]

자본이 사실상 배제된 상황에서 재건과 근대화의 이중목표를 달성하는 방법으로서 코포라티즘을 사용할 수 없었던 프랑스 지도자들의 선택은 일련의 국유화 조치였고, 그것은 전후 정치경제의 큰 틀과 어떤 유기적 연관을 갖고 있지 않았다. 임시정부를 구성했던 세 주요 정당들은 전후경제의 방향과 내용, 그리고 그 가능한 사회적 효과에 대한 실질적 합의를 만들어내지 못했다. 언제 깨질지 모르는 연합을 이루고

---

4) Richard F. Kuisel, *Capitalism and the State in Modern France: Renovation and Economic Management in the Twentieth Century* (New York: Cambridge University Press, 1981), chap. 7; Maurice Larkin, *France since the Popular Front: Government and People, 1936-1986* (Oxford: Clarendon Press, 1988), p. 124; Daniel Verdier, *Democracy and International Trade: Britain, France, and the United States, 1860-1990* (Princeton: Princeton University Press, 1994), p. 218; Chris Howell, *Regulating Labor: The State and Industrial Relations in Postwar France* (Princeton: Princeton University Press, 1992).

있던 그들에게 국유화는 가장 손쉬운 정책이었는데, 부분적으로 이는 국유화가 숙청과 궤를 같이했기 때문이다. 그러한 "처벌적 국유화"의 한 예는 자동차 생산업체로는 프랑스 최대이자 유럽에서도 가장 큰 기업들 가운데 하나였던 르노사였다. 소유주인 루이 르노(Louis Renault)가 부역자라는 이유로 그의 재산은 아무런 보상 없이 국유화되었다.[5] 국유화의 또 다른 근거는 또한 공급부족 상황을 민간부문에 의존해서는 타개할 수 없다는 것이었다.

내장된 자유주의 타협은 유럽에 냉전이 도래하는 시점이었던 1947년에 연립정부에서 공산당이 배제되면서부터 그 돌파구가 보이기 시작했다. 드골주의자들이 위대한 프랑스를 저버리고 앵글로색슨의 정책지침을 수동적으로 따른다고 보았던 온건파들과의 연정을 거부한 것도 중요한 전환의 계기였다. 두 강경세력이 정치무대에서 빠져나가면서 남은 중도파 정당들 — 사회주의자들, 기독교민주주의자들, 급진당 — 이 기 몰레(Guy Mollet)가 "제 3세력" 정부라고 불렀던 연정을 수립한 것은 1947년 10월이었다.[6] 이 중도파 연합은 장 모네, 로베르 마르졸랭(Robert Marjolin), 펠릭스 가일라르(Félix Gaillard), 에티엔 히르쉬(Etienne Hirsch) 같은 계획론자들(*planistes*)이 미국을 등에 업고 재건과 근대화의 프로젝트를 추진하는 국내정치적 기반이 되었다. 계획에 대한 미국의 지지는 재정적인 동시에 철학적이었다. 프랑스는 영국, 서독, 이탈리아와 더불어 마셜플랜의 최대 수혜국들 중 하나였다. 전쟁 시기를 미국이나 영국에서 보냈던 전후의 프랑스 개혁가들은 앵글로색슨적 경제이념에 대해 매우 수용적이었다. 그들은 미국과 영국의 전시동원 기구들이 보여준 합리성과 효율성에 감화되었고, 그 테크닉을 해방된 조국에도 적용하리라 결심했다.

그러나 프랑스의 계획경제가 단순히 뉴딜/페어딜이나 영국의 전시

---

5) Larkin, *France since the Popular Front*, p. 131.

6) *Ibid.*, p. 158.

동원체제를 본뜬 것은 아니었다. 모네와 그의 동료들은 프랑스 경제를 대외적으로뿐만 아니라 내부적으로도 자유화시키기를 원했던 미국의 후원자들과 자주 의견의 불일치를 드러냈다. 미국인들이 보기에 프랑스는 카르텔화(*cartelization*)라는 점에서 독일과 그리 멀지 않은 경우였고, 독일 중공업 카르텔이 민족사회주의의 무기고로 전환되었다면 프랑스의 카르텔 경제는 비시 정권의 물질적 기반인 것으로 이해되었다. 이러한 카르텔-파시즘 연계논리를 받아들인다 해도 계획론자들은 국내경제의 재조직 방향을 두고 미국 관리들과 의견을 달리했다. 예컨대 국유화를 자유무역으로의 회귀와 연계시키는 미국의 일괄협상안을 반대할 때 모네와 개혁가들의 논리는 자신들의 사명은 낙후된 경제의 개선이지 사회의 근본적 변화가 아니라는 것이었다.[7)]

대외적으로 미국과 프랑스가 보조를 맞추어 추진했던 유럽통합조차도 재건된 유럽에서의 프랑스의 위상을 제고한다는 것이 궁극적 목적이었다. 유럽통합 초기의 양대 프로젝트였던 ECSC와 유럽방위공동체(European Defense Community; EDC)는 독일과의 경제관계를 새로이 설정함으로써 위험한 이웃으로부터의 안보위협을 최소화하려는 프랑스의 국가이익을 반영하는 것이었다. 유럽방위공동체의 경우에는 드골주의자들의 극심한 반대에 부딪혀 원래의 계획을 수정해야만 했지만, 망데스-프랑스가 이끄는 제4공화국의 기술관료들은 경제적 근대화에 대한 국내적 요구와 서방 동맹의 창출이라는 국제적 요구를 성공적으로 연결시켰다. 미국의 패권행사는 타협을 통해 이루어졌던 것이다.[8)]

---

7) Kuisel, *Capitalism and the State*, p. 232.

8) William I. Hitchcock, *France Restored: Cold War Diplomacy and the Quest for Leadership in Europe, 1944-1954*(Chapel Hill: University of North Carolina Press, 1998), pp. 203~204; Frances M. B. Lynch, *France and the International Economy: From Vichy to the Treaty of Rome*(London: Routledge, 1997); Helen V. Milner, *Interests, Institutions, and Information: Domestic Politics and International Relations*(Princeton: Princeton

다음 절에서는 전후의 노동배제적 근대화 연합이 어떻게 자리 잡고 작동했는가를 본다. 후속하는 세 절에서는 조직노동, 재계, 정당체제 각각이 내장된 자유주의가 국내화되는 데 어떤 역할을 했는지를 검토한다. 결론에서는 프랑스의 국가주도적 경제성장 전략이 내장된 자유주의와 어떤 관계에 있는지 토의한다.

2. 노동배제적 근대화 연합의 수립

전후 프랑스의 정치경제에 대한 기존문헌은 적어도 1968년 5월 이전까지는 정치적 자본주의 형성에 조직노동이 참여하지 않았다는 점을 다른 주요 산업국들과는 구별되는 프랑스의 특이성으로 보는 데 동의한다. 해방정국 시기, 특히 1945~1947년에 조직노동은 정치과정 전반에 걸쳐 영향력을 키웠고, 국유화 사안에 대한 발언권은 매우 컸다. 조직노동의 국정참여는 1945년 6월 노동총연맹(Confédération Générale du Travail; CGT)이 재발족된 국가경제위원회(Conseil de l'Economie Nationale)에 레옹 주오(Léon Jouhaux)와 피에르 르 브룅(Pierre Le Brun)을 대표로 보냄으로써 시작되었다. 좌파세력은 주오가 위원장으로 선출된 이 기구가 "작업장에서의 산업민주주의에 기반한 경제민주주의 체제의 수뇌부"가 될 것으로 기대했다. 그러나 정부 안에서 국가경제위원회의 정치적 위상은 노동총연맹이 바랐던 것보다는 낮았다.[9]

노동총연맹이 계획경제 관련 위원회들에 참여했던 것은 자체 결정이기보다는 전후재건을 위한 계급협력을 역설하던 프랑스 공산당(Parti Communiste Français; PCF)의 전략에 대한 추종이었다. 공산당은 노

University Press, 1997), pp. 191~200.

9) J. E. S. Hayward, *Private Interests and Public Policy: The Experience of the French Economic and Social Council* (London: Longmans, 1966), pp. 13~15.

조가 근대화 동맹에 편입됨으로써 다른 계급들에게 노동계급이 국가적 프로젝트를 수행하기 위한 책임감 있고 믿을 만한 동반자라는 인식을 심어줄 것이라고 보았다. 이러한 공산당의 기대에도 불구하고 근대화 동맹 내에서 조직노동의 위상은 주변적이었고, 노조 대표들은 주요 정책사안들의 논의에서 배제되었다. 조직노동의 내부 문제들, 즉 조합원 감소, 분파간 경쟁, 그리고 자본주의 자체를 극단적으로 부정하는 이념 등도 코포라티즘이 작동하기 어렵게 만드는 요인들이었다. 노동총연맹은 제 1차 경제계획이 끝나면서 모네 체제와 결별했고 제 8차 경제계획시기까지 돌아오지 않았다.[10]

조직노동이 핵심 정책입안자들과 그 재계 파트너들로부터 푸대접을 받은 유일한 집단은 아니었다. 경제재건에 반드시 필요하지 않거나 경영이 부실하다고 판단되는 부문들 또한 정책결정과정에서 배제되었고, 특히 국가지원 분배에 대한 협의에 끼지 못했다. 이 전통부문의 대다수는 소비재를 주로 생산하는 중소기업들이었다. 종전 직후 경제정책의 초점이 기본생산시설과 사회기반시설의 재건에 주어졌기 때문에 석탄, 철강, 시멘트, 농기계 등의 중공업에 당시 극도로 희소하던 자원이 집중되었다. 극심한 물자난과 자본재 부족으로 인해 정부는 생산을 독려하고 소비는 억제했기 때문에 소비재 산업은 이중의 곤란을 겪었다.

모네가 계획경제는 명령이 아닌 설득에 바탕을 둔 것이라고 강조했음에도 불구하고 실제 정책과정, 특히 실행단계에서 다자적 협의보다는 양자간 거래가 지배적이었다. 기업들이나 사회집단들을 계획경제의 틀 안으로 끌어들이기 위해 국가는 다양한 경제적 인센티브를 사용했고, "엥시타시옹"(*incitations*)이라 불렸던 이 당근은 공개적 협의보다는 비공개적 거래를 통해 제공되었다. 가장 효과적이고 기업들이 필요로 했던 인센티브는 재무성이 통제하는 정부보증대출이었다. 모네가

---

10) Kuisel, *Capitalism and the State*, p. 259; Hall, *Governing the Economy*, pp. 158~159.

1946년 미국 차관을 끌어오면서 계획총괄위원회(Commissariat Général du Plan; CGP)는 적어도 마셜플랜이 지속되는 동안에는 선별적 산업 보조금 지급에 대해 의회승인을 구할 필요가 없게 되었다. 계획위원회가 개별적으로 지원대상을 접촉하는 이 체제는 "공익을 위한 음모"라고 묘사될 정도였다.11)

계획위원회는 재계를 하나의 조직화된 기업공동체로 보지 않았다. 모네는 경제단체들에게 어떤 공식적 지위나 대표성을 부여하기를 꺼렸다. 예컨대 사용자 정상조직인 프랑스 사용자 전국협의회(Conseil National du Patronat Français; CNPF)는 소속기업들이 계획경제의 구체적 지침들을 따르도록 설득할 능력이 없는 것으로 간주되었다. 실제로 CNPF는 계획경제하에서 불리한 위치에 놓이게 될 소속기업들을 보호해야만 했다. 계획론자들은 선별된 기업가들과 정책논의를 할 수밖에 없었다. 그들이 가장 선호하는 기업가들은 대체로 산업집중도가 높은 부문들이었는데, 이는 해당부문을 대표하는 기업이 분명하고 선두기업 몇 군데와의 협의로 정책결정과정이 간결해졌기 때문이다. 이 "핵심 기업가들"은 계획론자들의 정책안을 재계 동료들에게 설명하고 지지를 확보하는 대가로 산업보조를 받았다. 피터 홀이 지적하듯이, 기업의 힘을 생성시킨 것은 계획경제였지 그 역은 아니었다.12)

모네의 "지침적 계획"(*indicative planning*)은 사회기반시설 정비와 생산체제 근대화를 위한 합리적이고 효율적인 방법을 기업가들에게 교육하려는 국가의 노력이었다. 계획론자들은 기업가들이 배워야 할 모

---

11) Stephen S. Cohen, *Modern Capitalist Planning: The French Model* (London: Weidenfeld & Nicolson, 1969), pp. 5, 21; Andrew Shonfield, *Modern Capitalism: The Changing Balance of Public and Private Power* (London: Oxford University Press, 1965), pp. 130~131.

12) Ehrmann, *Organized Business in France*, p. 285; Verdier, *Democracy and International Trade*, p. 222; Cohen, *Modern Capitalist Planning*, pp. 68~69; Hall, *Governing the Economy*, pp. 168, 231.

델을 갖고 있었고, 생산성의 정치가 시작된 나라들을 기업가들이 견학하도록 했다. 1949~1952년에 생산성 견학 프로그램을 통해 교육받은 이의 수는 총 2,610명이었고, 여기에는 기업가들뿐만 아니라 노조원들도 포함되어 있었다. 견학지역은 대부분 미국이었고, 모네의 미국 자문가들은 프랑스를 방문해 자신들의 성공사례를 알렸다. 이 미국화 캠페인에 대해 CNPF는 "집단 히스테리"라고 묘사하는 냉소적 반응을 보였다.[13)]

모네와 그의 팀은 파리 수복 직후 망데스프랑스의 경제정책이 실패할 수밖에 없었던 요인을 잘 알고 있었다. 인플레이션과 싸우기 위해 통화수축을 사용한 망데스-프랑스의 정책은 경제적으로는 건전했을지 모르나 수년에 걸친 소비억제와 경기위축을 겪어온 사람들이 정치적으로 받아들이기에는 힘들었다. "환자가 비명을 지르더라도 상처에는 요오드팅크를 바르는 것이 좋다"고 말할 수 있었던 이 급진당 개혁가는 표를 얻기 위해서 나긋나긋하게 말할 줄 아는 대중정치인을 원하는 시대에 걸맞지 않았다. 물론 모네의 계획론자들은 자신들의 경제정책이 정당정치나 관료정치의 영향을 받는 것을 원하지 않았다. 처음부터 모네는 계획위원회 보고는 총리에게 직접 행해지도록, 그리고 정부 각 부처의 참석은 최소화하도록 요구했다. 동시에 모네는 다른 부처들의 관할권 침해 주장을 사전에 차단하기 위해 계획위원회의 인원과 예산을 의도적으로 최소규모로 유지했다. 출범 당시 계획위원회는 35명의 인원에 다른 어떤 정부기구보다도 작은 예산을 갖고 있었고, 청사 역시 마르티냑가의 작은 건물을 일부러 선택했다.[14)]

---

13) Rosanvallon, "Keynesianism in France", p. 192; Kuisel, *Capitalism and the State*, p. 263.

14) Kuisel, *Capitalism and the State*, pp. 228~229; Rioux, *Fourth Republic*, pp. 64~65; Alexander Werth, *Lost Statesman: The Strange Story of Pierre Mendès-France* (London: Abelard-Schuman, 1958), pp. viii~ix; Hall, *Governing the Economy*, p. 141; Sven Nordengren, *Economic and Social*

다른 정부 부처들로부터의 공격을 막아내려는 이러한 노력에도 불구하고 계획위원회는 경제정책기구 내에서 안정적이고 항구적인 위치를 갖지는 못했다. 특히 재무성은 계획경제의 재정문제를 두고 모네의 팀과 계속 경쟁했다. 미국 차관이 모네 자신의 중재를 통해 배분되는 한 재무성의 도전은 어떻게든 막아낼 수 있었지만, 그러한 특권은 오래 가지 않았다. 프랑스, 이탈리아 같은 핵심대상국들이 정치안정을 되찾으면서 마셜플랜이 종료됨에 따라 계획경제 재정은 조세에 의존하게 되었고 계획위원회의 독립성은 급속히 약화되어 1952년에는 자율성을 상실하게 되었다.[15] 계획위원회의 경험은 국가기구가 사회의 제도화 수준을 낮게 유지하면서 경제적 측면에서 얼마나 자율적일 수 있는지를 보여주었다.

3. "약자의 무기": 정당정치와 국가개입 사이에 갇힌 조직노동의 선택

앞에서도 언급되었듯이 프랑스의 전후재편이 자본과 노동 간의 역사적 타협 없이 이루어졌음은 많은 학자들이 동의하는 점이다. 내장된 자유주의 레짐의 다른 참여국들과는 달리 프랑스는 전국적 수준이나 작업장 수준 어느 한쪽에서도 집단교섭을 제도화하지 못했다. 임금과 근로조건은 노동시장 기제를 통해 결정되었고, 국가는 자주 이 과정에 개입했다. 표준화된 대량생산체제와 협의적 노사관계의 상관성은 르노

Targets for Postwar France: Stduies of French Economic Planning, Social Development, and Industrial Structure, 1940-1962 (Lund: Berlingska Boktryckeriet, 1972), p. 112.

15) Kuisel, *Capitalism and the State*, p. 230; Verdier, *Democracy and International Trade*, pp. 223～224.

와 같은 일부 대기업을 벗어나면 존재하지 않았다. 대부분의 기업들은 가족소유였고 피고용자 통제는 여전히 온정주의적 관행에 의존하고 있었다. 이러한 노동배제적 전후재편은 설명을 요하고, 우리는 이미 여러 요인들을 알고 있다. 노동계급의 조직적 약체성, 반노동적 기업문화, 포드주의적 생산체제의 저발전, 좌파정당들의 분열, 사회적 쟁점들에 무관심한 보수일색의 정치권, 그리고 냉전은 흔히 프랑스의 특이성을 설명하기 사용되는 요인들이다.[16]

노동력의 구성 또한 프랑스의 "현대" 노동운동 발전에 부정적 영향을 미쳤다. 1954년 5월 기준 경제활동인구 19,182,000명 가운데 650만 명 정도가 육체노동자로 분류될 수 있었다. 그 가운데 절반 가량은 피고용자 수 100명 미만의 중소기업들에서 일하고 있었다. 당시의 프랑스를 농업사회로 볼 수는 없지만 토지에 묶여 있는 인구의 비율로 따져볼 때, 프랑스는 미국, 영국, 서독보다는 이탈리아나 에스파냐에 가까웠다. 그리고 프랑스는 소규모 자영업자들이 많은 나라였다. 국토의 많은 부분이 아직도 현대적 교통망에 접근하는 데 곤란을 겪고 있었기 때문에 소도시들의 경제는 해당지역의 기업과 소매상들에 크게 의존했다. 프랑스는 상인과 농부로 이루어진 전통적 중간계급의 나라로 남아 있었다. 1954~1962년 기간에 산업노동자들의 비중은 꾸준히 증가했지만 2차부문 고용 확대는 3차부문 고용 성장에 훨씬 못 미쳤다.[17] 서비스 부문의 노동자들은 노조의 조직화 대상에서 비켜나 있었기에 종종 보수적 정치운동에 동원되었다. 1950년대 중반에 망데스프랑스 정부가 소규모 상인들에 대한 과세를 늘린 것에 대해 반발하면서 시작된

---

16) Howell, *Regulating Labor*, pp. 37~40.

17) Richard F. Hamilton, *Affluence and the French Workers in the Fourth Republic* (Princeton: Princeton University Press, 1967), pp. 21, 23; John Sheahan, *An Introduction to the French Economy* (Columbus, Ohio: Charles E. Merrill, 1969), p. 22.

푸자드 운동(*Poujadisme*)은 구 중간계급의 정치적 배출구가 파시즘 또는 유사 파시즘일 가능성이 매우 높음을 보여주었다.[18)]

조직노동과 정당정치의 관계는 프랑스 노동운동이 공식적 정책과정에서는 목소리를 내지 못하면서도 비공식적 제도의 수준에서는 매우 전투적이고 정치화되어 있는 이유를 이해하는 데 결정적이다. 공산당이 최대 노동조직인 노동총연맹에 침투하기 시작한 것은 전쟁중과 종전 직후였다. 이 시기에 노동총연맹 내 비공산계열 노조 지도자들은 대부분 망명중이거나 나치 수용소에 있었던 까닭에 공산당은 어떤 큰 제지를 받지 않은 채 노동총연맹 지도부에 접근할 수 있었다. 공산당은 자신 이외의 조직화된 대안이 부재한 가운데 노동계급과 일반 국민 사이에서 정치적 헤게모니를 장악하기 위해 파시즘에 대한 통일전선 전략을 일관되게 추구했다. 소련이 이끄는 코민포름의 공식입장이기도 했던 통일전선 전략은 공산당이 가능한 한 넓은 계급교차 연합을 형성하여 우파와 경쟁하는 주된 수단이었다.

1950년대 동안 공산당이 노동총연맹을 바라보는 관점은 노조를 근로대중과 혁명적 전위를 이어주는 "전달벨트"(*transmission belt*)로서 이해했던 레닌의 관점에 바탕을 둔 것이었다. 노조는 전위당이 결정한 정치적 목표 달성을 위해 대중을 동원하는 매개체 이상이 될 수 없었다.[19)] 그러나 독자적인 사회주의 전통, 특히 생디칼리슴이 강한 프랑스에서 전위당의 관념이 노동운동에 침투하기는 쉽지 않았다. 당과 노조 간의 갈등은 정치투쟁과 경제투쟁 가운데 어떤 것이 우선하는가의 문제로 집약되었다. 작업장 수준의 투쟁에 매몰되어 있다고 프랑스 생

---

18) 또한 망데스-프랑스의 금주정책은 가정에서 술을 담가먹는 것이 일반화되어 있던 농촌지역까지 푸자드 운동이 확산되는 직접적인 원인이었다. Harvey G. Simmons, *The French National Front: The Extremist Challenge to Democracy* (Boulder, Co.: Westview Press, 1996), pp. 28~29.

19) George Ross, *Workers and Communists in France: From Popular Front to Eurocommunism* (Berkeley: University of California Press, 1982), chap. 2.

디칼리스트들을 조롱했던 맑스의 전통에 서 있는 공산당은 노동계급이 전국적 수준에서 짊어져야 할 정치적 의무를 강조했다. 해방정국 시기 공산당의 가장 시급한 정치적 과제는 레지스탕스 시기에 힘겹게 획득한 제도정치로의 입장권을 새로운 공화국에서도 유지하는 것이었다. 그러기 위해서는 다른 정치집단들에게 민주적 프랑스의 재건에 대한 공산당의 의지를 보여주지 않으면 안 되었다. 드골의 연립정부에 합류했던 1945~1947년에 공산당은 노동총연맹에게 "생산성의 정치"에 매진할 것을 역설했다. 공산당 정책강령에서 경제재건은 최우선과제였고, 당수였던 모리스 토레스(Maurice Thorez)는 생산에 전념하는 것이 노동자들의 "계급적 의무"라고 역설했다.[20]

레지스탕스를 통해 쌓아올린 "75,000명이 처형된 당"의 명성이 정치적으로 막강한 자산이기는 했으나 공산당은 좌파의 정치적 자원을 독점하지는 못했다. 공산당이 정치적 주변부에 머물렀던 전쟁 전과 비교하면 훨씬 유리한 위치이기는 했으나 노동계급의 지지를 두고 노동자 인터내셔널 프랑스 지부(Section Française de l'Internationale Ouvrière; SFIO), 즉 사회당과의 경쟁은 계속되었다. 1946년 11월 선거에서 28.3%의 득표를 하면서 정점에 달했던 공산당의 대중적 인기는 냉전이 시작되면서 서서히 줄어들었다.[21] 사회당과의 동맹시도가 연거푸 유산되고 우파정당들의 공산당에 대한 적대적 태도가 전혀 달라지지 않았던 것도 공산당에게는 정치적 운신의 폭을 좁히는 결과를 가져왔다.

1947년 5월 결국 연립정부를 떠난 공산당은 통일전선과 생산성의 정치를 결합시켰던 기존의 전략을 부르주아 의회제 작동을 방해하는 극단주의 전략으로 바꾸어나갔다. 공산당이 이처럼 수세적 전술을 펼쳤

20) Rioux, *Fourth Republic*, p.63; Charles S. Maier, "The Two Postwar Eras and the Conditions for Stability in Twentieth-Century Western Europe", *American Historical Review* 86(1981), p.331.

21) Vinen, *France, 1934-1970*, p.150.

던 것이 노동총연맹에게는 오히려 기회였다. 노조연맹은 공산당의 정치적 공백을 틈타 노동자들의 경제적 요구에 보다 세심하게 반응하는 방향으로 투쟁양식을 재정비했다. 공산당은 여전히 노조의 경제주의를 경멸적으로 보았지만 노동총연맹이 주도하는 르노 파업에 동참할 수밖에 없었다. 하지만 공산당은 마셜플랜을 통한 프랑스의 미국 패권질서 편입을 막아야 한다는 원칙을 포기하지 않았고, 나토 결성에 반대하는 평화운동에 조직노동을 동원하는 노력을 계속했다.[22]

충원의 문제는 노조뿐만 아니라 공산당에게도 심각한 것이었다. "모든 당원은 기반조직의 정회원이어야 한다"는 엄격한 당규가 있었지만 노동자들이 당원증을 얻기란 어려운 일이 아니었다. 공산당원이 되기 위해서 할 일이란 "신문에서 입당원서를 오려서 보내는 것"이었다. 그럼에도 불구하고 당원 수는 1949년에는 786,000명이던 것이 1954년에는 506,000명, 1955년에는 230,000명으로 줄어들었다. 당원 수의 감소는 곧 조합원 수의 감소를 반영하는 것이었다. 노동자들은 공산당의 조종을 받는 노동총연맹의 정치활동에 불만을 표시했다. 1955년 조합원 수는 백만 명 근처를 맴돌았으나 조합비 공제제도가 없었기 때문에 폐쇄적 노조가입제(*closed shop*)는 현실적으로 가능하지 않았고 조합원 충원은 그때그때 이루어져야 했다. 오늘의 조합원 수가 내일의 노조활동을 위한 동원을 보장하지 못했던 것이다. 결과적으로 노동총연맹은 정치투쟁이건 경제투쟁이건 대규모 파업을 주도할 능력을 가지지 못했다.[23]

---

22) Maier, "Two Postwar Eras", p. 346; George Ross, "The Perils of Politics: French Unions and the Crisis of the 1970s", in Peter Lange, George Ross, and Maurizio Vannicelli, *Unions, Change and Crisis: French and Italian Union Strategy and the Political Economy, 1945-1980* (London: George & Unwin, 1982), p. 22.

23) Hamilton, *Affluence and the French Worker*, pp. 25, 27, 29, 38; Ross, "Perils of Politics", p. 20; Howell, *Regulating Labor*, p. 45; Ehrmann,

공산당이 선거정치에서 사회당과 경쟁해야 했듯이 노동총연맹도 다른 두 개의 주요 노동조직인 노동자의 힘(Force Ouvrière; FO), 프랑스 가톨릭 노동자 연맹(Confédération Française des Travailleurs Chrétiens; CFTC)과 경쟁해야만 했다. 노동자의 힘(FO)은 1948년 노동총연맹에서 빠져나간 조직으로 공무원과 사무직 종사자에 기반을 두었고, 사실상 사회당의 노동조직에 가까웠다. 가톨릭 노동조직인 CFTC 역시 사무직 종사자들이 주류를 이루었고, 정치적으로는 드골을 추종했던 민중 공화주의 운동(Mouvement Républican Populaire; MRP)과 깊이 연관되어 있었다. 이처럼 정당정치와 노동정치 사이의 조응은 분명했지만, 그것이 노동자들의 복리를 증진하는 방향으로 움직였던 것은 아니었다. 세 노동연맹의 조합원 수는 2백만 명 정도로 전체 노동자의 약 25%를 포괄했지만, 이 셋 가운데 어느 단체에도 가입하지 않은 노동자들은 사실상의 "최대 노동조직"을 구성하면서 국가, 고용주, 노조로부터의 경제적 양보를 최대화하는 전략을 사용했다. 기업 수준의 집단교섭도 전국 수준의 코포라티즘도 보장받을 수 없는 비조직 노동의 생존을 위한 선택이었지만, "약자의 무기"는 의외로 강했고 효과적이었다.[24)]

노동총연맹이 공산당의 정치투쟁에 휘말려 일반 노동자들을 소외시켰다면 FO와 CFTC는 작업장 수준에서의 조직적 약체성으로 인해 노동자들의 지지를 끌어내기가 어려웠다. 세 연맹끼리의 반목과 각 연맹

Organized Business in France, p. 433.

24) Hamilton, *Affluence and the French Worker*, pp. 38~39; Charles A. Micaud, "French Political Parties: Ideological Myths and Social Realities", in *Modern Political Parties: Approaches to Comparative Politics*, ed. Sigmund Neumann(Chicago: University of Chicago Press, 1956), pp. 134, 137; Howell, *Regulating Labor*, p. 45. "약자의 무기"는 다음에서 빌려온 표현이다. James C. Scott, *Weapons of the Weak: Everyday Forms of Peasant Resistance*(New Haven: Yale University Press, 1985).

내에서의 규율부재라는 이중의 약점은 계획경제에 코포라티즘의 외양을 덧씌우기 위해 대표성 있는 노조단체가 필요했던 정부에게는 매우 실망스러운 것이었다. 더군다나 주요 노조의 지도자들은 계획경제 참여의 이득이 이념적 순수성을 희생할 만큼 크다고 보지 않았다.[25)]〈표 4-1〉은 1940년대 후반과 1950년대를 통해 조직노동의 규모는 줄어들고 연맹체간의 분열이 커져갔음을 보여준다.

이러한 조직적 약체성에도 불구하고 노동자들의 복리수준은 향상되었다. 1950년대 중반 임금수준은 매년 평균 5% 상승세를 보였고, 서방 산업국들의 인플레이션을 주도한 나라가 프랑스이기는 했으나 노동자들의 구매력은 줄어들지 않았다. 종전 직후 시기에 임금인상을 이루어낸 추동력은 고용주와 노동자 간의 계급타협이 아니라 제 3세력 정부의 정치적 타협이었다. 정부는 직종간 최저임금 보장제(Salaire Minimum Interprofessionnel Garanti; SMIG)를 도입함으로써 집단교섭의 기준점을

〈표 4-1〉 노조 조직율과 주요 연맹 구성비율, 1945~1960년

연도	전체 피고용자 수 (천 명)	조합원 수 (천 명)	조직밀도	CGT 비율	FO 비율	CFTC 비율
1945	11,300	4,832	42.8	92.6	-	6.2
1950	11,882	3,850	32.5	75.6	9.1	8.6
1955	12,583	2,554	20.3	61.8	13.7	13.0
1960	13,003	2,592	19.9	54.4	15.4	16.2

출처: Joris Van Ruysseveldt and Jelle Visser, "Contestation and State Intervention Forever? Industrial Relations in France," in *Industrial Relations in Europe: Traditions and Transitions*, ed. Ruysseveldt and Visser(London: Sage, 1996), p. 97.

25) John T. S. Keeler, *The Politics of Neocorporatism in France: Farmers, the State, and Agricultural Policy-Making in the Fifth Republic*(New York: Oxford University Press, 1987), p. 20.

마련했는데, 대부분 기업들에서 집단교섭이 정례화되어 있지 않은 상황에서 SMIG는 임금수준의 자동조절장치가 되었다. 고용주들은 SMIG를 따라 임금을 올렸지만,[26] 그것은 국가의 지침을 따른 것이었지 노동과의 대화의 결과가 아니었다. 노동시장에 대한 국가개입은 노사간 합의를 유도하기보다는 대화 자체의 필요성을 급감시키는 효과를 가졌다.

이렇듯 조직은 약하면서도 노동자들이 경제적 양보를 얻어낼 수 있었던 사실을 설명하기 위해서는 프랑스 노동자들이 내부적으로 아무리 분열되어 있었다 해도 국가와 고용주를 대할 때는 하나의 계급으로 움직였다는 점을 상기할 필요가 있다. 많은 프랑스 노동운동 연구자들이 지적해왔던 것처럼 CFTC를 부분적 예외로 친다면 프랑스 노조들은 프롤레타리아트와 부르주아지 간의 "계급전쟁"은 자본주의 체제의 근본적 변화 없이는 종결되지 않는다는 인식을 공유하고 있었다. 복지자본주의도 국가의 사회복지 서비스 제공도 사적 소유하에서의 임금노동의 "구조적" 문제를 해결할 수는 없는 것이었다. 물론 이러한 이념적 성향이 노조 지도자들이 희망했던 방식대로 발현된 것은 아니다. 일반 노동자들이 집단행동에 나선 것은 그들이 맑스주의 교의를 신봉해서라기보다는 프랑스 사회 자체로부터 소외되었다는 느낌 때문이었다. 노동자들의 상대적 박탈감은 근대화-산업주의 문헌이 기대했던 것보다 훨씬 오래 지속되었다.[27]

1950년대의 생활수준 향상은 노동자들을 잠잠하게 만들지는 못했다. 노동자들의 불만은 지속적으로 분출되었고, 특히 잠재되어 있던 인플레이션이 수면으로 상승하던 1954~1955년에 쟁의는 더 잦았다.

---

26) Sheahan, *Introduction to the French Economy*, pp. 46, 48; Howell, *Regulating Labor*, p. 42.

27) 이 논점은 Hamilton, *Affluence and the French Worker*에 잘 전개되어 있다. 또한 다음을 참조. Duncan Gallie, "Trade Union Ideology and Workers' Conceptions of Class Inequality in France", in *Trade Unions and Politics in Western Europe*, ed. Jack Hayward (London: Frank Cass, 1980), p. 10.

흥미롭게도 파업빈도가 높은 사업장은 국유기업, 그리고 민간기업 가운데서도 현대화된 곳이었다. 공공부문은 완전고용 실현을 위한 주된 수단이었고, 민간부문보다 관대한 복지혜택을 피고용자들에게 제공하였다. 공기업들은 또한 노조설립에 대해서도 사기업보다 관용적이었다. 현대화된 대기업들은 고임금을 유지할 능력이 있었고, 노사관계 운영에서도 중소기업 중심의 전통부문과는 달리 온정주의에 의존하는 경우가 드물었다. 그러나 그 결과는 산업평화가 아닌 전투적 노동운동의 제도화였다.[28)]

공공부문 노조의 전투성을 잘 보여주는 한 예는 1953년 8월 총파업이었다. 체신, 전화, 전신, 가스, 전기, 철도, 은행, 탄광 등 거의 대부분의 공공부문 노동자들과 일부 공무원들이 참가한 이 파업의 핵심 쟁점은 국유기업 피고용자들의 복지 수혜자격을 변경한 정부의 행정명령이었다. 1950년 2월 11일에 제정된 집단교섭법은 24개 정부기업들을 이 법의 적용을 받지 않는 것으로 명시하고 있는데, 그 기업들 대다수가 1953년 파업에 연루되었다. 정부의 시각에서 볼 때 공공부문의 피고용자 문제는 노사관계의 영역이 아니라 사법적이고 행정적인 영역에 속했다. 더 중요한 것은 이러한 패턴이 민간부문으로 확산되었다는 점이다. 프랑스 노동자들은 임금, 근로조건, 복지혜택 등의 사안을 두고 수동적인 기업가들을 제치고 정부와 직접 부딪혔다.[29)]

---

28) Hamilton, *Affluence and the French Worker*; Peter Coffey, *The Social Economy of France* (London: Macmillan, 1973), p. 67; Stephen Bornstein, "States and Unions: From Postwar Settlement to Contemporary Stalemate", in *The State in Capitalist Europe: A Casebook*, ed. Stephen Bornstein, David Held, and Joel Krieger (London: George Allen & Unwin, 1984), p. 59.

29) Warren C. Baum, *The French Economy and the State* (Princeton: Princeton University Press, 1958), pp. 205～206; Val R. Lorwin, *The French Labor Movement* (Cambridge: Harvard University Press, 1954), pp. 320～321.

앞의 두 장에서 본 바대로, 미국과 영국에서 19세기 노사관계의 저발전은 사법주의와 직결되어 있었고, 이는 각각 자발주의적 노동운동과 노조 주도의 정당정치를 낳았다. 프랑스에서 사법주의는 국가가 관심을 갖기 원하지 않았던 노동문제를 독자적 제도로서 법원이 담당했던 결과가 아니라 국가 스스로의 발명품이었다. 고용주들은 노동자들과의 접촉을 통해 자체의 노사관계 제도를 만들려 하지 않았다. 그들은 피고용자의 요구에 대응하는 기준을 시행착오를 거쳐 스스로 세우기보다는 법에 뭐라고 씌어있는지를 들여다봤다. 그러한 상황에서 노동자들은 국가와 직접 대면할 수밖에 없었고, 긴밀한 노조-정당 연계는 노사관계가 쉽게 의회를 거쳐 정치화되도록 만들었다. 그러나 프랑스 최대 노동조직인 "조직되지 않은 노동자들"은 자신들의 목소리를 전달해줄 정당을 갖고 있지 않았다. 이 보통 노동자들에게 가장 효과적인 무기는 항의였고, 정부의 대응은 행정명령을 없애거나 새로 만드는 것이었다. 이 체제는 1968년 5월까지 지속되었다.

4. 국가주도 성장연합의 파트너로서의 재계

조직노동이 경제정책과정에 어떤 제도화된 참여를 하지 못하는 상황에서 재계 지도자들은 정부와 장기적 관계를 쌓아갈 수 있는 위치에 있었다. 코포라티스트적이든 아니든 간에 노동포용적 체제에서는 고용주들이 노동자들에게 얼마나 양보해야 하는가를 두고 정책입안자들과 이견을 드러내는 것이 일반적이다. 민주주의하의 정책입안자들은 선거정치의 논리를 따른다고 전제할 때, 그들은 노동계급의 요구에 대해 고용주들보다 더 수용적일 개연성이 크다. 고용주들은 정부가 중립적 조정자의 역할을 넘어서 친노동적 입장을 취한다고 간주할 때는 삼자간 협의로부터 이탈하겠다고 위협할 수 있다. 국가-노동 관계에서도 똑같은 논리가 적용된다. 달리 말해 코포라티즘의 협상은 자본과 노동 간의 세력균형에 따라 그 내용과 방향, 그리고 성패가 좌우된다.

이와는 대조적으로 국가개입과 다원주의가 공존했던 프랑스에서는 정치경제의 근본적 문제들에 대한 갈등이 상대적으로 크지 않았기 때문에 국가-기업 관계는 호흡을 길게 가지고 갈 수 있었다. 추가 국유화 조치는 더 이상 정책의제에 올라오지 않았다. 모네의 실험을 5년 동안 겪어본 재계 지도자들은 계획경제는 사회주의 냄새가 나는 규제와는 아무 상관이 없다는 결론을 내리게 되었다. 공산주의자들의 집권 가능성은 희미해졌고, 공산당 못지않게 기피대상이던 드골주의자들은 의회정치 주변부에 머물고 있었다. 산업투자의 원천으로서 민간금융의 중요성이 다시 부각되면서 재계는 성장연합의 동등한 파트너로서 재기할 수 있었다. 요컨대 1950년대가 시작될 무렵에 기업신뢰는 완전히 회복되었다.[30]

제 2차 계획(1954~1957년)의 범위가 한층 넓어진 것도 재계의 힘을 복권시키는 데 기여했다. 모네플랜, 즉 제 1차 계획이 "정상으로의 복귀"에 초점을 맞추고 석탄, 철강, 건설, 운송 등의 기간산업 및 중공업의 역할을 강조한 반면에 히르쉬플랜은 제조업 부문에 우선순위를 부여했다. 그러나 제 2차 계획의 요체는 한편으로는 "제약적 관행을 제거"하고 다른 한편으로는 기존의 "보호받아왔던 소규모 제조업 부문"의 산업집중도를 높임으로써 합리화를 꾀하는 것이었다. 다음 장에서 보겠지만, 서독 경제의 미국화는 탈카르텔화(*decartelization*)와 집중화(*concentration*)의 이중과정을 통해 이루어졌다. 더 큰 시각에서 볼 때 그것은 전후 유럽을 보다 자유주의적으로 만들려는 미국정책의 중심 지주였다. 그러나 미국이 원하는 탈카르텔화와 집중화의 이중과정이 국내화되는 양식에서 독일과 프랑스는 상당한 차이를 드러냈다. 모네

---

30) Cohen, *Modern Capitalist Planning*, p. 123.

때부터 이미 계획경제의 내용에는 미국적 반트러스트 요소들이 담겨 있었다. 히르쉬플랜이 막 발진하기 전에 라니엘 정부가 공표한 탈카르텔화 정책은 〈르 몽드〉가 "제4공화국의 셔먼 법"이라고 부를 정도였다. 그러나 이 법안에는 좋은 카르텔과 나쁜 카르텔을 따로 분류하는 조항이 포함되어 있었다. 그 결과 탈카르텔화와 집중화 사이의 균형은 후자 쪽으로 기울었다.[31]

프랑스 고유의 사회적 목적을 지키려는 태도는 제4공화국 시기 내내 경제정책을 담당하는 정부관리들에 의해 견지되었다. 존 자이스먼이 지적한 바대로, 프랑스 정부는 경제성장과 사회안정의 균형을 유지하는 데 많은 노력을 기울였고, 특히 "전통부문"에 부과되는 이행비용을 최소화하는 데 초점을 두었다. 그러한 목적을 달성하기 위해 사용된 주된 수단은 국가의 대출통제였다. 프랑스의 "정체된 사회"는 미국의 포드주의 대량생산체제가 자신을 점령하도록 허용하지 않았다.[32] 예컨대 모네가 이끄는 계획론자들이 미국의 승인하에 유럽석탄철강공동체(European Coal and Steel Community; ECSC) 출범을 준비하고 있

---

31) Geoffrey Denton, Murray Forsyth, and Malcolm MacLennan, *Economic Planning and Policies in Britain, France and Germany*(London: George Allen & Unwin, 1968), p. 82; Cohen, *Modern Capitalist Planning*, p. 73; Kuisel, *Capitalism and the State*, pp. 260~261; William James Adams, *Restructuring the French Economy: Government and the Rise of Market Competition since World War II*(Washington, D.C.: The Brookings Institution, 1989), p. 210. 서독의 사례는 다음을 참조. Volker R. Berghahn, *The Americanization of West German Industry, 1945-1973* (Cambridge: Cambridge University Press, 1986), chaps. 1 and 2.

32) 다음 장에서도 다루어지겠지만 전후 유럽의 주요 산업국들이 미국화된 경제체제를 얼마나 받아들였는가는 여전히 논쟁의 대상으로 남아있다. 미국화가 전후 경제부흥을 이끌었다는 주장으로 다음을 참조. Jonathan Zeitlin and Gary Herrigel, eds., *Americanization and Its Limits: Reworking US Technology and Management in Post-war Europe and Japan*(New York: Oxford University Press, 2000).

을 때, 슈망플랜에 반대하는 기업가들은 일반대중, 특히 노동자들로부터 반미감정을 이끌어내려고 했다. 그들은 미국의 "물질주의"에 대해 유럽의 "인간주의적 가치"를 강조했고, 미국의 교사를 받은 자유화—실제로는 반카르텔 조치—는 프랑스 노동자들의 일자리를 줄이는 결과만을 낳을 것이라고 경고했다.[33] 부문이익에 기초한 주장이기는 했으나 재계의 프로파간다는 노동을 비롯한 전통부문 다수의 공감을 샀다. 프랑스는 유럽의 다른 어떤 클럽 멤버에서도 찾기 어려울 정도로 탄탄한 비자유주의적 기반을 갖고 있었다.

그 비자유주의적 측면들 가운데 하나는 국가-기업 관계에서 발견된다. 재계 내부에서 계획위원회의 영향력은 이미 약해지기 시작했지만 계획론자들과 재계 지도자들의 공모적 관계는 지속되었다. 아마도 프랑스 계획경제와 산업정책의 가장 지속적인 특징은 공모(*collusion*) 일 것이다. 재계 지도자들은 정부의 파트너이자 외부 전문가로서 경제정책과정에 참여하는 데 그치지 않고 고위관료로 입성하는 경우가 많았다. 역으로 많은 전직 고위관료들은 민간부문에서 퇴임 후 경력을 쌓아갔다. 예컨대 1954년 당시 시중은행장들의 4%가 전직 관료 출신이었다. 흔히 "팡투플라쥬"(*pantouflage*) 라고 불리는 기업과 정부의 이러한 인적 환류는 피터 홀처럼 "영국이나 미국 기업인들에게는 거의 생각도 할 수 없을 생각"[34] 이라고 말하기는 어렵다 해도 프랑스 국가-기업 관계의 한 특징이었다.

프랑스 재계 엘리트와 국가 엘리트의 동반자 관계는 미국에서 발견되는 거대기업-거대정부의 시너지 효과와는 그 사회적 성격이 상당히

---

33) John Zysman, *Governments, Markets, and Growth: Financial Systems and the Politics of Industrial Change* (Ithaca: Cornell University Press, 1983), p. 100; Henry W. Ehrmann, "The French Trade Associations and the Ratification of the Schuman Plan", *World Politics* 6 (1954), pp. 462~463, 466.

34) Hall, *Governing the Economy*, p. 168.

달랐다. 제2장에서 보았듯이 표준화된 대량생산 부문의 미국기업들은 노사관계 안정과 그를 통한 생산성 향상을 이루기 위해 뉴딜 노동정책의 기본틀을 받아들였다. 이들 가운데 대다수가 또한 세계시장의 선두주자였기 때문에 연방정부는 보호주의적 산업정책을 쓰는 대신 민간부문의 복지자본주의 밖에 위치하는 이들까지 복지 서비스를 확대할 수 있었다. 산업의 부문별 분화는 노동시장의 분절화를 가져왔고, 거대기업과 거대정부는 각자의 영역에서 복지체제를 관장했다.

이 같은 이중체제가 프랑스에는 적어도 1950년대에는 존재하지 않았다. 복지자본주의를 구축하려는 기업들이 물론 있기는 했다. 르노가 대표적인 경우로 볼 수 있겠다. 국유화된 이후에 르노는 혁신적 경영기법을 도입하고 포드주의적 노동규율체제를 수립하기 시작했다. 전미자동차노조(United Automobile Workers; UAW)와 제너럴 모터스가 맺었던 1955년의 협정을 거의 그대로 본뜬 르노 협정은 임금인상을 생활비 상승 및 생산성 향상과 연계시켰다. 노동자들의 집단적 권리가 인정되었고, 기업 차원의 복지 프로그램이 마련되었다. 그러나 기계와 화학 등의 일부 자본집약적인 부문들을 제외하면 르노의 예를 따르는 기업은 거의 없었다. 프랑스 기업의 80% 이상은 그러한 복지자본주의를 실현할 여유가 없는 중소기업들이었다. 카르텔화 수준은 높지만 산업집중도는 미국, 영국, 독일에 비해 훨씬 낮았던 것이다. 업종간의 구분선은 매우 분명하지만 소유구조, 자본축적, 경영기법 등에서 프랑스 기업들은 매우 동질적이었다. 국가주도 경제성장이 진행되면서 세계시장 기준에 상당히 못 미치는 기업들은 한결같이 자본유입과 산업보조금을 필요로 했다.[35]

---

35) Howell, *Regulating Labor*, pp. 39, 42~43, 45; Sheahan, *Introduction to the French Economy*, p. 44; Cohen, *Modern Capitalist Planning*, p. 72; Kuisel, *Capitalism and the State*, pp. 266~267; Suzanne Berger, "The Traditional Sector in France and Italy", in Suzanne Berger and Michael J. Piore,

이 같이 산업구조에서 차지하는 비중이 큰 전통부문을 중도파 정당들이 무시하기는 어려웠다. 하지만 동시에 전통부문에 속하는 기업들의 수가 많다 보니 하나의 응집력 있는 정치세력으로의 전환을 기대하기도 어려웠다. 프랑스 사용자 전국협의회(CNPF)와 중소기업 총연합(Confédération Général des Petites et Moyennes Enterprises; CGPME) 모두 내부의 갈등과 분열이 심각했는데, 종종 그 쟁점은 시장에서의 경쟁과 무관한 가문간의 반목에서 비롯된 것이었다. 그 수가 얼마 되지 않는 현대화된 대기업들은 정치세력화가 상대적으로 용이함에도 불구하고 재계가 하나의 정치적 목소리를 내도록 노력하기보다는 경제계획기구 안에서의 기득권 유지에 더 관심이 있었다.

노사관계에 대한 재계의 입장은 방어적이었다. 프랑스 사용자 전국협의회 사회분과위원장이었던 마르셀 뫼니에(Marcel Meunier)는 정부의 노사관계 개입에 대해 집단주의와 심지어 전체주의를 초래할 수 있다는 이유로 반대했다. 국가의 지원을 두고 경쟁해야 하는 산업정책과는 달리 노동정책이나 사회정책 영역에서 재계는 상당히 높은 응집력을 보였다.[36] 국가주도의 경제성장 정책은 재계의 적극적 협조하에 제 5공화국 시기까지 지속되었고, 조직노동은 계속해서 정책과정에서 배제되었다. 프랑스와 마찬가지로 코포라티즘보다는 다원주의에 가까운 노사관계를 갖고 있는 미국에서 민간부문이 중심이 되어 구축된 복지자본주의를 프랑스의 기업가들은 제공하지 못했다.

Dualism and Discontinuity in Industrial Societies(New York: Cambridge University Press, 1980), pp. 88~131.

36) Ehrmann, *Organized Business in France*, pp. 422, 425(n. 9).

5. 사회적 협약 없는 정치적 합의의 한계

제4공화국의 정당체제는 지오반니 사르토리가 1966년 만들어낸 개념인 "분극화된 다원주의"(*polarized pluralism*)에 경험적으로 들어맞는 사례들 가운데 하나로 인용되어 왔다. 분극화된 다원주의 체제의 두 가지 특징을 다당제와 정당간 거리의 이념적 성격이라고 할 때, 제4공화국은 거의 그 범형에 가깝다. 정책과정에 영향력을 행사하는 주요 정당들은 급진당, 사회당 그리고 MRP 셋이었지만, 이 "제3세력" 정당들은 연립정권 구성을 위해 잡다한 보수계열 군소정당들까지 끼워넣어야 하는 경우가 많았다. 1950년대 대부분 시기 동안 정부 안으로 들어오지는 못했지만 공산당과 드골의 당인 프랑스인민연합(Rassemblement du Peuple Français; RPF)까지 친다면 정당의 수는 더욱 늘어났다. 이 많은 정당들은 또한 뛰어넘기 대단히 힘든 이념적 거리에 의해 서로 분리되어 있었다. 이념적 차이는 단순히 좌파와 우파 사이에만 존재하는 것이 아니었다. 정치적 열정과 논쟁을 불러일으키는 주된 원천은 사회경제적 조건과 같은 구조적 요인들이기보다는 식민지, 종교, 종족 등에 관련된 갈등이었다. 이처럼 일부는 전근대적이고 일부는 전근대적이지는 않다 해도 타협적 해결이 쉽지 않은 갈등은 정당들의 정책경쟁을 어렵게 만들고, 기존의 갈등구조를 활용한 공직추구형(*office-seeking*) 정치행위가 만연하게 만들었다.[37]

제4공화국의 다당제와 이념편향은 비례대표제에 기반을 둔 것이었고, 1945년에 도입된 정당명부식 비례대표제는 공산주의자들과 드골

---

37) Giovanni Sartori, "European Political Parties: The Case of Polarized Pluralism", in *Political Parties and Political Development*, ed. Joseph LaPalombara and Myron Weiner(Princeton: Princeton University Press, 1966), pp. 137~140; Maier, "Two Postwar Eras", p. 347.

주의자들이 선거정치에서 힘을 발휘할 수 있게 해주었다. 1951년에 개정된 선거법은 정당들의 선거연합 형성을 허용함으로써 군소 우파정당

〈표 4-2〉 제4공화국 역대 총리

총 리	임기개시일	소속정당
Paul Ramadier	1947년 1월 22일	SFIO
Robert Schuman	1947년 11월 24일	MRP
André Marie	1948년 7월 26일	급진당
Robert Schuman	1948년 9월 5일	MRP
Henri Queuille	1948년 9월 11일	급진당
Georges Bidault	1949년 10월 28일	MRP
Henri Queuille	1950년 7월 2일	급진당
René Pleven	1950년 7월 12일	UDSR*
Henri Queuille	1951년 3월 10일	급진당
René Pleven	1951년 8월 11일	UDSR
Edgar Faure	1952년 1월 20일	급진당
Antoine Pinay	1952년 3월 8일	CNIP**
René Mayer	1953년 1월 8일	급진당
Joseph Laniel	1953년 6월 27일	CNIP
Pierre Mendès-France	1954년 6월 18일	급진당
Edgar Faure	1955년 2월 23일	급진당
Guy Mollet	1956년 1월 31일	SFIO
Maurice Bourgès-Maunoury	1957년 6월 12일	급진당
Félix Gaillard	1957년 11월 6일	급진당
Pierre Pflimlin	1958년 5월 13일	MRP

* UDSR: Union démocratique et socialiste de la Résistance
** CNIP: Centre National des Indépendants et Paysans
출처: http://en.wikipedia.org/wiki/French_Fourth_Republic

들의 입지를 넓혀준 반면에 공산당과 RPF, 두 "반체제 정당들"의 제도권 진입은 제한했다. 사회당의 선거결과도 부진하게 나타나자 선거법 개정은 제3세력 연합의 기저를 흔드는 효과를 가졌다.[38] 우파만의 정부구성 가능성이 높아지자 공산당과 사회당은 좌파정당의 고전적 딜레마, 즉 이념적 원칙을 고수할 것인가 아니면 적과의 동침을 선택할 것인가를 두고 고민하게 되었다.[39] 이 딜레마에 대한 공산당의 반응은 모호했다.

한편으로 공산주의자들은 냉전이 고조되던 시기의 불참론을 완화하여 통일전선 전략을 다시 채택했으나 종전 직후의 통일전선과는 달리 보수일색 정부에 맞서는 좌파의 일체성을 강조하는 것이었다. 다른 한편으로 공산당은 대외정책에서 친소노선을 그대로 유지함으로써 비공산계열 개혁주의 세력들이 공산당과 연합하고자 하는 의지를 축소시켰다. 특히 사회당은 공산당의 소련추종이 사회정책 확대 등 개혁적인 노력을 좌절시킨다고 보았다.[40] 좌파 내부의 분열은 제4공화국의 정치적 침식을 가져온 중요한 요인이었지만, 그 책임은 다른 정당들도 함께 져야 하는 것이었다. 제4공화국 정당들 대다수는 이념논쟁이나 정책논의보다는 의회 안에서 지역이익을 관철시키는 데 더 주력했다.[41]

---

38) Andrew McLaren Carstairs, *A Short History of Electoral Systems in Western Europe*(London: George Allen & Unwin, 1980), pp. 179~180; Larkin, *France since the Popular Front*, pp. 157, 166.

39) Otto Kirchheimer, "The Transformation of the Western European Party Systems", in *Political Parties and Political Development*, ed. Joseph LaPalombara and Myron Weiner(Princeton: Princeton University Press, 1966), pp. 177~200; Adam Przeworski, "Social Democracy as a Historical Phenomenon", *New Left Review*, no. 122, 1980, pp. 28~32.

40) Ross, *Workers and Communists in France*, pp. 68~69; Larkin, *France since the Popular Front*, p. 159.

41) Kirchheimer, "Transformation of the Western European Party Systems", pp. 179~180.

동시에 제 4공화국은 인상적인 경제성장이 이루어졌던 시기였다. 1950년대 프랑스의 연평균 성장률은 4.5%로 미국, 영국, 서독보다 높았다. 국내생산을 1929년 수준으로 끌어올린다는 종전 직후에 설정된 목표는 1956년까지 달성되었고, 이는 생산성 향상에 기인한 바 컸다. 1950~1958년 시기에 국민총생산, 실질임금, 소비수준, 수출, 고정자본 총량 등 거의 모든 주요 경제지표는 40% 이상의 증가를 보였다. 산업효율성이 제고되면서 프랑스 경제는 질적으로도 유럽의 경쟁국들을 따라잡기 시작했다. 요컨대 제 4공화국은 "번영의 30년"(*trente glorieuses*)이 시작된 시기였다.[42]

제 4공화국 정부들은 대외적이든 국내적이든 경제정책결정을 이익집단과 정당의 압력으로부터 절연시키는 데 성공적이었다. 특히 대외경제정책 영역에서 정부는 해당정책의 영향을 받는 산업부문의 의견을 정책입안 단계에서 구하지 않았다. 미국의 압력으로 독일의 철강생산량 증가를 받아들이는 방향으로 슈망플랜이 수정되면서 국내의 반대가 일자 프랑스 외무성은 이 사안을 제철산업의 특수이익이 국가이익에 맞서는 것으로 몰았다. 그 결과 유럽석탄철강공동체(ECSC) 법안은 드골주의자들과 공산주의자들을 제외하고는 의회 내에서 안정적 다수의 지지로 통과되었다. 유럽경제공동체(EEC)를 추진할 때에도 기업들과의 사전협의는 없었다. 몰레 정부는 CNPF로부터의 반대를 잠재우기 위해 프랑스인들의 독일공포증을 최대한 활용했다. 소련의 헝가리 사태 개입과 같은 냉전의 징후들 역시 프랑스 정부의 접근법을 효과적으로 만들었다.[43]

대외경제정책 영역에서의 이러한 괄목할 만한 성과가 외무성의 전후 책략이 주효했던 결과였다면 국내경제계획이 성공할 수 있었던 것은

42) Kuisel, *Capitalism and the State*, p. 264; Rioux, *Fourth Republic*, pp. 317~318.

43) Verdier, *Democracy and International Trade*, pp. 220~221.

보수세력이 장악한 정부의 구성 자체에서 비롯된 결과였다. 중도파 정당들이 공산주의자들과 드골주의자들의 정부 진입을 차단하는 한 경제정책결과는 좌로든 우로든 멀리 나가지 않을 수 있었다. 경제개혁의 쟁점들은 의회에서 이념논쟁을 계속 불러일으켰지만 제4공화국의 "중도파 현실주의자들"은 전후재편의 기본틀을 벗어나지 않았다. 그 결과 1960년에 월러스 피터슨은 프랑스에도 영국 못지않은 복지국가의 제도화가 이루어졌음을 확인해주었다.[44]

전반적으로 제4공화국 정부들이 특정한 경제정책의제를 갖고 있었다고 말하기는 어렵다. 보수 정치인들은 경제정책결정의 구체적 내용으로부터 항상 일정한 거리를 둔 채 재무성의 기술관료들이 미세조정하도록 내버려두었다. 제4공화국의 정치적 합의는 그 폭이 좁았지만 일단 선택된 정책의 큰 틀 안에서는 충분히 실질적인 내용을 담고 있었다. 국가가 조직노동, 그리고 조직되지 않은 노동과의 관계를 제도화할 능력이 없었고 그럴 의지도 없었다는 것은 분명히 제4공화국의 구조적 결점이었다. 정부를 구성한 정당들은 노사갈등이 정치적 갈등으로 확대되지 않는 한 노사관계에 관여하려 하지 않았다. 노동쟁의가 전국적 규모의 파업으로 확산되는 경우에도 정부는 노동규율체제의 재검토를 고려하지 않고 사안별 접근법을 고수했다. 다소 역설적이기는 하지만 사회로부터 한 발짝 떨어져있기를 원했던 국가는 결과적으로 사회의 요구에 대해 더 민감하게 반응했다.

---

44) *Ibid.*, p. 226; Wallace C. Peterson, *The Welfare State in France* (Lincoln: University of Nebraska Press, 1960), p. 103.

6. 국가자율성과 자유자본주의의 연계

2차대전의 종식과 함께 프랑스 정책입안자들은 카르텔의 구조로 짜여있고 관세로 보호받아왔던 경제에 대해 두 가지 선택권을 부여받았다. 첫 번째 선택권은 새로 등장하는 상호의존적 세계경제로부터의 자유화 압력이 견딜 수 없을 때까지 기존의 체제를 끌어안고 가는 것이었다. 이 접근법은 간단히 기각될 수밖에 없었다. 해방 당시 프랑스는 재건을 위해 막대한 자본투자를 필요로 했고, 그 자본을 제공할 수 있는 유일한 나라였던 미국의 조건은 프랑스 경제의 자유화가 의미 있는 정도까지 진행되는 것이었다.

두 번째 선택권은 자유화를 받아들이되 경제개방으로 인한 손실을 최소화하고 정치적 반작용을 방지하는 것이었다.[45] 즉 내장된 자유주의의 접근법이었다. 프랑스 계획론자들과 정치인들이 이 두 번째 선택권을 취했을 때 문제는 실행의 방법이었다. 여기서 다시 두 가지 방법이 제시되었다. 하나는 삼자간 협의기구들을 제도화함으로써 사회로부터 타협을 끌어내는 것이었다. 굳이 코포라티즘은 아니라 해도 사회집단들간의 자발적 협약 자체가 프랑스에서는 일궈내기 어려웠다. 그 이유는 앞서 보았듯이 주요 생산자 집단들이 대표성을 갖춘 정상조직으로 존재하지 않았기 때문이다. 다른 하나는 국가로 하여금 사회를 조절하는 기능을 떠맡도록 하는 것이었고, 제 4공화국의 개혁가들은 이 방법을 취했다.

전후 국제경제질서에 참여한 주요 산업국들 가운데 프랑스는 미국의 패권정책을 아주 잘 활용한 경우라고 볼 수 있겠다. 프랑스 정부는 새로이 전개되는 국제경제체제를 국내의 경제구조와 사회구조에 접합

45) Zysman, "French State in the International Economy", p. 845.

시킬 때 후자를 바꾸기보다는 전자의 규칙을 수정했다. 관세 및 무역에 관한 일반협정(GATT)의 제도적 궤도 안에 머물면서 프랑스 정책입안자들은 보조금이나 세제혜택과 같은 다양한 산업정책수단들을 사용할 수 있었다. 〈표 4-3〉에서 잘 나타나듯이 프랑스의 무역자유화는 1950년대를 통해 매우 점진적으로 이루어졌다.

1958년까지 수입관세의 하향조정은 프랑스 정부의 강력한 외환통제로 인해 사실상 명목상의 의미 이상을 갖기 어려웠다. 중요한 것은 GATT의 틀을 벗어나야만 얻을 수 있는 것이 필요할 때 프랑스 정부가 국내 생산자 집단들로부터의 압력을 구실로 내밀지 않았다는 점이다. 프랑스의 협상 칩은 그보다는 더 외교적이고 안보에 연관된 것이었다. 소련의 팽창주의와 독일문제는 미국으로 하여금 유럽통합에 대한 프랑스의 접근법을 진지하게 고려하게 만드는 요인이었고, 프랑스는 이를

〈표 4-3〉 프랑스 수입관세 변화 추세, 1949~1962년

연 월	수입관세 철폐비율(%)	연 월	수입관세 철폐비율(%)
1949년 11월	50	1954년 11월	65
1950년 10월	60	1955년 1월	75
1951년 2월	75	1955년 9월	78
1952년 3월	0	1956년 1월	79
1953년 9월	8	1956년 4월	82
1953년 12월	18	1957년 6월	0
1954년 4월	53	1957년 12월	40
1954년 9월	57	1958년 12월	90
1954년 10월	63	1962년 1월	100

출처: Daniel Verdier, *Democracy and International Trade: Britain, France, and the United States, 1860-1990* (Princeton: Princeton University Press, 1994), p. 227.

최대한 활용했다.[46]

이 장의 논의, 특히 노동에 대한 논의가 전반적으로 프랑스는 내장된 자유주의 참여국들 가운데 예외에 가깝다는 인상을 줄 수는 있으나 프랑스 노동자들이 복지국가의 줏대 없는 수혜자라고 치부해서는 안 된다. 노동자들은 정당들이 최대 유권자 집단의 힘을 무시할 수 없음을 잘 알고 있었고 그 취약성을 파고들었다. 국가를 상대로 한 외견상 매우 전투적인 대치상황에서도 조직노동이 성장연합의 기반을 흔들 정도의 경제투쟁을 전개한 적은 없었다. 1950년대 동안 프랑스의 노동손실일은 노사관계가 훨씬 우호적이었고 조직노동이 연방정부를 상대로 항의를 제기한 경우가 거의 없는 미국보다 적었다.

데이비드 톰슨이 지적한 바대로, 제 4공화국 시기의 사회적 동요와 정치적 불안의 표피 아래에는 경제성장과 생활수준 향상이 조용하게 그리고 꾸준히 이루어지고 있었다. 1949~1959년 기간에 프랑스의 국내총생산은 연평균 4.5% 성장을 보였고, 특히 산업생산량은 1952~1959년 기간에 50% 이상의 유례없는 증가세를 기록했다. 실업은 낮게 유지되었으며, 1953~1954년에는 1.6%에 불과했다. 그것은 사실상 완전고용의 달성이었다.[47]

주요 사회집단간의 타협이 제도화되지 않았고 잦은 내각교체와 반체제정당의 존재로 인해 정치적 불안정이 항상 크게 느껴졌던 프랑스가 경제적으로 이처럼 도약할 수 있었던 이유를 설명하기 위해 이 장에서는 1940년대 후반과 1950년대에 걸쳐 프랑스의 국가-사회 관계에 어떤 변화가 일어났는지를 살펴보았다. 1940년대의 계획론자들과 1950년대

---

46) Robert A. Issak, *European Politics: Political Economy and Policy Making in Western Democracies* (New York: St. Martin's Press, 1980), p. 87; Verdier, *Democracy and International Trade*, pp. 217, 221, 227.

47) David Thomson, *Democracy in France: The Third and Fourth Republics*, 3d ed. (London: Oxford University Press, 1958), p. 249; Hitchcock, *France Restored*, p. 205; Rioux, *Fourth Republic*, pp. 321, 331.

의 정책입안자들은 대서양 양안에서 동시에 진행되고 있던 혼합경제의 제도화 추세를 따랐다. 존 자이스먼이 지적한 바대로, 프랑스의 "개입주의 국가는 어떤 뿌리깊은 국민성의 산물이 아니었다. … 변화의 원인은 낡은 제도들에 내장된 새로운 목적에 있었다."[48] 새로운 목적들 가운데 단연 최우선순위는 산업력의 확장에 주어졌다. 그만큼 중요했던 사회적 목적은 전통부문에 부과될 산업확장 비용을 최소화하는 것이었다. 제 4공화국의 정치엘리트들과 정책입안자들에게 전통부문의 보호는 전후재편의 한 부분이었고, 프랑스가 내장된 자유주의를 국내화하는 방식이었다.

요컨대 대외적으로 국내적으로 프랑스 경제정책의 공통된 목표는 오랫동안 혁신의 부재와 전쟁으로 피폐해진 생산체제를 근대화시키는 것이었다. 유럽의 안보관계를 안정시키는 데 프랑스의 역할은 매우 중요했고, 이는 새로운 상호의존적 국제체제에서 프랑스의 운신의 폭이 클 것임을 의미했다.[49] 전후 프랑스 기술관료들의 정책 패러다임의 지향점은 보편적 복지국가도 미국식의 자유주의 정치경제도 아니었다. 그들의 정책적 우선순위는 프랑스가 확대된 유럽시장과 더 나아가 세계시장에서 경쟁할 수 있도록 산업력을 증진하는 것이었다.

제 4공화국 시기의 경제정책은 경제적 후진성을 극복하기 위한 "따라잡기 자유화"(*catch-up liberalization*)의 성격이 강했다. 미국과 영국 등의 선두주자를 따라잡아야 한다는 기술관료적 집착은 정책과정에서 협의와 심의의 제도화를 저해했다. 전후재건은 광범한 사회경제개혁과 함께 진행될 것이라는 전시 레지스탕스 국가위원회(Conseil National de la Résistance; CNR)의 약속은 부분적으로 이행되었지만, 그 과정에서 사회집단들, 특히 노동의 적극적 참여는 없었다.[50] 그 결과는 사회갈

48) Zysman, *Governments, Markets, and Growth*, pp. 104~105.

49) John Zysman, "The French State in the International Economy", *International Organization* 31(1977), pp. 854~855.

등을 완화할 제도의 저발전이었고, 특히 노사관계는 작업장 수준에서도 전국 수준의 집단교섭에서도 제도화되지 않았다. 프랑스는 그 대가를 1968년 5월에 치르게 된다.

---

50) Jean-Pierre Rioux, *The Fourth Republic, 1944-1958*, trans. Godfrey Rogers (Cambridge: Cambridge University Press, 1987), p. 63.

제 5 장

집합주의 사회의 경제개방 적응: 독일

1. 파시스트 도전자에서 자유주의 지지자로의 변신

서독이 2차대전 이후 등장한 새로운 국제 자유주의 경제에 참여한 것은 제정시기 이후 독일정치경제의 역사적 진화에서 하나의 전환점이었다. 피터 걸비치는 이렇게 말한다.

> 1929~1939년 시기와 1945~1949년 시기는 일반적으로 분리되어 다루어졌고, 2차대전은 두 시기를 가르는 거대한 분수령이었다. 그러나 경제정책의 측면에서 볼 때, 두 시기는 합헌적 정치의 틀에 혼합경제를 건설하는 결말을 향한 단일한 역사적 발전의 부분들이라고 볼 수 있다.[1]

---

1) Peter Gourevitch, *Politics in Hard Times: Comparative Responses to International Economic Crises* (Ithaca: Cornell University Press, 1986), p. 125. 두 전후시기를 하나의 역사적 시각에서 연구할 필요가 있다는 점은 찰스 마이어가 이미 강조한 바 있다. Charles S. Maier, "The Two Postwar Eras and the Conditions for Stability in Twentieth-Century Western Europe", *American Historical Review* 86 (1981), pp. 327~352.

매우 적절한 지적—특히 방법론적으로—이지만, 또한 간과되어서는 안 될 것은 "정치적 자본주의"(*political capitalism*), 즉 국가 또는 다른 비시장기제가 경제운용에 개입하는 체제가 1930년대에 도입되었을 때 그 정치적 상부구조의 다양성이다. 달리 말해 전간기에 왜 어떤 민주주의 체제는 국가의 경제개입을 받아들이는 과정에서 붕괴했고, 어떤 민주주의 체제는 살아남을 수 있었는지를 설명할 수 있어야 한다. 비교정치경제 분야의 문헌 가운데 이 주제를 다룬 일급의 연구들이 존재하지만,[2] 국제경제질서와 국내정치변동의 관계에 초점을 맞춘 연구는 드물다. 후자의 문제에 천착한 피터 걸비치, 피터 카첸스타인, 로널드 로곱스키 등의 저작들이 있지만 그들의 관심은 국내행위자들이 외부경제의 변화에 어떻게 대응하는가를 설명하는 것이었다.[3] 이 장에서는 독일의 전후재편이 외부압력에 대한 반응인 만큼이나 그 압력을 국내적으로 중화시키는 수정의 과정이었음을 밝힌다.

이 책에서 다루어지는 네 나라들 가운데 미국과 영국은 자유주의 정치경제의 기본틀을 유지하면서 조직화된 자본주의(*organized capitalism*)를 향한 제도적 쇄신을 이루어냈다. 프랑스는 대외적으로는 금본위제를 마지막 순간까지 고집했지만 국내경제의 운용은 자유주의적이었다고 보기 어렵다. 혼합경제를 향한 독자적 실험은 인민전선 시기에 짧게 이루어졌고, 좌파정부의 실험을 우파정부가 마무리하는 가능성은

2) 대표적 저작으로는 다음을 참조. Gregory Luebbert, *Liberalism, Fascism, or Social Democracy: Social Classes and the Political Origins of Regimes in Interwar Europe*(New York: Oxford University Press, 1991); Sheri Berman, *The Social Democratic Moment: Ideas and Politics in the Making of Interwar Europe*(Cambridge: Harvard University Press, 1998).

3) Gourevitch, *Politics in Hard Times*; Peter J. Katzenstein, *Small States in World Markets: Industrial Policy in Europe*(Ithaca: Cornell University Press, 1985); Ronald Rogowski, *Commerce and Coalitions: How Trade Affects Domestic Political Alignments*(Princeton: Princeton University Press, 1989).

마르크 블로흐가 "이상한 패배"(*l'étrange défaite*) 라고 불렀던[4] 독일의 파리입성으로 차단되었다. 달리 말해 프랑스는 미국과 영국에서 전후 재편의 주춧돌을 놓았던 전시 코포라티즘에 비견할 만한 체제를 만들어내지 못했다. 독일점령의 당연한 결과로 프랑스의 민주주의는 중단되었다. 해방된 프랑스가 참여하게 된 신국제경제질서는 국내적 보상의 체계를 요구했고, 전시의 공백을 채우기 위해 프랑스 정책입안자들은 국가개입주의에 의존했다.

서독에서는 정반대의 순서를 볼 수 있다. 전간기와 나치체제하에서 독일은 이단적 경제정책들을 광범하게 체계적으로 사용했다. 히틀러의 전시동원과 통제경제는 "정치의 우위"(*Primat der Politik*)[5] 라는 원칙하에 시장기제의 자율적 작동을 제한했다. 신국제경제질서가 요구하는 국내적 보상의 체계에 관한 한 패전국 독일은 이미 오랜 계보를 갖고 있었다. 히틀러의 전쟁국가(*warfare state*) 는 비스마르크 이후 꾸준히 확대되어온 사회국가(*Sozialstaat*) 와 하나의 짝을 이루고 있었다.[6] 서독의 전후재편은 제 3제국의 물질적 기반을 개혁하는 것을 중요한 내용으로 삼았고, 그것은 신자유주의 정책패러다임의 흥기로 이어졌다. 프랑스와 서독이 정책과정의 측면에서 공유하는 것이 있었다면 그것은 두 나라 모두 경제정책결정이 정당정치의 영향으로부터 상당히 자유로웠다는 점이다. 제 4공화국의 기술관료들이 산업현대화에 최우선순위

---

4) Marc Bloch, *Strange Defeat: A Statement of Evidence Written in 1940*, trans. Gerard Hopkins (New York: Oxford University Press, 1949).

5) Tim Mason, "The Primacy of Politics: Politics and Economics in National Socialist Germany", in *Nazism, Fascism and the Working Class*, ed. Jane Caplan (Cambridge: Cambridge University Press, 1995), pp. 53~76.

6) David Schoenbaum, *Hitler's Social Revolution: Class and Status in Nazi Germany, 1933-1939* (Garden City, N.Y.: Doubleday, 1966); David F. Crew, *Germans on Welfare: From Weimar to Hitler* (New York: Oxford University Press, 1998).

를 부여한 것과 다르지 않게, 본 공화국(Bonn Republic)의 전후재건을 위한 대원칙은 "경제최우선주의"(*Wirtschaft über alles*)였다.

또 다른 전승국이었던 소련이 동독지역에서 그러했듯이 미국은 서독을 자신의 이미지에 따라, 즉 시장경제에 바탕을 둔 자유민주주의로 재건하고자 했다. 미국은 새로운 "부르주아 유럽"의 안정을 가져다줄 수 있는 능력과 의지를 동시에 갖춘 명실상부한 패권국가였다. 서독의 정치경제가 앞으로 어떤 모습을 갖출 것인가를 두고 영국은 새로운 패권국과 경쟁했다. 노동당이 집권하고 있던 영국은 기간산업의 사회화를 주장한 반면에 미국은 카르텔 구조의 해체를 넘어서는 산업재편을 원하지 않았다. 이 경쟁에서 미국이 승리할 수 있었던 데는 냉전이 상당한 역할을 했다.[7] 미국은 시장기제를 복원시키는 데 결정적 역할을 했지만 그 과정에서 과거로부터 전수된 제약요인들을 무시할 수는 없었다. 예컨대 1957년 최종적으로 채택된 카르텔 법은 서독경제의 미국화가 매우 빠른 속도로 깊게 진행되었음을 보여주는 것이었다. 그러나 동시에 이 법은 산업집중도가 높은 부문과 낮은 부문 간의 오랜 공존을 그대로 반영했다.[8]

서독의 전후재편은 이 나라가 강력한 무역국가로 재등장하게 된 것과 긴밀히 연관되어 있다. 실패하기는 했으나 20세기 전반기에 독일은 두 번에 걸쳐 무력을 통한 "공식적" 제국창설을 시도했고, 그를 통해 파시즘의 사회적 목적에 동조하는 나라들이 적지 않을 때 정복의 경제적 효용은 여전히 높다는 것을 독일인들은 알게 되었다. 그러나 동서분단은 이러한 전통적 의미에서의 패권도전을 사실상 불가능하게 만들

7) Volker R. Berghahn, *The Americanization of West German Industry, 1945-1973* (Cambridge: Cambridge University Press, 1986), p. 84; Michael Kreile, "West Germany: The Dynamics of Expansion", *International Organization* 31(1977), pp. 779~780.

8) Gary Herrigel, *Industrial Constructions: The Sources of German Industrial Power* (New York: Cambridge University Press, 1996).

었다. 새로운 지정학적 현실을 직면한 서독의 정치, 경제 엘리트들은 독일 자유주의자들의 오랜 꿈, 즉 무역확대를 통한 "비공식적" 제국의 건설이라는 새로운 전략에 눈을 돌렸다.[9] 양차대전에서 엄청난 비용을 지불한 독일인들은 "군인들이 국경을 건널 수 없다면, 재화는 건널 수 있을 것"이라는 사고의 전환을 보인 것이다.[10]

전통적으로 수출부문이 강한 독일은 미국 주도로 창출된 다자간 무역체제에서 큰 비중을 기대할 수 있었다. 특히 한국전쟁 발발로 인해 자본재 수요가 급증하면서 석탄과 철강 부문은 성장의 동력이 되었다. 1950~1955년 시기에 서독의 수출은 세 배 증가했고, GNP 가운데 수출이 차지하는 비중은 1950년의 8.5%에서 1960년의 15.9%로 두 배 가까운 증가를 보였다. 유례없이 파괴적이었던 전쟁을 겪은 독일인들은 생산능력의 전전 수준으로의 회복이 다른 무엇보다도 우선해야 한다는 데 쉽게 합의할 수 있었고, 브레턴우즈 체제와 냉전은 서독의 경제재건에 유리한 외부환경이었다. "수출의 신화"와 "생산성의 정치"가 결합함으로써 서독의 정치경제는 피터 카첸스타인이 유럽의 소국들에서 그 전형을 발견했던 민주적 코포라티즘에 근접했다. 수출주도의 성장은 연방정부의 적극적 지원하에 높은 고용수준과 사회적 보호가 유

9) Peter Liberman, *Does Conquest Pay? The Exploration of Occupied Industrial Societies* (Princeton: Princeton University Press, 1996); Volker R. Berghahn, "German Big Business and the Quest for a European Economic Empire in the Twentieth Century", in *Quest for Economic Europe: European Strategies of German Big Business in the Twentieth Century*, ed. idem (Providence, R.I.: Berghahn Books, 1996).

10) 이 문구는 프랭클린 루스벨트 행정부의 국무장관이자 열성적인 자유무역론자였던 코델 헐(Cordell Hull)의 "재화가 국경을 건널 수 없다면 군인들이 건널 것"이라는 경고를 뒤바꾼 것이다. 헐의 언명은 다음에서 재인용했다. Joanne Gowa, "Bipolarity and the Postwar International Economic Order", in *Industry and Politics in West Germany: Toward the Third Republic*, ed. Peter J. Katzenstein (Ithaca: Cornell University Press, 1989), p. 42.

지될 수 있는 재원을 가져다주었다. 기민당이 이끄는 중도파 연립정부는 관대한 사회복지 프로그램들을 입법했고, 특히 인플레이션 연동형 연금은 내장된 자유주의 클럽 안에서도 가장 빨리 도입된 것이었다.11)

수출주도 경제성장은 정책입안자들 사이에서 공급측면 경제학이 지배적 패러다임으로 자리잡은 것과도 깊은 연관이 있었다. 전간기의 이른바 "케인스 이전의 케인스주의," 그리고 나치시기와 연합군 점령시기의 개입주의적 자원통제에 질려버린 이들에게 이단적 경제정책은 더 이상 새로운 선택이 되기 어려웠다. 경제성장은 소비 — 군사적이든 복지를 통해서든 간에 — 보다는 투자를 통해 이루어야 했다. 1920년대의 초인플레이션을 경험한 이후로 독일인들에게 깊이 자리잡은 인플레이션 우려감은 정치적 압력으로부터의 독립성이 유별나게 강한 중앙은행을 낳았다. 1957년에 기본법(Grundgesetz) 제88조에 의거하여 설립된 분데스방크(Bundesbank)의 임무는 마르크의 안정적 가치를 유지하는 것이었고, 연방정부의 경제정책이나 재정정책도 중앙은행의 이 원칙 아래 종속되었다.

흥미로운 것은 사민당과 노조의 케인스주의에 대한 입장이었다. 좌파의 주된 관심사는 케인스주의적 적자재정을 통한 대중의 구매력 증진보다는 국유화, 계획경제, 노동자의 경영참여 등이었다.12) 보다 많

---

11) Reinhard Neebe, "German Big Business and the Return to the World Market after World War II", in *Quest for Economic Europe*, ed. Berghahn, pp. 114, 120; Kreile, "West Germany: The Dynamics of Expansion", pp. 776, 777; Richard Hiscocks, *Democracy in Western Germany* (London: Oxford University Press, 1957), p. 1; Peter J. Katzenstein, "Industry in a Changing West Germany", in *Industry and Politics in West Germany*, ed. idem, p. 7.

12) Harold James, "What Is Keynesian About Deficit Financing? The Case of Interwar Germany", in *The Political Power of Economic Ideas: Keynesianism across Nations*, ed. Peter A. Hall (Princeton: Princeton University Press, 1989), pp. 231~262; Jelle Visser and Joris Van Ruysseveldt, "Robust

은 일자리를 만드는 것은 경제정책 우선순위에서 한참 아래에 머물렀다. 오늘날의 독일이 안정적 정규직 노동자 중심의 관대한 복지국가를 높은 실업률을 대가로 유지하고 있는 것은 오랜 역사적 연원을 갖고 있었다.

다음 절에서는 서독의 전후재편이 미국의 점령정책과의 상호작용 속에서 진행되었음을 살펴본다. 후속하는 세 절에서는 조직노동, 재계, 정당체제 각각이 내장된 자유주의가 국내화되는 데 어떤 역할을 했는지를 검토한다. 결론에서는 내장된 자유주의가 독일문제(*deutsche Frage*)[13]를 해결했는지를 간략히 토의한다.

Corporatism, Still? Industrial Relations in Germany", in *Industrial Relations in Europe: Traditions and Transitions*, ed. Van Ruysseveldt and Visser (London: Sage, 1996), p. 131; Christopher S. Allen, "The Underdevelopment of Keynesianism in the Federal Republic of Germany", in *Political Power of Economic Ideas*, ed. Hall, pp. 263~289; Geoffrey K. Roberts, *German Politics Today* (Manchester: Manchester University Press, 2000), p. 43.

13) 독일문제는 이 나라가 국내적으로 안정된 민주주의 체제가 될 것인가, 대외적으로 유럽안보의 위협적 요소가 되기를 중단할 것인가의 이중적 문제를 가리킨다. 독일문제에 대한 최근의 논의로는 Thomas F. Banchoff, *The German Problem Transformed: Institutions, Politics, and Foreign Policy, 1945-1995* (Ann Arbor: University of Michigan Press, 1999)를, 고전적 논의로는 David Calleo, *The German Problem Reconsidered: Germany and the World Order, 1870 to the Present* (New York: Cambridge University Press, 1978)를 참조.

2. 전후재편의 행위자 선정과 정책의제의 제한

이 책에서 다루는 나라들 가운데 독일만큼 전후재편이 정치체제와 경제구조에 단절적 변화를 가져다준 곳은 없다. 그것은 무엇보다도 전승국들이 수용할 만한 정치적, 경제적 대안을 독일이 제시할 수 없었기 때문이다. 바이마르 공화국은 정치불안정의 대명사였고, 나치당과 같은 반체제정당들로부터 스스로를 지키지 못했다. 전간기의 체제는 전후재편의 정치적 모델이 되기 어려웠다. 바이마르 공화국은 또한 경제적으로 건전하지 못했고, 그 당시 흔들리고 있던 국제경제질서의 유지에 그다지 협력적이지 않았다.[14] 민족사회주의 체제는 국내경제적으로는 "정통교의와의 단절"이라는 대세의 한 부분이었지만, 미국의 뉴딜이나 스웨덴의 사회민주주의와는 달리 나치즘은 비자유주의 경제학과 반노동의 정치학이 결합된 산물이었다. 그레고리 루버트만큼 이를 간명하게 묘사한 이는 드물다. "파시즘은 자유주의의 정치와 경제 모두를 부정했다."[15] 따라서 내장된 자유주의가 국내화되기 위해서는 원칙적으로 히틀러의 체제는 폐기되어야 하는 것이었다.

독일의 새로운 민주적 자본주의 체제는 과거와의 어떤 뚜렷한 연계도 없이 만들어져야 한다는 것이 미국과 일부 서독 엘리트들의 시각이었다. 정치적 측면에서는 과거와의 혁명적 단절에 대한 합의가 서방 연합국들 사이에서 쉽게 도출되었다. 후일 군정장관에 오르는 존 맥클로이(John J. McCloy)가 수장으로 있던 육군성은 광범한 탈나치 프로그램을

---

14) Chansoo Cho, "International Monetary Cooperation and Democratic Institutions: The Importance of Executive-Legislative Relations in Germany and France, 1919-1929", *International Studies Review* 7, 2(2006), pp. 17~36.

15) Visser and Van Ruysseveldt, "Robust Corporatism, Still?", p. 129; Gourevitch, Politics in Hard Times, pp. 146~147; Luebbert, *Liberalism, Fascism, or Social Democracy*, pp. 2~3(인용은 3쪽).

실행했다. 1,340만 명의 독일인들이 조사를 받았고 그 가운데 370만 명이 나치에 가담한 것으로 분류되었으며, 공민권을 박탈당한 이의 수는 147,000명을 헤아렸다. 탈나치 프로그램은 학교, 관청, 경찰, 법원 할 것 없이 전 독일사회를 뒤집어놓았다. 그러나 그 숙청의 와중에도 군사, 첩보, 기술 분야의 전문성이 인정되는 독일인들의 전시행위에 대해서는 미국의 면죄부가 주어졌다.[16] 탈나치화에 대한 이러한 실용적 접근은 새로운 공화국을 이끌 정치지도자들을 선정하는 기준으로는 사용될 수 없었다. 미국 정책입안자들은 독일의 민주주의가 다시는 총통(*Führer*)을 선출하지 못하도록 엘리트 구성을 먼저 재편해야만 했다.

12년 동안 "계급 없는 사회"라는 정치적 프로젝트하에 각 계층이 동원되었던 나라에서 파시즘의 오점이 없는 엘리트를 찾기란 쉬운 일이 아니었다. 보수성향의 정치인들과 고위관료들 대다수는 대니얼 골드헤이건이 말하는 "히틀러의 자발적 사형집행인"[17]은 아니었다 해도 나치정권과 어떤 형태로든 연루되어 있었다. 나치수용소에 10년 동안 수감되어 있었던 쿠르트 슈마허(Kurt Schumacher)는 종전 직후 독일의 정치무대에 나설 수 있는 몇 안 되는 민주인사들 가운데 한 사람이었다. 그러나 나치 패망 직후 1945~1947년 시기는 사회주의자 슈마허가 보기에 1919~1920년의 적색시기(*biennio rosso*)에 비견할 만한 호기였고, 이 유리한 환경을 최대한 활용하기 위해서는 핵심지지세력에게 충실해야 했다. 슈마허의 이러한 상황인식은 사민당(Sozialdemokratische Partei Deutschlands; SPD)을 정치적 게토로 몰아넣었다. 동시에 슈마허의 사민당은 공산당의 통일전선 제안을 무시함으로써 공산당의 정당

---

16) Thomas Alan Schwartz, *America's Germany: John J. McCloy and the Federal Republic of Germany*(Cambridge: Harvard University Press, 1991), pp.46~47; Roberts, *German Politics Today*, p.11.

17) Daniel Jonah Goldhagen, *Hitler's Willing Executioners: Ordinary Germans and the Holocaust*(New York: Vintage Books, 1997).

성을 허무는 데 기여했다. 공산당을 "적색 나치"이자 "외세의 앞잡이"라고 불렀던 슈마허는 공산당의 사민주의화 말고는 어떤 좌파 대연합의 가능성도 남겨놓지 않았다. 1933년 이전의 조직망을 거의 완전히 재건한 사민당에게 공산당과의 전략적 동맹은 필수조건이 아니었다.[18] 역설적이게도 사민당의 이러한 행태는 미국이 정치적으로 가장 원했던 바, 즉 개혁주의적 반공 우파정당들로 채워진 정당체제가 실현될 수 있게 해준 요인들 가운데 하나였다.

경제적 측면에서 미국은 단순히 점령국으로서가 아니라 새로운 자유주의 국제경제의 패권국으로서 서독의 전후재편에 개입했다. 미국 정책입안자들은 이 패전국의 정치경제를 되도록 자유주의적 방향으로 재주형시키는 것을 독일문제 해결의 중요한 부분이라고 보았다. 그러나 정치개혁과는 달리 경제개혁에서 미국은 다양한 산업부문들과 그 정치적 대표들의 존재와 마주치게 되었다. 자신들의 경제적 관념과 제도를 전혀 다른 나라에 이식하려는 미국의 계획에 독일인들이 반발한 것은 당연했다. 나치즘의 경제학은 더 이상 유지될 수 없다 해도 경제개혁은 독일의 제도적 자원과 경험에 바탕을 둔 것이어야 했다. 그리고 그 제도적 전통 안에서 카르텔을 비롯한 다양한 시장협정 형태들은 자유자본주의에 대한 위협요인으로 인식되지 않았다.

전쟁이 끝나기 훨씬 전부터 연합국들은 독일경제의 탈집중화는 농업

---

18) Lewis J. Edinger, *Kurt Schumacher: A Study in Personality and Political Behavior*(Stanford: Stanford University Press, 1965), p. 1; William Carr, "German Social Democracy since 1945", in *Bernstein to Brandt: A Short History of German Social Democracy*, ed. Roger Fletcher(London: Edward Arnold, 1987), pp. 194~195; Gerhard Loewenberg, "The Remaking of the German Party System: Political and Socio-Economic Factors", *Polity* 1(1968), p. 107; Patrick Major, *The Death of the KPD: Communism and Anti-Communism in West Germany, 1945-1956*(Oxford: Clarendon Press, 1997), p. 43.

뿐만 아니라 다른 모든 산업부문에 걸쳐 단행되어야 한다는 데 합의했다. 물론 점령국 각각은 서로 다른 이유에서 탈집중화를 지지했다. 미국과 영국은 히틀러가 국내적으로 독재정권을 유지하고 대외적으로 팽창주의를 지향할 수 있었던 경제적 기반이 바로 고도로 집중된 독일의 산업구조라고 믿었다. 독일로부터 안보위협을 항상적으로 느끼는 프랑스에게 탈집중화는 장기적 안보확보에 효과적인 수단으로 인식되었다. 그러나 소련 점령지역에서는 탈집중화 대신 생산수단의 사회화라는 명목으로 "재집중화"가 이루어졌다.[19)]

미국 정책입안자들은 카르텔이 독일사회와 그 정치체제를 이어주는 끈이라고 보았고, 이는 하나의 이론적 전통을 갖고 있었다. 탈코트 파슨스로 대표되는 중산층 파시즘론[20)]에 의하면, 나치정권의 중요한 지지세력 가운데 하나인 중간계급(*Mittelständer*)은 한편으로는 노동계급의 점증하는 힘에 위협받고 다른 한편으로는 중소기업들을 압박하는 대자본에 눌리는 이중의 사회경제적 불안을 갖고 있었다. 카르텔은 이러한 중간계급의 경제적 이익을 보호하기 위한 장치로 고안되었고, 나치정권은 카르텔 구조를 독일의 비자유주의적 자본주의를 조직화하고 대외팽창의 물질적 기반으로 활용했다는 것이 워싱턴의 시각이었다. 탈카르텔화 정책은 동시에 독일경제 재건에 대한 의지와 짝을 이루었다. 독일이 안정적인 민주주의 체제를 유지하고 그럼으로써 소련 팽창주의에 대한 방비벽 역할을 하기 위해서는 생활수준 향상이 수반되어야 하는 것이었다.[21)]

---

19) Gustav Stolper, *The German Economy, 1870 to the Present*, trans. Toni Stolper(New York: Harcourt, Brace, & World, 1967), p. 194.

20) Talcott Parsons, "Some Sociological Aspects of the Fascist Movement", *Social Forces* 21(1942), pp. 138~147.

21) H. K. Bock and H. Korsch with Sidney H. Willner, "Allied Decartelization and Deconcentration in the West German Economy since 1945", in *Anti-Trust Laws: A Comparative Symposium*, ed. W. Friedmann(Toronto:

반트러스트 운동이 오래되었고 강력한 전통으로 남아있던 미국은 전쟁에 진 적국을 자유시장경제와 자유민주주의가 결합된 체제로 개조시키는 데 일종의 선교사적 열의까지 보였다. 워싱턴의 정책입안자들과 동부지역 재계 지도자들 사이에는 파시즘의 잔재가 일소되지 않은 유럽은 미국이 주도할 새로운 세계경제질서에 근본적 위협으로 남을 것이고, 유럽의 자유주의화는 독일경제의 탈카르텔화에서 시작되어야 한다는 합의가 존재했다. 하지만 독일의 전후재편이 구체적으로 어떻게 추진되어야 하는가에 대해서는 견해차가 컸다. 재무장관 헨리 모건다우(Henry Morgenthau)가 1944년에 제시한 모건다우 플랜은 모든 종류의 카르텔을 금지함으로써 독일의 산업능력을 약화시키고 농업사회로 돌아가게 만든다는 급진적인 구상이 담겨있었다. 좌파 뉴딜론자이자 모건다우의 보좌관이었던 해리 덱스터 화이트(Harry Dexter White)가 초안을 작성한 모건다우 플랜의 초점은 중공업 기반 자체를 와해시키는 데 있었다. 반면에 재계와 금융계는 좁은 의미에서의 카르텔, 즉 산업집중도가 낮은 부문의 시장협정 관행을 개혁하는 데는 반대하지 않았지만 독일 대기업들의 생산능력과 국제적 네트워크는 손대지 않기를 원했다.[22]

모건다우 플랜이 백지화되고 나서 워싱턴 컨센서스에는 매우 모호한 탈집중화 개념과 너무 광범한 탈카르텔화 개념만이 남았다. 1945년 5월의 합참지침 1067호에 담겨있는 탈카르텔화 정책은 적용대상의 구체적 범위를 적시하지 않았고, 그것은 워싱턴 컨센서스가 이미 내부의 이견 때문에 공허해졌음을 의미했다. 견해차의 근원은 탈집중화와 탈카르텔화를 구분할 것인가 여부에 있었다. 1930년대 반트러스트 운동의 전통에 서 있는 정책입안자들은 탈카르텔화가 탈집중화까지 포함하는 것이라고 보고, 모든 대기업들을 중소규모 기업들로 해체할 것을 주장

The Carswell Company, 1956), pp. 176~177.

22) Berghahn, *Americanization of West German Industry*, pp. 84, 86.

했다. 재계의 국제주의 부문들은 탈집중화와 탈카르텔화는 별개의 정책이고, 전자는 독일의 경제재건을 위해서 신중하게 접근되어야 한다는 입장이었다. 탈집중화와 탈카르텔화가 동시에 진행되지 않을 때, 즉 중소기업들만이 경제개혁의 대상이 되었을 때의 파장은 충분히 예측 가능했기에 미 점령당국은 카르텔 정책과정의 "독일화"를 미루었다. 새로운 공화국에 정치적으로 적응해야 하는 독일인들이 그처럼 첨예한 사회적 이슈를 다루기에는 역부족이라고 보았던 것이다. 미국은 어떤 사회적 타협을 염두에 두지 않는 카르텔 금지정책을 위압적으로 추진했다.[23)]

그러나 민족주의자들과 전통부문들의 저항을 최소화하는 동시에 미국이 원하는 방향대로 산업구조 재편이 이루어지기 위해서는 장기적으로 정책과정의 독일화는 필수 불가결한 것이었다. 전후에 정당체제가 네 개 정당을 중심으로 재형성되기는 했으나 경제의 자유화를 효과적이고 질서 있게 추진할 능력을 갖춘 정당으로 인식된 것은 기민당(Christilich-Demokratische Union; CDU)이었다. 하지만 아데나워는 기민당 내 기독교 사회주의자들과 사민당으로부터의 도전을 막아내면서 서독경제를 관리해나갈 적합한 인물을 찾는 데 어려움을 겪었다. 1947년에 알렌 강령(Ahlen Program)을 채택한 이후로 기민당은 독일식 혼합경제라고 할 수 있는 공동사회경제(*Gemeinwirtschaft*) 개념으로 급속하게 기울고 있었다. 보수정치인인 아데나워는 당내의 이념적 균형을 원했다. 아데나워가 당시 영미공동점령지구(Bizone)의 경제담당관이었던 루드비히 에르하르트(Ludwig Erhard)를 발탁한 것은 투철한 시장주의자로서의 그의 평판이 크게 작용한 선택이었다. 아데나워는 스스로를 신자유주의자들과 동일시하지 않았지만, 에르하르트의 시장주의를 끌어들임으로써 사민당을 앞으로의 연방정부 구성에서 축출하

23) *Ibid.*, pp. 89~90, 155.

려는 자신의 계획에 정치적으로 도움이 될 것이라고 보았다.[24)]

에르하르트의 기민당 참여는 선거정치의 측면에서도 당에 큰 도움이 될 것으로 예측되었다. 연합국의 통제경제에 깊은 불만을 갖고 있던 독일 유권자들에게 에르하르트의 시장복귀론이 호응을 얻고 있었기 때문이다. 적어도 1947년 7월, 즉 소련 팽창주의를 우려한 트루먼 행정부가 독일정책의 강경한 톤을 낮출 때까지 합참지침 1067호로 표상되는 미국의 점령정책은 처벌적 성격이 짙었다. 군정장관 루시어스 클레이(Lucius D. Clay) 장군조차도 합참지침 1067호는 극심한 물자난, 소련점령지구로부터의 대규모 주민유입, 귀향군인, 암시장 성행 등 당시 독일이 안고 있던 사회경제적 문제들을 고려하지 않은 정책이라고 비판했다. 많은 대외문제 전문가들, 특히 루이스 더글러스(Lewis Douglas) 같은 국제주의 성향의 인사들은 이처럼 현지사정에 무감각한 점령정책이 독일의 탈산업화와 전쟁배상금 지불이행이라는 명목으로 실행되고 있던 프랑스로의 산업시설 이동과 결합되었을 때 그 결과는 또 하나의 베르사유 조약이 될 것이라고 경고했다.

독일이 받아들여야 할 평화의 대가를 어느 수준으로 할 것인가에 대한 미국 내의 논란은 모스크바 삼상회의 이후에야 가라앉았다. 그러는 동안 계속되었던 연합국의 경제통제는 대부분의 독일인들로 하여금 자신들이 일상적으로 겪는 어려움이 나치정권이 아닌 점령당국의 책임인 것으로 인식하게 만들었다. 나치즘의 부활가능성이 운위되고 새로운 해결책으로서 공산주의에 눈을 돌리는 것이 그다지 이상하게 받아들여지지 않을 정도였다. 그러한 상황에서 에르하르트의 시장주의 해법은

---

24) A. J. Nicholls, *Freedom with Responsibility: The Social Market Economy in Germany, 1918-1963*(Oxford: Clarendon Press, 1994), pp. 234~235; Arnold J. Heidenheimer, *Adenauer and the CDU: The Rise of the Leader and the Integration of the Party*(The Hague: Martinus Nijhoff, 1960), p. 126.

독일인들이 그토록 바라던 통제해제를 의미하는 것이었다.[25]

물론 기민당이 사회적 시장경제(*soziale Marktwirshaft*)로 선회하게 된 것은 유럽부흥계획(European Recovery Program), 즉 마셜플랜의 때맞은 시작에 힘입은 바 컸다. 마셜플랜을 통해 서독은 유럽경제협력기구(Organization for European Economic Cooperation; OEEC)에 가입함으로써 내장된 자유주의 클럽에 들어서게 되었다. 1948~1951년 시기에 대략 30억 달러에 달했던 마셜플랜 원조의 규모가 당시 서독의 경제적 성취를 모두 설명해줄 수는 없지만, 지원에 대한 기대 자체는 1948년 6월의 자유주의 개혁조치 이후 가속화되어왔던 가격 인플레이션을 낮추는 데 기여했다고 볼 수 있다. 〈표 5-1〉에서 볼 수 있듯이 원조는 또한 국제수지 상황을 개선하는 데도 기여했다.[26]

〈표 5-1〉 미국의 대서독 원조, 1945~1952년

단위: 백만 달러

항목\연도	1945~46	1947	1948	1949	1950	1951	1952
GARIOA 원조	78	237	788	503	177	12	0
마셜플랜	-	-	142	420	303	416	114

GARIOA: Government and Relief in Occupied Areas

출처: A. J. Nicholls, *Freedom with Responsibility: The Social Market Economy in Germany, 1918-1963*(Oxford: Clarendon Press, 1994), p. 162.

25) John Gimbel, *The American Occupation of Germany: Politics and the Military, 1945-1949*(Stanford: Stanford University Press, 1968), pp. 1~5; Roberts, *German Politics Today*, p. 11.

26) Herbert Giersch, Karl-Heinz Paqué, and Holger Schmieding, *The Fading Miracle: Four Decades of Market Economy in Germany*(Cambridge: Cambridge University Press, 1992), pp. 96~97, 99; Charles S. Maier, "Introduction: Issue Then Is Germany and With It Future of Europe", in *The Marshall Plan and Germany: West German Development within the Framework of the European Recovery Program*, ed. idem(New York: Berg, 1991), p. 4.

〈표 5-2〉 서독 경제발전 지표, 1951～1959년

지표 / 연도	성장률	가격상승률	실업률	GNP 대비 무역흑자
1951	10.5	7.9	9.1	1.9
1952	8.9	2.0	8.5	2.5
1953	8.2	-1.7	7.6	3.8
1954	7.4	0.1	7.1	3.4
1955	12.0	1.6	5.2	2.4
1956	7.2	2.5	4.2	3.4
1957	5.7	2.3	3.5	4.1
1958	3.7	2.0	3.6	3.9
1959	7.3	1.1	2.5	3.4

출처: A. J. Nicholls, *Freedom with Responsibility: The Social Market Economy in Germany, 1918-1963* (Oxford: Clarendon Press, 1994), p. 362.

3. 합리적 협력자로서의 조직노동

서독 정치경제를 연구하는 학자들은 "인플레이션 없는 성장"으로 종종 표현되는 이 나라의 거시경제적 효율성이 상당부분 잘 조직화된, 그러나 자제력을 갖춘 노동에서 기인한다는 데 어렵지 않게 동의한다. 협조적 노동계급의 존재는 또한 종종 정확한 시간관념, 철저한 규율, 권위에 대한 거의 맹목적인 신봉, 그리고 몸에 밴 검소함 같은 독일국민의 기질에서 비롯된 것으로 이해되기도 했다.

이러한 정치문화적 설명 대신 우리가 선호하는 것은 물론 비예외주의적 설명들이다. 예컨대 안드레이 마르코비츠는 독일노동운동이 국가를 계급갈등의 해결책으로 보게 된 것은 비스마르크적 권위주의 국가(*Obrigkeitsstaat*)와 복잡한 상호작용을 거쳤던 결과라고 주장한다. 1878～1890년의 반사회주의자법(Sozialistengesetze)은 언론, 노조형성,

공공회합 등의 사민당의 대중동원 노력을 억압했지만 선거참여 자체를 금지하지는 않았다. 칼 드 슈바이니츠가 지적했듯이, "사회주의 탄압이 최고조에 달했던 시절에 운동의 유일한 피난처는 제국의회였고, 의원들은 사민당을 몰아내기 위해 자신들의 자유를 제한하려 하지 않았다." 다른 한편으로 제정(帝政)은 사회국가 입법을 통해 노동자들을 달랬다. 이러한 국가행위는 노조들로 하여금 사법화(*Verrechtlichung*)의 가치를 내면화하고, 사민당으로 하여금 맑스주의 교의에도 불구하고 개량주의 전략을 추구하게 만들었다.[27)]

그 결과는 많은 독일사가들이 "부정적 통합"(*negative integration*)이라고 불렀던 구조였다. 반사회주의자법을 통해 노동운동은 내부적으로 공고화되면서 그들만의 "하위문화"(*subculture*)가 만들어졌고, 사회를 설득하기보다는 국가를 장악함으로써 혁명을 실현한다는 이념이 자리잡았던 것이다.[28)]

위로부터의 "채찍과 당근" 전략은 제3제국하에서 더 폭력적이고 파괴적인 방식으로 지속되었다. 민족사회주의는 사회주의와 자유방임 자본주의에 대한 중간계급의 반감을 파고듦으로써 집권할 수 있었고, 실

---

27) Andrei S. Markovits, "The Legacy of Liberalism and Collectivism in the Labor Movement: A Tense but Fruitful Compromise for Model Germany", in *The Political Economy of West Germany: Modell Deutschland*, ed. idem(New York: Praeger, 1982), pp. 141, 145; Luebbert, *Liberalism, Fascism, or Social Democracy*, p. 118; Karl de Schweinitz, *Industrialization and Democracy: Economic Necessities and Political Possibilities*(Glencoe: The Free Press, 1964), p. 165.

28) Guenther Roth, *The Social Democrats in Imperial Germany: A Study in Working-Class Isolation and National Integration*(Totowa, N.J.: The Bedminster Press, 1963), pp. 212~248; David Blackbourn and Geoff Eley, *The Peculiarities of German History: Bourgeois Society and Politics in Nineteenth-Century Germany*(Oxford: Oxford University Press, 1984), p. 142; Massimo Salvadori, *Karl Kautsky and the Socialist Revolution, 1880-1938*, trans. Jon Rothschild(London: New Left Books, 1979).

제로 전통적 엘리트의 위치를 깎아내리고 독일사회를 좀더 평등하고 유동적으로 만드는 데 기여했다. 데이비드 숀바움의 표현대로, 그것은 "히틀러의 사회혁명"이었다. 나치정권의 억압에 적응하고 또한 그 체제가 제공하는 물질적 복리에 의해 순치된 독일 노동자들은 맑스주의의 이론과 실천으로부터 멀어졌다. 유럽의 다른 나라들에서 파시즘의 썰물이 빠져나간 전후의 갯벌을 전투적 노동계급이 장악했던 것과는 대조적으로 나치즘의 잿더미 속에서 빠져나온 독일의 노동계급은 그 어느 때보다도 유순해진 상태였다. 노조연맹간의 대체로 이념적인 내부투쟁이 조직노동 전체의 힘을 오히려 약화시켰던 프랑스와 이탈리아와는 달리 독일의 조직노동은 점진주의와 개량주의에 결박되어 있었다. 또한 노조들이 업종에 따라 분산되어 있었던 영국과는 달리 독일의 노동자들은 숙련도와 업종을 초월한 계급적 연대에 대한 강한 애착을 보였다.[29] 마지막으로 조직노동이 자본집약적 대량생산 부문들에 집중되어 있었던 미국과는 달리 노동시장의 분절화는 독일에서 조직노동 내부의 계층화로 귀결되는 경우가 드물었다.

독일노동조합연맹(Deutscher Gewerkschaftsbund; DGB)은 1949년에 산하 16개 산별노조들을 총괄하는 우산조직으로 창설되었다. 노조연맹 산하 조합원수는 5백만 명을 헤아렸고, 이는 전체 조직노동자의 85%에 가까운 규모였다. DGB는 산별노조(*Industriegewerkschaft*)에 기반을 둔 통일노조(*Einheitsgewerkschaft*)였다. 독일 노동자 전체를 대표해야 한다는 것이 최우선순위였고, 이 때문에 노동계 지도자들은 많은 경우 사민당에 이념적으로 동조하면서도 특정 정당과의 어떤 직접적 연계도

29) Christian Deubner, "Change and Internationalization in Industry: Toward a Sectoral Interpretation of West German Politics", *International Organization* 38(1984), p. 504; David Schoenbaum, *Hitler's Social Revolution: Class and Status in Nazi Germany, 1933-1939*(Garden City, N.Y.: Doubleday, 1966), chaps. 3 and 8.

〈표 5-3〉 DGB 조합원 증가추세, 1950~1960년

연도	조합원 수	전년대비 증가율
1950	5,449,990	-
1951	5,912,125	8.4%
1952	6,004,476	1.6%
1953	6,051,221	0.8%
1954	6,103,343	0.9%
1955	6,104,872	0.0%
1956	6,124,547	0.3%
1957	6,244,386	2.0%
1958	6,331,735	1.4%
1959	6,273,741	-0.9%
1960	6,378,820	1.7%

출처: Andrei S. Markovits, *The Politics of the West German Trade Unions: Strategies of Class and Interest Representation in Growth and Crisis* (Cambridge: Cambridge University Press, 1986), p. 451.

거부하지 않으면 안 되었다.

하지만 정당과의 연계를 거부했다고 해서 19세기 말에 법원의 반노동 판결에 대해 미국노동연맹(AFL)이 자발주의를 선택했던 것처럼 독일 노동운동이 탈정치화되었다고 볼 수는 없다. “우리는 정치적으로 독립적이지만 중립적이지는 않다”는 DGB의 슬로건이 잘 보여주듯이, 서독의 조직노동은 실용주의적 정치관을 견지했다. DGB는 재정과 집단교섭의 영역에서 완전한 자율성을 누렸지만 조직노동이 하나의 정치세력으로 국가기구에 참여하는 권리는 스스로 포기했다. 대신에 서독의 노동은 탈나치화를 위해 미국 및 기민당과 협력함으로써 자유주의적 개혁의 전통을 재확립하는 방향으로 나아갔다.

나치분자와 노조주의자는 양립할 수 없는 정체성이었다. 이 양립불

가의 원칙은 냉전이 심화되면서 공산주의자들, 그리고 노동운동 내부의 급진좌파 세력에게도 적용되었다. 1950년대 초반에서 중반에 이르는 시기에 공산계열 노조지부들은 사라져버렸다. 국제적으로도 DGB는 미국의 AFL, CIO, 영국의 TUC가 공산계열이라고 간주되었던 세계노동조합연맹(World Federation of Trade Unions; WFTU)을 탈퇴하고 국제자유노조연맹(International Confederation of Free Trade Unions; ICFTU)을 창설했을 때 바로 그 뒤를 따랐다.[30]

서독 조직노동의 개혁주의적, 점진주의적, 노조주의적 경향은 한스 뵈클러(Hans Böckler)의 지도하에 두드러진 특징으로 발전했다. 뵈클러는 중앙의 국가기구를 사회주의 변혁의 최상의 매개체로 보는 "국가숭배"가 전전의 노동운동에 만연했고, 이는 바이마르 공화국 시기에 사민당과 노조들로 하여금 반나치 계급교차연합 형성보다는 선거승리와 내각참여에 집착하도록 만들었다고 이해했다. 선거경쟁은 좌우파 간의 경쟁뿐만 아니라 조직노동 내부의 정치적 분열을 반영했다. 사회주의, 가톨릭주의, 자유주의 등 각자의 이념에 따라 노조들은 선거경쟁에 뛰어들었다. 뵈클러의 시각에서 좌파의 사분오열은 "노동계급의 저축과 재산을 쓸어버린" 1922~1923년의 초인플레이션을 막지 못한 요인들 가운데 하나였다. 뵈클러는 이러한 전간기의 실패를 염두에 두

30) Markovits, "Legacy of Liberalism and Collectivism", pp. 152~154; Visser and Van Ruysseveldt, "Robust Corporatism, Still?", p. 139; Deubner, "Sectoral Interpretation of West German Politics", pp. 504~505; Edwin Hartrich, *The Fourth and Richest Reich*(New York: Macmillan, 1980), p. 177; Andrei S. Markovits and Christopher S. Allen, "Trade Unions and the Economic Crisis: The West German Case", in Peter Gourevitch et al., *Unions and Economic Crisis: Britain, West Germany and Sweden* (London: George Allen & Unwin, 1984), pp. 95, 100; Roy J. Adams, *Industrial Relations under Liberal Democracy: North America in Comparative Perspective*(Columbia: University of South Carolina Press, 1995), pp. 29~30, 184, n. 7; Major, *Death of the KPD*, p. 184.

고 전후 노동운동의 방향을 세 가지로 설정했다. 첫째는 사민당과의 관계를 느슨하게 만드는 것이었다. 둘째는 모든 노동자들을 대표하는 단일노조를 만드는 것이었다. 셋째는 집단행동의 목표를 국유화에서 "공동결정"(*Mitbestimmung*)으로 바꾸는 것이었다. 이 세 가지 가운데 단일노조안은 영국의 강력한 반대에 부딪혀 폐기되었다. 영국은 "신뢰할 수 있는 유일한 반나치 집단"이었던 노조 지도자들의 이념적 차이가 쉽게 극복되지 못할 것이고, 무리한 단일화 시도는 산업별, 직종별로 이해관계가 상이한 노동자들의 분열을 초래할 것이라고 보았다. DGB가 산별노조들의 연맹체의 모습을 갖게 된 것은 영국의 영향이 결정적이었다.[31]

뵈클러는 서독의 노동운동이 투쟁조직의 좁은 틀에서 벗어나 "빵과 민주주의"를 동시에 지킬 수 있어야 한다고 강조했고, 이 두 가지 목표에 대한 강조는 1951년에 뵈클러가 죽은 뒤에도 DGB의 기본지침으로 남았다. 1951~1952년 시기에 실업 증가와 인플레이션이 함께 온 것도 노조가 좁은 의미에서의 경제투쟁에 매몰되지 않게 만든 배경이었다. 임금문제에 대해 DGB 역시 생산성 향상과 고임금을 연계하는 케인스주의적 정책이념을 지지했지만, 노동계급에 전반적으로 깔려있는 인플레이션에 대한 우려는 임금투쟁의 전투성을 현저하게 낮추었다. 파업은 거의 찾아볼 수 없었다. 1951년과 1962년 사이의 평균 노동손실일수는 4.9일로서 영국의 27.2일에 비할 바가 못되었다. 이는 부분적으로는 여전히 높았던 실업률에 기인한 것이었다. 본 공화국 출범 이후 몇 년 동안 130만 명의 실업자가 거리를 헤매고 있었다. 파업빈도가 낮았던 또 다른 이유는 1951년 이후로 산업노동자 임금수준이 생활비 수준을 웃돌았다는 사실에 있었다. 한국전쟁이 수출산업을 부양하는 중요한 계기였지만, 에르하르트의 공급 중심 정책들도 당시 경제적 성

---

31) Hartrich, *Fourth and Richest Reich*, pp. 174, 176, 177.

〈표 5-4〉 임금 증가추세, 1948~1953년

연 월	물 가*	임 금(%)*
1948년 6월	152	100.7
1949년 6월	169	130.0
1950년 6월	156	150.5
1951년 6월	169	181.0
1952년 6월	171	187.0
1953년 6월	169	201.0

* 1938년 = 100

출처: Edwin Hartrich, *The Fourth and Richest Reich*(New York: Macmillan, 1980), p. 180.

취를 설명하는 데 누락되어서는 안 된다. 요컨대 계급갈등은 성장의 정치에 의해 자제되었다.[32]

DGB의 조직구조 자체도 노조지도자들이 파업을 선택하기 어렵게 만드는 요인이었다. 이론적으로는 DGB 산하 16개 산별노조들은 각각 독자성을 갖는 것이었지만, 파업에 필요한 독자적 재정기반을 갖고 있지는 못했다. 산별노조가 파업을 하기 위해서는 DGB의 사전승인을 필요로 했고, 이 절차를 밟지 않은 노조의 집단행동은 비공식적인 것으로 간주되었다. 그리고 국내외적으로 냉전이 본격화되면서 공동결정체제를 백지화하려는 시도가 있기는 했으나 1950년대를 통해 서독 기

32) Charles S. Maier, "The Two Postwar Eras and the Conditions for Stability in Twentieth-Century Western Europe", *American Historical Review* 86(1981), p. 349; Jytte Klausen, *War and Welfare: Europe and the United States, 1945 to the Present*(New York: St. Martin's Press, 1998), pp. 193~194; Kathleen A. Thelen, *Union of Parts: Labor Politcs in Postwar Germany*(Ithaca: Cornell University Press, 1991), p. 71; Hartrich, *Fourth and Richest Reich*, pp. 179~180; Richard Hiscocks, *The Adenauer Era*(New York: J. B. Lippincott, 1966), pp. 144~145; Kreile, "West Germany: The Dynamics of Expansion", p. 777.

〈표 5-5〉 서독 금속노조 조합원 증가추세, 1950~1950년

연 도	조합원 수	전년대비 증가율
1950	1,290,670	-
1951	1,528,121	18.4%
1952	1,580,467	3.4%
1953	1,604,140	1.5%
1954	1,658,298	3.4%
1955	1,657,840	-0.0%
1956	1,660,913	0.2%
1957	1,720,120	3.6%
1958	1,762,438	2.5%
1959	1,750,475	-0.7%
1960	1,842,818	5.3%

출처: Andrei S. Markovits, *The Politics of the West German Trade Unions: Strategies of Class and Interest Representation in Growth and Crisis* (Cambridge: Cambridge University Press, 1986), p.451.

업공동체는 "생산성의 정치"라는 노동과의 협약을 깨지 않았다. 고용주들이 기업이윤의 상당부분을 재투자하고 그것이 다시 노동자들의 고용안정을 보장한다는 전제하에 조직노동은 임금인상요구를 자제했다.[33]

DGB 산하 16개 산별노조들 가운데 하나인 금속노조(IG Metall)가 리더십을 장악하면서 생산성의 정치는 노사관계를 지배하는 패러다임이 되었다. 1950년대 초만 해도 지역노조들은 전국단위 노조의 지시를 받지 않고 독자적으로 집단교섭에 임했고, 이러한 노조간 조정의 부재는 당시 기업가들의 반격을 막아내지 못한 요인으로 지목되었다. 1956년의 브레멘 협정(Bremen Accord)을 통해 금속노조는 고용주들의 정상조직인 독일사용자단체연합(Bundesvereinigung der Deutschen Arbeitgeberverbände; BDA)과의 전국수준 집단교섭에서 전체 조직노

33) Hartrich, *Fourth and Richest Reich*, p.180; Thelen, *Union of Parts*, p.73.

동을 대표하는 지위를 확보하게 되었다. 1955년, 1957년, 1959년의 세 경우를 들여다보면 금속노조의 직장평의회 장악률은 각각 78.1%, 81.7%, 81.6%였다.[34]

고용주들도 지역 수준의 개별노조들보다는 노동의 정상조직과 협상하는 것을 선호했다. 지역노조의 자율성이 줄어들면서 DGB는 작업장 수준의 직장평의회(*Betriebsräte*)까지 조직적으로 침투할 수 있었다. 1952년의 경영조직법(Betriebsverfassungsgesetz)을 통해 기민당 정부는 점증하는 DGB의 힘에 제동을 걸려 했다. 노사관계를 "이원체제"로 만들어 상위노조가 현장의 노동자들을 대표하지 못하도록 한 것이었다. 그러나 직장평의회 자체가 전국노조의 활동가들로 채워지면서 직장평의회는 전국 수준의 집단교섭을 보완하는 역할을 맡게 되었다. 이원체제는 DGB를 견제한다는 애초의 의도와는 달리 전국 수준의 집단교섭에서 결정된 임금에 맞추어 작업장 수준의 실제 임금이 상승하는 이른바 "임금부상"(*wage drift*) 효과를 낳았다. 직장평의회는 상위노조가 얻어낸 임금수준을 개별 작업장에서 고용주와의 비공식적 협상을 통해 실현했다.[35]

4. 재계의 전후타협

크리스토퍼 알렌이 정확히 지적했듯이, 19세기 이후 독일의 산업화가 남긴 유산들 가운데 흔히 간과되지만 가장 중요한 것이 바로 조직화된 자본주의의 측면이다. 서독경제를 중소규모 생산업자들의 자유경쟁 시장으로 재형성하려 했던 미국의 노력과 카르텔법 제정을 위한 에르하르트의 외로운 싸움에도 불구하고 높은 산업집중도는 그대로

34) Thelen, *Union of Parts*, p. 80.

35) Thelen, *Union of Parts*, pp. 16~17.

유지되었다. 전쟁이 끝난 지 15년이 흐른 1960년에도 전체 산업생산의 거의 40%를 100대 기업들이 차지하고 있었고, 이 기업들은 전체 산업노동자의 3분의 1 가량을 고용하고 있었다. 특히 금융부문의 경제 전반에 대한 영향력은 거의 줄어들지 않았다. 3대 은행인 도이체방크(Deutsche Bank), 드레스드너 방크(Dresdner Bank), 콤메르츠방크(Commerzbank)가 소규모 은행들로 해체되기는 했으나 금융계를 오랫동안 장악해온 은행가들은 여전히 경제개혁 과정의 배후에 존재했다. 금융개혁은 완전한 실패였다.[36]

서독정부는 카르텔 반대세력과 옹호세력으로부터의 압력에 맞설 수 있는 새로운 경제운영의 틀을 고안해내야 했다. 기민당 정책입안자들 가운데 일부가 미국식 자유자본주의를 선호하기는 했으나 미국체제의 이식은 정치적으로 사회적으로 곤란한 선택이었다. 기민당에게 가장 현실적인 선택은 독일사회 내의 자유주의적 요소와 비자유주의적 요소를 균형적으로 결합하는 것이었다.

"서독경제의 미국화"가 서유럽 재건의 주춧돌이 될 것이라고 보았던 자유주의자들은 두 부류였다. 하나는 새로이 건설될 유럽시장을 노리고 기업의 운영과 규모를 국제화하려 했던 자본이었고, 다른 하나는 독일병에 대한 신자유주의적 처방을 신봉했던 학자들과 관료들이었다. 미국의 독일정책에 반대하는 비자유주의자들은 대부분 중소기업가들이었지만, 그들을 갈수록 집중화되어가는 경제구조로부터 보호하는 것은 기민당 정부의 중요한 정책적 고민이었다.

---

36) Allen, "Underdevelopment of Keynesianism", p. 266; Andrew Shonfield, *Modern Capitalism: The Changing Balance of Public and Private Power* (London: Oxford University Press, 1965), pp. 241~242; Peter A. Hall, *Governing the Economy: The Politics of State Intervention in Britain and France* (New York: Oxford University Press, 1986), p. 235; Hans-Joachim Braun, *German Economy in the Twentieth Century* (London: Routledge, 1990), p. 151.

에르하르트의 해결책은 중소기업 보호를 카르텔 금지원칙과 결합시키는 것이었다. 독일 중간계급이 전통적으로 보호주의 경향이 강했음을 잘 알고 있는 에르하르트는 이들이 산업의 집중화와 경제개방을 받아들일 수 있도록 하기 위해서는 중소기업들의 독립성을 보장해주는 것이 필수적이라고 보았다. 에르하르트는 유럽연합을 지지하는 편은 아니었지만 탈카르텔화라는 자신의 최우선 정책과제를 실현하기 위해 경제개방에 대한 반작용이라는 정치적 시나리오를 이끌어냈던 것이다. "건전한 중산층"의 보존은 대기업들도 무시할 수 없는 사회적 목적이었다. 1959년에 재계의 정상조직인 독일산업협회(Bundesverband der Deutschen Industrie; BDI)는 산하기업들이 독자적인 기업들의 불필요한 인수나 자사 분야를 지나치게 넘어서는 "범위의 경제"(*economy of scope*) 실현을 자제하도록 권고했다.[37]

이 책에서 다루는 나라들 가운데 서독은 코포라티즘의 이익대표체계에 가장 근접하지만 1950년대에 삼자간 협의체제가 정책과정 안에 안정적으로 제도화된 것은 아니었다. 에르하르트가 이끄는 경제정책 관료기구는 본 공화국 출범 직후 재계와의 긴밀한 관계를 복원시켰다. 반면에 정부와 노동의 관계는 제도화되는 속도가 느렸는데, 이는 노동에게 어떠한 형태의 정치적 파트너십도 인정하지 않았던 제3제국의 유산이 지속되었기 때문이다. 조직노동의 "경제의회"(*Bundeswirtschaftsrat*) 설치 제안이 기각된 이후 정부-노동 관계는 삼자적이기보다는 양자적인 방향으로 발전할 수밖에 없었다.[38]

정부-기업 관계는 기본적으로 양자적이었으나 대등하다고 보기는

37) Nicholls, *Freedom with Responsibility*, p.334; Geoffrey Denton, Murray Forsyth, and Malcolm MacLennan, *Economic Planning and Policies in Britain, France, and Germany*(London: George Allen & Unwin, 1968), pp.62, 64.

38) Volker R. Berghahn and Detlev Karsten, *Industrial Relations in West Germany*(Oxford: Berg, 1987), pp.208~209.

어려웠다. 재계는 정책을 만드는 과정에 참여하기보다는 방어적인 입장에 서 있었다. 예컨대, 1950년대 말에 기민당 정부가 당내 좌파와 사민당의 압력을 받아 “국민자본주의”(*Volkskapitalismus*) 정책을 고려하고 있을 때, 재계 지도자들은 국민자본주의 개념에 담겨있는 기업주식의 분산소유 및 경영정보 공개의 요구에 불편할 수밖에 없었다. 그럼에도 불구하고 BDI는 정부나 사민당에 대해 전면공격을 가하지 않고, 산하기업들에게 사회적 시장경제 옹호자들의 호응을 얻을 수 있는 대안을 제시하라고 권고했다. 1959년에 정부 법안이 연방의회를 통과했을 때 대차대조표는 재계에게 손해는 아니었다. 일반대중이 기업주식을 소유할 수 있는 범위는 한층 넓어졌으나 아데나워와 재계 지도자들 간의 협상을 통해 공기업의 탈국유화 역시 이루어졌다. 특히 기민당 내에서 사회적 시장경제의 이론가로서 에르하르트가 누리는 인기에 위협을 느꼈던 아데나워는 탈카르텔화에 한 번도 전폭적인 지지를 보낸 적이 없었다.[39]

노사관계 영역에서 서독의 기업공동체는 대체로 높은 일체성을 보였다. 고용주 정상조직인 BDA가 주로 조직노동과의 대면을 담당했지만, BDI는 1951년의 공동결정 이슈와 같은 노사관계의 주요 사안마다 BDA와 긴밀히 협조했다. 그러나 가격 및 임금정책과 같이 이윤에 관계된 영역에서는 BDI는 BDA와의 협의 없이 움직였다.[40] 전반적으로 노조와 그들의 요구에 대해 BDI가 BDA보다 더 보수적이었다. BDI의 초대회장이었던 프리츠 베르크(Fritz Berg)를 비롯한 재계 지도자들은 노동의 수용이라는 전후재편의 분위기를 정치적으로는 물론이고 사회적으로도 받아들이기 어려워했다. 그것은 기업가들의 세계관이 대부분

---

39) Gerard Braunthal, *The Federation of German Industry in Politics* (Ithaca: Cornell University Press, 1965), pp. 262~265; Nicholls, *Freedom with Responsibility*, p. 335.

40) Braunthal, *Federation of German Industry in Politics*, pp. 270~271, 275.

바이마르 공화국에 대한 부정적 기억에 뿌리를 두고 있기 때문이었다.

전간기의 역사적 계급타협 시도였던 1918년 11월의 슈티네스-레기엔 협약(Stinnes-Legien Agreement)이 바이마르 공화국의 정치적 교착상태를 만들어낸 요인들 가운데 하나였다는 인식이 재계 지도자들을 지배하고 있었고, 이러한 인식은 근거 없는 것이 아니었다. 당시의 협약을 기업가들은 최대한의 양보라고 보았던 반면에 노조들은 사회주의 목표달성을 향한 첫 걸음이라고 보았다. 자본과 노동 간의 이러한 인식차는 2차대전 이후 후자가 계급투쟁 노선을 사실상 포기함으로써 완화되기는 했으나 완전히 사라지지는 않았다. 상대적으로 자유주의적인 BDA 지도자들이 노조를 경제성장을 통한 자유자본주의의 안정에 동참하는 파트너로 인식했던 반면에 BDI는 노조에게 힘을 실어주는 것에 대해서는 지속적으로 반대했다.[41]

5. 정당체제 재편의 효과

서두에서 언급되었던 바대로 이 책에서 다루어지는 사례들 가운데 서독은 무너진 정권의 성격, 패전, 점령의 경험 등 여러 면에서 정치체제의 질적 변화가 컸던 사례이다. 그레고리 루버트는 경쟁적 민주주의에 속하는 유럽 나라들이 과두제에서 민주주의로의 이행을 부드럽게 마쳤던 반면에 전후 서독이 경쟁적 민주주의에 속하면서도 거친 이행과정을 겪었다고 말하는 것은 표피적 비교라고 지적한 바 있다. "나치혁명, 패전, 외국점령, 새로운 국제적 균형, 그리고 영구분단을 고려

41) Otto Kirchheimer, "Weimar—and What Then? An Analysis of a Constitution," in *Politics, Law, and Social Change: Selected Essays of Otto Kirchheimer*, ed. Frederic S. Burin and Kurt L. Shell (New York: Columbia University Press, 1969), p. 37; Berghahn and Karsten, *Industrial Relations in West Germany*, pp. 190~191.

할 때 무엇이든 가능"했고, 그 가능성의 목록에는 완전히 새로운 출발도 포함되어야 하는 것이었다.[42] 전쟁이 끝났을 때 미국인들은 독일인들의 '재교육'에 착수했다."[43] 그 재교육 프로그램에는 "안정적" 민주주의를 위한 가치와 제도를 이식하는 것도 포함되어 있었다. 그러나 경제개혁과 마찬가지로 미국은 19세기 말 이후의 독일정치발전의 틀 안에서 해결책을 찾아야만 했다. 미국이 바람직하게 보았던 정치개혁의 방향은 정당간 경쟁에 기초한 민주주의를 복원하되 바이마르 체제의 "원심적" 요소들은 제거하는 것이어야 했다.

본 공화국이 전간기의 유약했던 체제와는 달리 정책일관성이 높았던 이유들 가운데 하나는 수상의 정치적 역할이다. 특히 1950년대 대외정책 분야의 주요 정책결정들, 즉 나토, 유럽석탄철강공동체(ECSC), 유럽경제공동체(EEC) 등의 쟁점들을 다루는 과정에서 아데나워는 결정적 리더십을 발휘했다. 유럽 전후재편의 다자적 제도들에의 독일의 참여는 경제적 성격이 강하도록 설계되었는데, 이는 독일에 대한 불안감을 떨치지 못하는 주변국들을 안심시키기 위한 것이었다. 또한 아데나워는 경제 중심의 대외정책이 국내정치의 구도를 단순화시키는 효과를 가져올 것이라고 보았다. 그러나 정책이 입안되고 실행되는 단계에서는 수상보다는 관료기구의 효율성이 더 많은 부분을 설명해준다. 본 공화국의 관료기구는 재정정책과 통화정책을 담당하는 중앙부처간의 엄격한 업무분장에도 불구하고 업무조율이 잘 되었던 것으로 알려져 있다.[44]

전후 초기 기민당이 패권을 장악했던 것 역시 서독이 내장된 자유주의를 국내화하는 과정에서 합의적 정치체제를 이끌어갈 수 있었던

---

42) Gregory M. Luebbert, *Comparative Democracy: Policymaking and Governing Coalitions in Europe and Israel*(New York: Columbia University Press, 1986), p. 43.

43) HIscocks, *Democracy in Western Germany*, p. 7.

44) Hall, *Governing the Economy*, p. 234.

〈표 5-6〉 연방의회 선거결과, 1946~1957년

정당\연도		1946~1947년	1949년	1953년	1957년
기민/기사	득표율	38.5%	31.0%	45.2%	50.2%
	의석수	-	139석	244석	270석
사민당	득표율	35.7%	29.2%	28.8%	31.8%
	의석수	-	131석	151석	169석

출처: Gerhard Loewenberg, "The Remaking of the German Party System: Political and Socio-Economic Factors," *Polity* 1(1968), p.110.

요인이었다. 비례대표제이기는 하지만 득표율 5%라는 연방의회 진입의 문턱을 설치해놓은 선거제도로 인해 서독은 유의미한 정당의 수를 현격하게 줄일 수 있었다. 첫 연방의회를 구성하기 위한 선거부터 1950년대를 통해 기민당은 사민당과의 경쟁이라는 외양을 유지하면서 실질적 우위를 누렸다.

기민당 내부 리더십의 공백으로 인해 사민당과의 역사적인 대연정을 구성했던 1966년까지 서독정치는 이른바 "일당우위"의 흔치 않은 민주주의였다. 1949년의 정초선거(*founding election*)에서 기민당은 여러 면에서 새로운, 따라서 다양한 저항에 마주칠 수밖에 없는 정책 패키지를 추진하는 데 필요한 안정적 다수를 획득하지 못했다. 기민당은 자유당(Freie Demokratische Partei; FDP), 독일당(Deutsche Partei; DP)과 연립정부를 구성했고, 이는 사민당의 정치적 고립을 가속화시켰다.

노회한 아데나워는 연립정부 구성이라는 번거로운 절차를 국내외적 쟁점들을 해결하는 계기로 활용했다. 기민당이 이끄는 보수연립정부는 알렌 강령에서 제시되었던 정책들 상당부분을 실행에 옮겼다. 1950년만 해도 복지국가의 규모는 히틀러가 집권했던 1933년에 비교하여 볼 때 크게 달라진 것이 없었다. 그러나 1950년 이후 복지지출은 꾸준히 증가했다. 아동수당이 1954년에 도입되었고, 의료혜택은 1957~

〈표 5-7〉 연립정부 구성과 주요 정당 의석분포, 1949~1957년

선거일	연정 구성	의석수	연정 의석수	SPD 및 야당 의석수	연방의회 총의석수
1949. 09. 15	CDU/CSU	139	208	131+63 (군소정당)	402
	FDP	52			
	DP	17			
1953. 10. 09	CDU/CSU	243	335	151	487
	FDP	48			
	DP	15			
	GB/BHE*	27			
1957. 10. 22	CDU/CSU	270	287	169+41 (FDP)	497
	DP	17			

* GB/BHE: Gesamtdeutscher Block/Bund der Heimatvertriebenen und Entrechteten

출처: Robert A. Dahl, ed., *Political Oppositions in Western Democracies* (New Haven: Yale University Press, 1966), p. 429.

1970년 시기에 지속적으로 확대되어 연금수령자들과 사무직 노동자들까지 수혜대상이 되었으며, 1957년에는 개인별 임금차를 반영하도록 퇴직연금제도가 대폭 개혁되었다.[45]

여기서 한 가지 짚어볼 필요가 있는 점은 2차대전의 패전국인 독일, 이탈리아, 일본 모두 전후 초기에 보수정당 하나가 우세한 체제를 발

45) Loewenberg, "Remaking of the German Party System", pp. 88~89; Pempel, "Introduction: Uncommon Democracies: The One-Party Dominant Regimes", in *Uncommon Democracies: The One-Party Dominant Regimes*, ed. idem (Ithaca: Cornell University Press, 1990), p. 16; Gøsta Esping-Andersen and Walter Korpi, "Social Policy as Class Politics in Post-War Capitalism: Scandinavia, Austria, and Germany", in *Order and Conflict in Contemporary Capitalism*, ed. John H. Goldthorpe (Oxford: Clarendon Press, 1984), p. 185; M. Donald Hancock, *West Germany: The Politics of Democratic Corporatism* (Chatham, N. J.: Chatham House, 1989), pp. 97~98, 144.

전시켰다는 것이다. 이는 미국의 점령정책과 냉전의 전개에 밀접히 연관된 현상이다. 직접적 위협의 정도는 차이가 나지만 이 세 나라 모두 소련 팽창주의에 민감할 수밖에 없는 지정학적, 국내정치적 요인들을 갖고 있었다. 미국은 1947년 이후 대소 전초기지를 이 패전국들에 구축해야 했고, 이 나라들에서 공통적으로 나타나는 좌파의 내분은 미국의 이른바 "역코스"(*reverse course*) 정책에 유리한 환경이었다. 이탈리아와 일본에서 공산당은 전후 정부구성에 참여하지 않았고, 공산당보다 열세였던 사회당은 보수정당들에 도전할 힘을 갖고 있지 못했다.[46] 독일의 경우 사민당의 배제는 이념적 순수성에 대한 강조가 낳은 결과라는 차이가 있지만, 여기서 중요한 것은 서독의 일당우위 체제가 외부환경과 내부환경이 상호작용하여 만들어졌다는 점이다.

단순화된 정당체제가 경제정책과정에 미친 영향은 1950년대 말의 일련의 극적인 사태전개에서 잘 예시되었다. 사민당은 1959년의 역사적인 바트 고데스베르크(Bad Godesberg) 전당대회에서 한 세기 동안 지켜온 맑스주의 교의들을 폐기하고 자유시장경제를 정당한 생산체제로 인정했다. 이 급격한 이념적 전환은 1953년과 1957년 선거에서의 패배에 대한 반작용이었다. 앞서 언급한 득표율 5%의 진입문턱은 우파 군소정당들의 표가 기민당에게 흘러가도록 만들었고, 의미 있는 좌파 경쟁세력이 없었던 사민당이 이 선거제도로 특별히 이득을 얻을 여지는 없었다. 또한 1954년 전당대회 이후로 사민당 지도부 안에서 경제정책 패러다임의 변화가 일어났다. 사민당 경제정책의 새로운 이론적 기반을 제공한 인물인 칼 실러(Karl Schiller)의 언명, "가능한 한 많은 경쟁, 필요한 만큼만의 계획"은 계급정당에서 국민정당(*Volkspartei*)으로의 변신을 시작한 사민당의 표어가 되었다.[47]

---

46) Pempel, "Introduction: Uncommon Democracies", pp. 26, 28.

47) Denton, Forsyth, and MacLennan, *Economic Planning and Policies*, p. 76; Carr, "German Social Democracy since 1945", p. 196. 그러나 실러의 새로

실러는 경제정책이념의 대립구도가 더 이상 자유 대 규제가 아니라 국가에 의한 규제 대 민간부문에 의한 규제로 바뀌었다고 주장했다. 에르하르트와 신자유주의자들은 민간부문에 의한 규제를 선택한 것이고, 사민당은 국가규제가 유일한 대안이라고 보았다.[48] 이러한 차이에도 불구하고 슈마허 이후의 사민당은 주요 양대정당간의 경쟁으로 요약되는 단순화된 정당체제가 정책차이를 줄이는 효과가 있었음을 예증한다. 고데스베르크 강령의 채택이 가져다준 또 다른 사민당의 변화는 아데나워의 대외정책을 지지하기 시작했다는 것이다. 특히 나토를 서독의 방위를 보장해주는 동맹기구로 인정한 것은 큰 변화였다. 1956년에 공산당이 연방대법원에 의해 불법단체로 규정되면서 사민당은 나토를 반대하는 유일한 제도권 정당으로 남았고, 국민정당으로의 변신을 시작한 사민당에게 그러한 상황은 벗어나지 않으면 안 되는 것이었다.[49]

6. 내장된 자유주의는 독일문제를 해결했는가?

지티 클라우센은 히틀러 시대의 정치경제를 혼합경제를 향한 거대한 흐름의 한 중요한 지류로 이해하자는 시각에 동의하면서도 "파시스트 국가는 공공과 민간의 구분을 유기했다"는 결정적 차이를 상기시킨

운 경제 패러다임이 사회적 시장경제를 전면 수용한 것은 아니었다. 실러는 장기화된 긴축정책에 대해 케인스주의적 경기부양책을 사민당과 DGB의 지지세력에게 대안으로 제시할 필요를 역설했다. Allen, "Underdevelopment of Keynesianism", p. 276.

48) Nicholls, *Freedom with Responsibility*.

49) Diane L. Parness, *The SPD and the Challenge of Mass Politics: The Dilemma of the German Volkspartei* (Boulder, Colo.: Westview Press, 1991), p. 70; Loewenberg, "Remaking of the German Party System", p. 108.

다.[50] 국가와 사회의 로크적 분리가 뿌리 깊게 남아있는 미국과 영국은 물론이고 상대적으로 강한 국가의 전통이 있는 프랑스에서도 전후 재편은 대공황과 전쟁 때문에 국가에 눌려있던 사회의 제자리 찾기라고 보기는 곤란하다. 시장기제의 작동이 국가에 의해 제어되기는 했으나 민주주의 체제하에서 명령경제를 실행할 수는 없었다. 이들 나라에서 전후재편의 중요한 한 부분은 분명히 "정상으로의 복귀"였지만, 그것이 억압되어 있던 사회의 회생이나 부활은 아니었다. 반면에 자유주의 국제경제질서로부터 일시적으로 국내정치경제를 절연시켰던 것이 아니라 파시스트 국제질서를 창출하고자 했던 독일의 전후재편은 어떤 형태로든 "과거와의 단절"을 필요로 했다. 특히 점령국이자 새로운 패권국인 미국이 "독일문제"(*deutsche Frage*)의 처방으로 제시한 정치적 민주주의와 경제적 자유주의의 결합은 1945년 당시 독일인들에게는 매우 낯설게 또는 억압적으로 인식되었다.

2차대전의 종식과 함께 서유럽은 새로운 패권국으로 등장한 미국에 구조적으로 의존하게 되었다. 두 차례의 세계대전을 네덜란드에서 영국, 미국으로 이어져온 자유주의 국제경제체제와 독일 — 그리고 일본 — 이 추구했던 비자유주의 국제경제질서가 가장 직접적이고 폭력적인 방식으로 대결한 것이라고 볼 때, 1945년의 독일의 패전은 비자유주의 체제가 더 이상 세계경제를 지도하는 모델이 될 수 없음을 의미하는 듯했다. 갈수록 고조되던 동서간의 긴장은 미국으로 하여금 서유럽 국가들이 내외적으로 자유주의의 이념과 제도를 받아들이도록 만들어야 할 필요를 증대시켰다.[51] 그러나 패권국으로부터의 압력에도 불구하고 많은 서유럽 국가들은 자신들의 고유한 자본주의 질서를 근본적으로 바꾸지 않았고 오히려 사회적 보호장치를 더 강화했다. 지도주의(*dirigisme*)라는 경제운영방식을 고수했던 프랑스는 미국을 필요로 하

50) Klausen, *War and Welfare*, p. 167.

51) Maier, "Issue Then Is Germany and With It Future of Europe", p. 2, n. 2.

면서도 미국화되는 것에 대해서는 불편해했던 유럽의 전형이었다. 서독은 정치와 경제 모두 미국화가 다른 유럽국가들에 비해 많이 진행된 경우였다. 본 공화국은 양대정당간의 정치적, 정책적 합의수준이 높았고, 국제지향적이고 자본집약적인 부문들이 산업을 지배했으며, 실용주의적 조직노동이 존재했다는 점에서 제 2차 뉴딜과 페어딜 시기의 미국과 가장 가까웠다.

그러나 이 장에서 보여주려 한 것은 서독정부의 전후 정책쇄신은 독일 고유의 제도적 자원을 갖고 만들어졌다는 점이다. 독일의 경제재건은 패전의 잿더미 속에서 기적처럼 이루어진 것이 아니라 앤드루 숀필드의 지적대로 독일인들에게 매우 "익숙한 구조적 기반" 위에 세워진 것이었다. 일부 기민당 정치인들과 역사가들이 새로운 서독 정치경제를 묘사하면서 신자유주의라는 용어를 사용할 때조차도 그것은 독일의 경제이론사를 반영하는 것이었다. 독일은 오랜 자유주의 경제학의 전통을 갖고 있었고, 이른바 프라이부르크 학파를 이루는 한 이론적 흐름이 신자유주의였다. 다른 하나는 질서자유주의(*Ordo-liberalismus*)였다. 발터 오이켄(Walter Eucken), 프란츠 뵘(Franz Böhm), 빌헬름 뢰프케(Wilhelm Röpke), 한스 그로스만되스(Hans Großmann-Doerth) 같은 경제학자들로 대표되는 질서자유주의는 제어되지 않은 경쟁이 시장기제의 건전한 작동을 방해하지 않도록 국가가 적절한 법적, 제도적 틀을 제공하는 체제를 지향했다. 사회적 시장경제의 제도가 형성되던 시기에는 에르하르트의 신자유주의가 정책효율성을 높였을 뿐만 아니라 선거정치에서도 힘을 발휘했다. 그러나 재건기가 끝나가고 경제가 안정되면서 질서자유주의 이념이 힘을 얻게 되었다. 정확히 말하면 되돌아온 것이었다. 어떤 점에서 내장된 자유주의는 독일의 정치경제 구조에 가장 적합한 국제경제질서였다. 지티 클라우센이 이 선택적 친화성에 대해 표현한 바대로 "내장된 자유주의에 의해 부과된 제약은 유연했다."[52]

다른 한편으로 서독의 빠른 재건과 국제 자유주의 클럽으로의 완전한 복귀는 미국으로 하여금 서유럽 각국에서 조금씩 다른 모양으로 자리 잡고 있던 조직화된 자본주의의 추세를 덜 불편한 시각으로 받아들이게 해주었다. 찰스 마이어의 지적대로, 미국의 적이었던 독일, 일본, 이탈리아는 미국의 패권체제하에서 1950년대와 1960년대의 경제성장을 이끄는 동력이 되었고,[53] 자유주의 정치와 비자유주의 경제는 더 이상 어색한 짝으로 인식되지 않게 되었다. 영미식 자유주의와 유럽적 집합주의 간의 긴장은 해소될 수는 없었지만 그 어느 때보다도 완화되었다.

독일 자본주의가 새로운 자유주의 국제경제질서에 평화롭게 접합되었던 과정은 그러나 과거와의 연속성만을 보여주는 것은 아니었다. 1950년대는 독일인들이 그들을 오랜 세월 짓눌렀던 "정치의 우위"에서 그들의 삶을 가볍게 해준 "경제의 우위"로 이념적 이동을 경험한 시기였다. 사실상 양당체제에 가까운 정치적 경쟁은 주요 정당들이 중위수 유권자들을 끌어들이기 위해 이념적 거리를 좁히고 작지만 구체적인 정책차이에 집중하도록 만들었다. 1950년대의 "경제기적"(*Wirtschaftswunder*)은 엘리트 수준에서는 정치적 합의의 기반을 다져주었고, 대중 수준에서는 정치적 무관심의 토양이 되었다. 1950년에서 1960년 사이에 독일인들의 실질소득은 86.7%의 증가세를 보였고, 이 유례없는 번영은 석유위기가 닥쳤던 1970년대까지 지속되었다. 1975년에 헬무트 슈미트(Helmut Schmidt) 수상은 "우리의 경제정책은 동시에 우리의 대외정책"이라고 말할 수 있었다.[54] 부국책만이 남고 강병책은 적어도

---

52) Shonfield, *Modern Capitalism*, p. 240; Nicholls, *Freedom with Responsibility*, pp. 145~146; Roberts, *German Politics Today*; Klausen, *War and Welfare*, pp. 168~169.

53) Maier, "Two Postwar Eras", p. 348.

54) Braunthal, *Federation of German Industry*, pp. vii~viii; Hartrich, *Fourth and Richest Reich*, p. 5.

관찰되지 않았다.

이 장에서의 논의는 1950년대와 1960년대 초에 유행했던 체제수렴론과는 달리 주요 산업국들은 각자의 방식으로 새로운 국제경제환경에 적응했음을 예증했다. 미국이 전후의 세계를 자신의 이미지에 따라 주형하려는 의도가 없었던 것은 아니지만, 내장된 자유주의는 각국의 사회적 목적의 다양성을 인정하는 체제였다. 이 다양성의 이해에서 분석적으로 신중해야 할 것이 한 가지 있다. 각국마다 자유주의의 외양이 다를 뿐만 아니라 자유주의의 정의나 문화적 기반 자체가 아주 상이하기 때문에 특정의 관찰이 용이한 지표로써 국가간 비교를 행하면 놓치는 것이 있을 수 있다는 점이다. 예컨대 유럽에서는 자유주의 경제체제의 지표로 통하는 관행이 미국에서는 지대추구 행위를 은폐하는 비자유주의적 관행일 수 있다. 다른 나라의 경제정책을 평가하는 시각의 차이도 존재한다. 본 공화국 초기에 민간부문의 경제적 역할을 중시했던 서독 정책입안자들이 프랑스의 계획경제를 부정적으로 보았던 반면에 미국과 영국의 싱크탱크들은 프랑스의 성공사례 연구에 열을 올렸다. 자유자본주의에 대한 독일인들의 강조는 상당부분 파시즘에 대한 반작용이었다. 그러나 독일의 전후 정치경제는 "이전에 존재했었던 무언가를 재건"한, 즉 비자유주의적 요소들이 재편된 결과였다. 찰스 마이어의 언명대로 "본은 여전히 바이마르"였다.[55)]

55) Charles S. Maier, "Bonn ist doch Weimar: Informal Reflections on the Historical Legacy of the Federal Republic", in *Political Economy of West Germany*, pp. 188~198.

제 6 장

세계화와 내장된 자유주의

1. 아직도 내장된 자유주의의 세기인가?

2차대전의 종식과 함께 등장한 새로운 국제경제질서인 내장된 자유주의는 세계경제의 자유화가 국내정치적, 사회적 안정을 대가로 추구되어서는 안 되고, 그 역도 용인되어서는 안 된다는 데 주요 산업국들이 합의한 결과였다. 이 합의가 실행되기 위해서는 두 가지 조건이 충족되어야 했다. 하나는 각국의 경제정책 자율성이 보장되는 것이었다. 다른 하나는 노동평화, 즉 안정적인 노사관계였다. 통화와 재정 영역의 정책수단을 자율적으로 사용함으로써 개별정부는 무역과 자본의 흐름이 국내경제의 작동을 교란하지 못하게 할 수 있었다. 동시에 노동계급의 요구를 수용하는 제도적 장치들은 각국이 국제경제에 적응하는 비용을 다른 나라들에 전가하지 않도록 해주었다.

국제 자유주의와 국내 개입주의의 이처럼 행복한 공존은 빠른 경제성장이 심각한 인플레이션을 동반하지 않았기에 1960년대까지 지속될 수 있었다. 대규모 전쟁의 종식이 경기호황으로 이어지는 경우는 드문 것이 아니며, 1945년 이후의 유럽이 경제적으로 팽창할 수 있었던 것

〈표 6-1〉 연평균 파업회수, 1955～1981년

국가	1955～1959	1960～1964	1965～1969	1970～1974	1975～1981
호주	1,159	1,144	1,537	2,557	2,320
캐나다	223	309	563	730	1,028
덴마크	33	40	29	96	204
핀란드	60	57	90	946	1,886
프랑스	2,040	2,003	1,885	3,651	3,204
이탈리아	1,896	3,522	3,080	4,692	2,648
일본	785	1,215	1,467	3,164	1,797
네덜란드	60	69	25	33	25
노르웨이	20	10	6	12	21
스웨덴	14	18	18	74	111
영국	2,530	2,512	2,380	2,885	2,031
미국	3,844	3,466	4,742	5,458	4,521

출처: Richard Hyman, *Strikes*, 3d ed. (London: Fontana Paperbacks, 1984), p. 88.

은 전후 재건에 의해 상당부분 설명된다. 그러나 내장된 자유주의의 경제적 하부구조는 표준화된 대량생산 부문들에 의해 주도되는, 전전 시기와는 질적으로 다른 생산체제였다. 대량생산을 통해 규모의 경제를 실현할 수 있었던 대기업들은 그 어느 때보다도 확장된 해외시장을 발견했다. 자본집약도가 매우 높았던 대량생산 부문의 기업들은 임금이 차지하는 비중이 상대적으로 작았기 때문에 복지국가의 비용을 정부와 분담할 수 있었다.[1)]

대서양 양안의 경제적 번영은 미국의 패권장악과 동시에 이루어졌

1) Ronald W. Cox and Daniel Skidmore-Hess, *U. S. Politics and the Global Economy: Corporate Power, Conservative Shift* (Boulder, Colo.: Lynne Rienner, 1999), pp. 22, 34 (n. 4).

〈표 6-2〉 주요 산업국 연평균 GDP 성장률, 1950~1980년

국가\시기	1950~1973	1960~1969	1970~1979	1974~1980
캐나다	5.2%	5.5%	4.4%	2.6%
프랑스	5.1%	5.5%	3.9%	2.8%
이탈리아	5.5%	5.8%	3.0%	2.6%
일 본	9.8%	11.1%	5.4%	4.9%
스웨덴	3.7%	4.4%	2.0%	2.3%
영 국	3.0%	2.9%	2.3%	1.3%
미 국	3.9%	4.4%	3.4%	2.8%
서 독	6.3%	4.6%	2.9%	2.7%

출처: Charles S. Maier, "Inflation and Stagnation as Politics and History," in *The Politics of Inflation and Economic Stagnation: Theoretical Approaches and International Case Studies* (Washington, D.C.: The Brookings Institution, 1985), p. 10.

다. 국제 자유주의 경제가 파탄에 직면했던 전간기에는 패권의 부담을 지려 하지 않았던 미국은 압도적인 경제적, 군사적 우위로써 전후재편을 이끌었다. 전후재건을 준비하는 시점에서 미국 정책입안자들의 관심사는 두 가지였다. 하나는 공황, 경제적 민족주의, 전쟁의 연쇄적 고리를 보다 영구적으로 끊을 수 있는 방법을 찾는 것이었고, 다른 하나는 공산주의의 위협을 봉쇄하는 것이었다. 이 두 가지 미국의 관심사는 원래 각기 다른 출발점에서 나온 것이지만, 1947년 이후 미국의 세계전략은 둘을 하나로 묶었다. 유럽이 보편적 복지국가를 건설하고 유지하기 위해서는 미국시장의 개방과 부분적으로는 미국상품에 대한 차별, 즉 보호주의 장벽이 패권국에 의해 용인되어야 했다. 미국 정책입안자들과 재계 지도자들이 이 비용을 부담하기로 한 것을 설명할 때 냉전의 요인을 빼놓기는 어렵다.[2] 상호의존의 국제관계를 강조해온

2) Robert O. Keohane, "The World Political Economy and the Crisis of Embedded Liberalism", in *Order and Conflict in Contemporary Capitalism*,

로버트 코헤인조차도 내장된 자유주의의 형성에 대한 기여도를 측정할 때 제도화된 상호의존을 소련의 위협보다 높게 평가하기는 쉽지 않음을 인정한다.[3] 요컨대 내장된 자유주의의 타협이 효과적이고 예측 가능하게 작동할 수 있었던 것은 국내정치경제와 국제정치경제의 조화에 대한 합의, 표준화된 대량생산체제에 기반을 둔 고도 경제성장, 그리고 양극체제하에서의 미국패권이었다.

그러나 내장된 자유주의의 황금기는 짧았다. 1970년대 이후로 주요 산업국들에서 전후재편의 물질적 기반은 여러 방향으로부터 위축의 압력을 받아왔다. 서독과 일본이 새로운 무역 및 금융의 중심으로 부상하면서 미국의 경제적 우위는 도전 받게 되었다. 〈표 6-3〉에서 알 수 있듯이 공산품 수출의 세계총량 가운데 미국이 차지하는 비중은 꾸준히 줄어든 반면 서독과 일본의 비중은 지속적으로 커졌다.

인플레이션 상승세가 보상적 임금인상 수준을 훨씬 앞서면서 대중의 구매력 증진을 통한 경제성장은 그 효력을 상실하기 시작했다.[4] 대량생산과 대량소비의 긴밀한 관계에 그 기반을 두는 전후 미국식 경제체제의 한계는 생각보다 일찍 노출되었다. 자동차와 가전제품으로 상징되는 이 대중화된 풍요의 생산체제는 1970년대에 들어오면서 시장의 포화상태에 직면하게 되었다. 이에 더해 지역적 무역블록의 중요성이 점증하면서 국제경제거래를 관장하는 다자적 제도들의 능력에 대한 회의는 대안적 무역정책에 대한 적극적 추구로 발현되었다, 국제 자유주

---

ed. John H. Goldthorpe(Oxford: Clarendon Press, 1984), pp. 19~21.

3) Robert O. Keohane, "International Liberalism Reconsidered", in *The Economic Limits to Modern Politics*, ed. John Dunn(Cambridge: Cambridge University Press, 1990), p. 184.

4) Charles S. Maier, "The Politics of Inflation in the Twentieth Century", in *The Political Economy of Inflation*, ed. Fred Hirsch and John H. Goldthorpe(Cambridge: Harvard University Press, 1978); Leon Lindberg and Charles S. Maier, eds., *The Politics of Inflation and Economic Stagnation*(Washington, D.C.: Brookings Institution, 1985).

의 공동체 내의 경제적 갈등을 최소화해주던 냉전이 끝나면서 국제적 정책조율은 그 어느 때보다도 달성하기 힘든 목표가 되었다.

이러한 관측들은 1990년대 이후 북미와 유럽의 대부분의 선진산업국들에서 지난 반세기 동안 정당하다고 인정된 사회적 의무로부터 자유주의를 이완시켜야 하는 경험적 근거로 제시되었다. 자유주의는 이

〈표 6-3〉 주요 산업국 공산품 수출 비율, 1950~1973년

단위: %

연도\국가	영국	미국	서독	이탈리아	프랑스	일본	스웨덴
1950	24.6	26.6	7.0	3.6	9.6	3.4	2.8
1964	14.0	20.1	19.5	6.2	8.5	8.3	3.4
1973	9.1	15.1	22.3	6.7	9.3	13.1	3.3

출처: Peter A. Hall, *Governing the Economy: The Politics of State Intervention in Britain and France* (New York: Oxford University Press, 1986), p. 26.

〈표 6-4〉 주요 산업국 연평균 인플레율, 1950~1981년

단위: %

국가\시기	1950~1959	1960~1969	1970~1979	1973~1975	1979~1981
캐나다	2.2	2.6	7.5	10.3	10.7
프랑스	5.6	3.8	8.8	11.9	12.7
이탈리아	3.0	3.8	12.2	16.5	17.8
일 본	4.0	5.4	8.7	16.5	6.2
스웨덴	4.6	3.6	8.4	9.4	12.2
영 국	3.6	3.6	12.4	18.2	13.9
미 국	2.1	2.4	7.0	9.6	11.3
서 독	1.9	2.5	4.9	6.2	5.7

출처: Charles S. Maier, "Inflation and Stagnation as Politics and History," in *The Politics of Inflation and Economic Stagnation: Theoretical Approaches and International Case Studies* (Washington, D.C.: The Brookings Institution, 1985), p. 10.

제 사회적 목적의 족쇄에서 풀려나야 한다고 주장하는 이들에게 복지 지출을 줄이고 정책과정에 대한 조직노동의 영향력을 약화시키는 것은 갈수록 국민경제간의 상호의존도가 높아지고 글로벌 수준의 경쟁으로부터 자유로운 공동체, 기업, 국가가 거의 없는 환경에 적응하기 위해서는 필수적이다. 긴 역사적 시각에서 볼 때, 주요 산업국간의 경제적 상호의존은 전후재편 때부터 이미 내장된 자유주의의 한 속성이었다고 볼 수 있다. 그러나 1970년대 이후로 자본시장의 재편과 글로벌 금융의 출현을 통해 케인스주의적 국가개입은 더 이상 효과적이지 않다는 것이 세계화론자들의 주장이다.[5] 즉 세계화와 내장된 자유주의는 양립하기 어려운 짝이라는 것이다.

필자는 내장된 자유주의가 그 구조의 어떠한 의미 있는 변화를 겪지 않은 채 새로운 세기로 진입했다고 주장하지 않는다. 동시에 사회적 목적으로부터 이완된 자유주의, 즉 시장의 힘이 전후타협의 제도들을 대체하게 될 것이라는 세계화론자들의 주장에 동의하지도 않는다. 이 결장에서 현재의 국제경제질서는 내장된 자유주의의 수정된 형태로 이해된다. 전후타협의 주된 경험적 특징을 무엇으로 볼 것인가에 따라 내장된 자유주의가 세계화 시대에 얼마나 수정되었는가에 대한 판단은 크게 달라진다. 조직노동의 정책적 영향력이라는 측면에서 볼 때, 내장된 자유주의의 한 제도적 지주는 이미 1980년대 중반 즈음에 약화되기 시작했다.[6] 복지국가의 지속성이라는 측면에서 볼 때, 오히려 세계화로 인해 심화된 경제적 불안정에 대한 보상책으로서 복지지출은

---

5) 이 주장에 대한 비판적 검토로는 다음을 참조. Jonathan Kirshner, "Keynes, Capital Mobility and the Crisis of Embedded Liberalism", *Review of International Political Economy* 6(1999), pp. 313~337.

6) Kathleen Thelen, "The Political Economy of Business and Labor in the Developed Democracies", in *Political Science: The State of the Discipline*, ed. Ira Katznelson and Helen V. Milner(New York: W. W. Norton, 2002), p. 375.

격감했다고 보기는 어렵다.[7] 여기서는 필자가 "민주적 관성"(*democratic inertia*)이라고 부르는 현상, 즉 전후 초기에 형성된 내장된 자유주의의 제도들이 한 나라의 민주적 통제 밖에 있는 글로벌 시장의 교란효과를 완화하는 현상에 주목한다. 민주주의는 급격한 변화에의 압력이 가해질 때, 특히 그것이 사회경제적 이익의 분포에 영향을 줄 때, 저항의 반대압력을 형성한다. 전후에 주요 산업국들이 일국적으로 구축한 복지국가 또는 복지체제와 그에 수반된 노사관계는 바로 그러한 민주적 관성의 제도적 기반이 되었다. 또한 상대적으로 변하기 어려웠던 사회균열에 바탕을 두었던 정당체제가 "휘발적" 쟁점들을 중심으로 움직이는 정당체제로 바뀌면서 경제에 대한 민주주의의 압력은 줄어들기보다는 커졌다.

노동계급의 요구를 수용하기 위한 노동시장 제도들은 1970년대 이후로 산업구조, 고용패턴, 외부시장조건 등의 변화에 따라 정부, 고용주, 그리고 노동자들 스스로에 의해 상당한 수정을 겪었다. 중앙정부 또는 연방정부가 사실상 거의 독점했던 사회적 보호 기능은 하위정부나 민간 서비스 제공자에게 이양되는 추세를 보이고 있으나 복지문제가 중앙정부의 정책과정에서 사라질 가능성은 낮다. 계급정치의 구조가 약화되면서 갈수록 휘발성이 높아진 유권자들이 기존 복지체제의 수혜자일 때는 말할 것도 없고, 그들이 경제적 불안정으로부터의 보호를 원할 때

7) 이 쟁점은 그 주제를 다룬 저작들에 대한 주석만으로도 한 권의 책이 쓰일 수 있을 정도로 방대한 문헌이 축적되었다. 최근의 대표적 저작들로는 다음을 참조. Torben Iversen, *Capitalism, Democracy, and Welfare*(New York: Cambridge University Press, 2005); Paul Pierson, ed., *The New Politics of the Welfare State*(New York: Oxford University Press, 2001); Evelyne Huber and John D. Stephens, *Development and Crisis of the Welfare State: Parties and Policies in World Markets*(Chicago: University of Chicago Press, 2001); Duane Swank, *Global Capital, Political Institutions, and Policy Change in Developed Welfare States*(New York: Cambridge University Press, 2002).

득표극대화를 추구하는 정당들이 그 목소리를 무시하기는 쉽지 않다. "민주주의가 더 많은 임금을 준다"는 대니 로드릭의 언명[8] 은 내장된 자유주의의 국내정치적 기반은 외부조건의 변화와는 상대적으로 독립되어 그 자체의 관성을 갖게 되었음을 가리킨다. 세계화가 내장된 자유주의 타협에 부정적 압력을 가하는 것은 여러 측면에서 관찰될 수 있지만, 국내정치적, 사회적 안정은 여전히 중요한 가치로 남아있다.

이러한 식의 논의는 물론 새로운 것이 아니다. 특히 복지지출 변화추세를 주된 분석대상으로 삼는 학자들은 내장된 자유주의의 구조는 여전히 선진 산업민주주의 체제들의 정치경제를 특징 짓는다고 판단한다.[9] 모두는 아니지만 내장된 자유주의의 지속성을 강조하는 학자들은 대체로 1980년대 초반부터 가시화되고 1990년대 이후 가속화된 세계화의 조류가 완전히 새로운 경제적 현상이 아니라 2차대전 종식 이후 국제경제질서의 자유화가 글로벌 금융 및 다국적 기업에 의한 글로벌 생산을 통해 심화되었을 뿐이라고 보는 경향이 있다. 세계화와 복지체제의 관계에 대한 정량적 연구들 가운데 대다수가 분석시기의 출발점을 1945년 직후나 늦어도 1960년대 초반으로 설정하는 것은 사례의 수를 늘려야 하는 방법론적 필요와 함께 세계화를 최근의 현상으로 국한시키지 않는 시각을 반영한다. 그러나 이러한 접근법은 상이한 현상들에 동일한 이름을 붙이는 오류를 범할 위험이 없지 않다. 추상의 사다리

---

8) Dani Rodrik, "Democracies Pay Higher Wages", *Quarterly Journal of Economics* 114(1999), pp. 707~738. 로드릭은 노동생산성, 소득수준 등의 변수들을 통제하면서 정치적 경쟁과 참여 등의 민주주의의 경험적 지표들이 제조업 부문의 임금상승을 설명해준다고 주장한다.

9) 예로는 다음을 참조. Dani Rodrik, "Why Do More Open Economies Have Bigger Governments?", *Journal of Political Economy* 106(1998), pp. 997~1032; Jude C. Hays, Sean D. Ehrlich, and Clint Peinhardt, "Government Spending and Public Support for Trade in the OECD: An Empirical Test of the Embedded Liberalism Thesis", *International Organization* 59(2005), pp. 473~494.

높이 위치하는 경제개방(*economic openness*)이라는 하나의 개념으로 1940년대 후반에서 1960년대를 통해 이루어진 무역자유화와 1980년대 후의 자본이동 증가를 포괄하는 것은 무리한 일반화로 귀결될 수 있

〈표 6-5〉 GDP 대비 사회보장 지출

단위: %

국가\연도		1958	1973	1980	1989
사민주의 복지국가	스웨덴	11	20	31	33
	노르웨이	8	17	20	19
	덴마크	11	17	26	28
	핀란드	9	13	17	21
기민주의 복지국가	오스트리아	14	17	21	24
	벨기에	13	19	24	24*
	네덜란드	11	21	27	27
	독일	17	18	23	22
	프랑스	13	18	25	26
	이탈리아	11	15	17	22
	스위스	7	12	13	13
자유주의 복지국가	캐나다	8	13	13	17
	아일랜드	9	10	19	17
	영국	10	13	17	16
	미국	6	10	12	11
임금소득자 복지국가	호주	4	8	11	8
	뉴질랜드	6	12	17	19
	일본	4	5	10	11

* 1986년 수치임.

출처: Evelyne Huber and John D. Stephens, *Development and Crisis of the Welfare State: Parties and Policies in Global Markets*(Chicago: University of Chicago Press, 2001), p. 354의 표 A. 4를 재구성한 것임.

기 때문이다. 필자의 시각은 내장된 자유주의가 수정되면서 진화했듯이 이 전후재편을 압박하는 시장의 힘 또한 변화한다는 것이다.

오늘날 우리가 말하는 세계화와 브레턴우즈 체제의 자유화 사이에는 무역패턴, 생산체제, 산업구조 및 커뮤니케이션 기술, 그리고 정책이념의 변화가 있었다. 세계화의 물결을 거스를 수 없는 시대의 대세라고 주장하는 이들은 대체로 지난 20여 년간의 변화를 테크놀로지의 혁명으로 규정하는 경향이 있다. 저널리스트 토머스 프리드먼으로 대표되는 이 기술결정론적 시각에서 세계화는 인터넷과 마이크로칩의 산물이다.[10] 반면에 필자는 내장된 자유주의가 국제적 자유주의와 국내적 개입주의가 조화될 수 있다는 정치적 믿음에 기초한 주요 산업국들의 선택이었듯이 세계화 역시 다양한 사회적 목적을 가진 개별정부들의 정치적 선택에 의해 추동된 과정이라고 본다. 세계화에 대한 이러한 정치적 해석을 따를 때 세계화가 국내정치경제에 부정적 영향을 미친다 하더라도, 또는 바로 그 때문에 국가는 경제개방의 속도와 폭을 조절하는 역할을 여전히 수행한다.[11]

다음 절에서는 세계화로 인해 사회적 목적과 자유주의의 결합이 약

---

10) Thomas L. Friedman, *The Lexus and the Olive Tree*(New York: Farrar, Straus & Giroux, 1999). 이 책에 대한 탁월한 서평으로 다음을 참조. Barry Eichengreen, "One Economy, Ready or Not: Thomas Friedman's Jaunt Through Globalization", *Foreign Affairs* 79(May/June 1999), pp. 118~122. 《렉서스와 올리브 나무》가 글로벌 시장과 정체성의 갈등을 다루었던 반면에 프리드먼의 최근작인 《지구는 평평하다》는 더욱 기술결정론적이다. Friedman, *The World Is Flat: A Brief History of the Twenty-first Century* (New York: Farrar, Straus & Giroux, 2005).

11) 세계화가 국가의 정치적 선택이었다는 관점은 다음 저작들에서 잘 나타난다. Eric Helleiner, *States and the Reemergence of Global Finance: From Bretton Woods to the 1990s*(Ithaca: Cornell University Press, 1994); Ethan B. Kapstein, *Governing the Global Economy: International Finance and the State*(Cambridge: Harvard University Press, 1994).

화되고 있다면 그 징후들은 어떤 것인지 살펴본다. 1980년대와 1990년대를 통해 내장된 자유주의의 국내정치적 조건들이 어떻게 변화했는지 보기 위해 앞 장들에서 비교분석의 대상이 되었던 미국, 영국, 프랑스, 독일 네 나라를 다시 관찰한다. 아울러 내장된 자유주의의 제도적 관성이 어떻게 발현되는지를 정당체제의 변화와 관련시켜 본다. 세 번째 절에서는 내장된 자유주의와 미국패권의 관계에 대해 논의한다. 마지막 절에서는 내장된 자유주의가 세계화 시대에도 지속될 수 있기 위한 조건은 무엇인가를 검토한다.

2. 내장된 자유주의의 변화와 연속성

1990년대 이후 정치학자들을 비롯하여 사회과학자들이 가장 쉽게 입에 올리고 글로 쓰는 단어가 있다면 그것은 바로 세계화(*globalization*) 일 것이다. 그것은 지금 이 순간에도 학기말 페이퍼, 학위논문, 학술지 논문, 연구보고서, 정책보고서, 대중적 사회과학서적에 수없이 등장하는 이 시대의 전문적 유행어이다. 이처럼 보편적으로 쓰이는 용어들이 흔히 그러하듯이 세계화에 대한 정의는 참으로 다양하며, 이 문제를 접근하는 학자들의 수만큼이나 많은 정의가 있다고 해도 과언이 아닐 정도이다. 더 나아가 세계화는 그 정의 자체가 논쟁의 대상이 되고 있는 개념이다. 세계화의 경험적 지표들은 너무나 다양해서 세계화를 어떻게 정의하느냐에 따라서 매우 이질적인 측정도구들이 선택된다. 경제개방의 척도로 가장 흔하게 인용되는 무역량의 증가를 보더라도 개발도상국들에서 선진산업국들로의 수출증대에 초점을 맞추는 이들이 있는가 하면 선진산업국들에 주로 국한된 산업 내 교역(*intra-industry trade*) 또는 기업 내 교역(*intra-firm trade*)의 중요성을 강조하는 이들도 있다. 자본이동의 자유화와 글로벌 금융의 출현은 오늘날의 세계화가 브레턴우즈 체제하에서의 경제개방과 가장 구분되는 특징으로 지적된다.

1970년대 말 이후로 학자들과 논평가들은 지역 수준의 자유무역지대 창설이 새로운 형태의 보호주의가 될 가능성에 대해 논의했고, 특히 전간기의 블록경제가 근린궁핍화(*beggar-thy-neighbor*) 효과를 가졌던 것과의 역사적 유추가 난무했다.[12] 무역에서의 다자주의의 쇠퇴는 보수주의자들과 급진주의자들 모두에 의해 국제경제질서로서 내장된 자유주의가 무리하게 연장해온 수명이 이제 끝나 감을 알리는 것으로 이해되었다. 다자적 무역체제가 전후 20여 년 동안 작동할 수 있었던 것은 무엇보다도 미국이 패권국으로서 자유무역의 재정적 보증자 역할을 했기 때문이었다. 그러나 1971년에 미국이 금-달러 본위제를 포기하고 서독과 일본이 경제력에서 미국과 대등한 위치에 오르게 되면서 세계무역은 서유럽, 북미, 일본을 필두로 하는 동아시아 세 지역으로 집중되었다. 이러한 변화는 "무역전쟁"(*trade war*)으로 과장되면서 전간기의 암울한 상황과의 유추를 통해 국제 자유주의 경제의 파국을 암시했다. 미국이 일본을 비롯한 무역상대국들의 불공정 관행에 대해 상호성을 강력히 요구하던 1980년대 중반의 국제정치경제 문헌 가운데 패권안정이론(*hegemonic stability theory*)과 폴 케네디(Paul Kennedy)로 대표되는 제국성쇠론에 대한 논의들이 많았던 것은 우연이 아니었다.[13]

이러한 우려에도 불구하고 주요 산업국들은 전간기의 경험을 되풀이하지 않았고, 지금도 국제 자유주의 경제가 자기파멸적인 무역전쟁에 돌입할 가능성은 보이지 않는다. 새로이 등장한 보호주의적 행태가 전

---

12) 논리적으로 정제된 유추를 보기 위해서는 다음을 참조. Kenneth A. Oye, *Economic Discrimination and Political Exchange: World Political Economy in the 1930s and 1980s*(Princeton: Princeton University Press, 1992), p. 203.

13) Richard Higgott, "Beyond Embedded Liberalism: Governing the International Trade Regime in an Era of Economic Nationalism", in *Globalization and Public Policy*, ed. Philip Gummett(Cheltenham: Edward Elgar, 1996), p. 25.

후 무역자유화의 틀을 어느 정도 손상했다면, 그 이유는 에릭 헬라이너의 지적대로 "국가들이 자유주의적 금융질서와 자유주의적 무역질서를 동시에 유지하는 것이 어렵다고 보았기" 때문이다. 따라서 현재의 무역체제는 다자주의의 포기라기보다는 베스 야브러와 로버트 야브러가 말하는 "소다자주의"(*minilateralism*)에 가깝다고 보는 것이 정확할 것이다.[14] 다자주의가 하나의 일관된 규칙체계에 대한 합의에 기반을 두는 것을 원칙으로 하는 데 비해 일종의 덜 폐쇄적인 경제블록이라고 할 수 있는 소다자주의 레짐은 역외국들에 대한 차별이 근린궁핍화의 지점까지 진행되지 않도록 더 복잡하고 세련된 제도적 장치들을 필요로 한다. 이는 미국의 자유주의 패권행사에 영향을 미치는 구조적 요인들이 전후 초기와 냉전 시기보다 더 다양해졌음을 의미한다. 여기서 우리가 말할 수 있는 것은 경제개방의 사회적 비용에 대한 포퓰리즘의 정치수사[15]에도 불구하고 전후타협의 국제 자유주의 측면은 어떤 심각한 위기에 처해있다고 보기 어렵다는 점이다.

내장된 자유주의의 지속성을 주장해온 존 러기는 세계화가 전후재편의 질서에 제기하는 위협은 국내적 성격이 강하다고 본다.[16] 세계화는

---

14) Helleiner, *States and the Reemergence of Global Finance*, p. 207; Beth Yarbrough and Robert Yarbrough, *Cooperation and Governance in International Trade: The Strategic Organizational Approach* (Princeton: Princeton University Press, 1992), chap. 5; idem, "Regionalism and Layered Governance: The Choice of Trade Institutions", *Journal of International Affairs* 48 (1994), pp. 111~114.

15) 1992년 대선에서 제 3당 후보로 출마한 로스 페로(Ross Perot)가 공화당이 추진 중이던 북미자유무역협정(NAFTA)을 두고 미국의 일자리를 "빨아들이는 거대한 소리"(*giant sucking sound*)라고 표현했던 것이 전형적인 예라고 하겠다.

16) John Gerard Ruggie, "Trade, Protectionism and the Future of Welfare Capitalism", *Journal of International Affairs* 48 (1994), pp. 1~2; idem, *Winning the Peace: America and World Order in the New Era* (New York: Columbia University Press, 1996), chaps. 5 and 6.

애초에 내장된 자유주의가 궁극적 목표로 삼았던 다자간 경제개방이 더 이상 어떤 국내적 이유들 때문에 제한될 필요가 없다는 인식하에 진행된 흐름이다. 세계화 시대의 자유주의는 사회적 목적의 족쇄에서 풀려난 프로메테우스인 것이다. 그리고 이 프로메테우스가 손을 보러 나선 첫 대상은 시대에 맞지 않는 비효율적인 국내정치경제였다. 실제로 북미와 유럽의 선진산업국들은 지난 20여 년 동안 노동시장 유연화와 복지개혁을 경쟁적으로 추진했고, 이는 경제정책이념으로서 케인스주의의 힘이 상대적으로 약화되는 과정과 대체로 일치했다.[17] 자본이동의 자유화와 다국적 기업의 글로벌 생산은 자국에 소재하는 기업들에 대한 정부의 정책적 영향력을 약화시켰다. 적어도 이론적으로는 어디든지 옮겨갈 수 있는 다국적 자본은 특히 내장된 자유주의 타협이 이루어지기 이전부터 기본적으로 일국적 제도였던 노사관계에 부정적 영향을 미치게 되었다.[18]

다른 한편에서는 조직노동이 내장된 자유주의가 형성되던 시기에 경제개방에 지지를 보내거나 적어도 저항하지 않았던 것과는 달리 1980년대 이후 신보호주의의 주된 이익집단들 가운데 하나가 되어버린 변화가 있었다. 이는 특히 미국에서 두드러진 현상이었다. 브레턴우즈 체제를 이끌었던 국제주의적 대량생산 부문의 노동자들이 미국의 제품과 품질 또는 가격에서 경쟁할 수 있는 물건을 만들어내는 나라들의 수가 급증함에 따라 경제개방에 반대하는 집단으로 바뀌게 된 것이다.[19] 전간기의 국제 자유주의 경제가 붕괴했던 중요한 이유 가

17) Mark Blyth, *Great Transformations: Economic Ideas and Institutional Change in the Twentieth Century*(New York: Cambridge University Press, 2002), chap. 5.

18) 2005년 봄 북미 월마트 영업점들 가운데 유일하게 노조가 조직된 퀘벡의 종퀴에르(Jonquière) 영업점이 폐쇄된 것은 한 예라고 할 수 있다. Anthony Bianco, "No Union Please, We're Wal-Mart", *Business Week*, February 13, 2006.

운데 하나는 각국 정부가 노동계급의 요구를 수용하는 비용을 근린궁핍화 정책을 통해 충당하려 했다는 사실이었다. 내장된 자유주의는 노동평화가 경제개방과 함께 이루어질 수 있다는 것을 보여준 체제였다. 따라서 보호주의를 원하는 조직노동의 존재는 전후재편의 와해를 증명한다는 주장은 근거가 없지 않다.

〈표 6-6〉은 이른바 전후 자본주의의 황금기가 끝나가던 시점에도, 전간기와 전후재편기를 거쳐 자리 잡은 각국의 노동체제의 근본성격은 크게 변하지 않았음을 보여준다. 노조의 조직밀도와 조직범위를 지표로 삼아 볼 때, 이 책에서 다룬 네 사례들의 체제유형은 제 1장의 유형론을 그대로 반영한다. 그러나 체제유형이 바뀌지 않았다고 해서 조직노동이 누리는 정치적, 사회적 영향력도 건재한다고 보기는 어렵다. 〈표 6-7〉의 실업률 추세만 보더라도 조직노동의 교섭력이 줄어들 수밖에 없음을 추론할 수 있다.

미국에서 양대정당의 중도파 정치인들과 재계의 자유주의 분파가 전후 30여 년 동안 유지해온 성장연합은 1981년에 공화당이 백악관을 장악하면서 우경화되기 시작했다. 국제지향적 기업들, 특히 금융부문은 민주당과의 오랜 협력관계를 청산하고, 대외경제정책의 범위가 극히 좁았던 골드워터(Barry Goldwater)에서 레이건으로 리더십을 바꾼 공화당을 새로운 정치적 파트너로 선택했다. 재계 지도자들은 국내적으로는 위대한 사회 프로그램을 통해 확대된 연방정부의 복지지출 삭감과 대외적으로는 제 2차 냉전으로 인한 군사비 지출증대를 지지했다. 특히 후자는 기존 산업생산력을 위축시키지 않고 고용창출 효과까지 갖는 것으로 인식되었다. 레이건 행정부의 군사적 케인스주의는 달러의 가치를 떨어뜨릴 수밖에 없었기 때문에 미국정부는 높은 이자율을

19) Michael Wallerstein, "Unemployment, Collective Bargaining, and the Demand for Protection", *American Journal of Political Science* 31(1987), pp. 729~730.

〈표 6-6〉 주요 산업국 노조 조직 현황, 1980년경

체제유형	국가	조직밀도 (*union density*)	조직범위 (*union coverage*)
사민주의 복지국가	스웨덴	82	83
	노르웨이	59	75
	덴마크	70	-
	핀란드	73	95
기민주의 복지국가	오스트리아	66	71
	벨기에	72	90
	네덜란드	38	60
	독 일	40	76
	프랑스	28	92
	이탈리아	51	-
	스위스	35	-
자유주의 복지국가	캐나다	31	38
	아일랜드	68	-
	영 국	48	47
	미 국	25	18
임금소득자 복지국가	호 주	51	80
	뉴질랜드	59	67
	일 본	31	21

출처: Evelyne Huber and John D. Stephens, "The Social Democratic Welfare State," in *Social Democracy in Neoliberal Times: The Left and Economic Policy since 1980*, ed. Andrew Glyn (Oxford: Oxford University Press, 2001), pp. 285~286.

〈표 6-7〉 주요 산업국 실업률 추이, 1960~1998년

단위: %

국가\연도	1960~1973	1974~1979	1980~1989	1990~1997	1998
오스트리아	1.7	1.6	3.7	5.7	6.5
벨기에	2.2	5.7	11.1	11.4	11.6
덴마크	1.3	6.1	8.1	10.2	6.4
핀란드	2.0	4.4	4.9	12.1	11.4
프랑스	2.0	4.5	8.9	11.1	11.8
독 일	0.8	3.4	6.7	7.6	9.3
이탈리아	5.3	6.6	9.9	10.4	11.9
네덜란드	1.1	4.9	9.8	6.3	4.2
스웨덴	1.9	1.9	2.5	6.2	6.5
스위스	-	-	0.6	3.4	3.9
영 국	1.9	4.2	9.5	8.4	6.2
미 국	4.8	6.7	7.2	6.1	4.5

출처: Alois Guger, "The Austrian Experience," in *Social Democracy in Neoliberal Times: The Left and Economic Policy since 1980*, ed. Andrew Glyn (Oxford: Oxford University Press, 2001), p. 59.

보장하는 공격적 통화정책을 병행했다. 서유럽과 일본으로부터 대량의 자본이 유입되었고, 이는 선진산업국들의 자본통제 해제를 하나의 정책적 유행으로 만들었다.[20]

레이건 행정부 시기는 또한 조직노동에게 어려운 시간을 안겨다주었다. 전국노사관계위원회(National Labor Relations Board; NLRB) 내에서 힘의 균형을 고용주 쪽으로 기울게 하기 위한 반노동 입법들이 이루어졌다. NLRB 판정들 가운데 고용주 손을 들어준 사례의 비율은

20) Cox and Skidmore-Hess, *U.S. Politics and the Global Economy*, pp. 161, 166, 167.

1975~1976년에 35%에 불과하던 것이 1984~1985년에는 66%로 높아졌다. 더 직접적으로 많은 노조들은 NLRB가 인정하는 단체교섭권을 상실하게 되었다. 집단교섭의 범위가 현저하게 좁아짐으로써 경영진의 생산현장 통제는 용이하게 되었다. 디플레이션 정책은 실업률을 높였고, 이는 다시 노조들의 협상력을 더욱 약화시켰다. 그 결과 1935년의 와그너 법 이후 처음으로 미국의 조직노동은 조합원 수의 감소를 목도하게 되었다. 노조이탈 추세는 계속되어 1990년대 초에 이르면 조직률은 15~17%, 단체교섭의 범위는 18~22%로 떨어졌다.[21)]

그러나 레이건 대통령 첫 임기 동안의 대외경제정책은 자본집약적 국제주의 산업부문들의 불만에 직면하게 되었다. 재계는 레이건 행정부의 제2차 냉전 전략이 자신들의 유럽시장 진출에 부정적인 영향을 미친다고 보았다. 실제로 레이건 행정부는 자유무역 지대를 넓히는 데 실패했고, 국내의 노동집약적 산업들에 더 많은 보호주의적 혜택을 주었다. 레이건 연합 내부의 이러한 균열은 민주당 내 중도우파로 하여금 대외적으로는 다자적 무역체제와 전면적 금융자유화를 하나의 짝으로 만들어 추진하고 국내적으로는 연방정부와 복지국가에 대한 신자유주의 개혁을 계속하는 방향의 새로운 전략을 제시하는 계기가 되었다. 부시 대통령이 "더 이상의 신규과세는 없다"(*no new taxes*)는 자신의 핵심공약을 이행하지 못하자 클린턴이 이끄는 신민주당(New Democrats) 분파는 국제주의-신자유주의 정책패키지를 정권탈환을 위한 최상의 도구로 확정했다. 클린턴 행정부 8년 동안 경제호황이 지속되면서 재정

21) *Ibid.*, p. 171; Thomas Ferguson and Joel Rogers, *Right Turn: The Decline of the Democrats and the Future of American Politics* (New York: Hill & Wang, 1986), p. 136; Michael Goldfield, *The Decline of Organized Labor in the United States* (Chicago: University of Chicago Press, 1987), p. 6; Roy J. Adams, *Industrial Relations under Liberal Democracy: North America in Comparative Perspective* (Columbia: University of South Carolina Press, 1995), p. 78.

적자, 만성적 실업, 복지제도의 낙후성에 대한 치유책으로서 신자유주의적 정책이념의 입지는 공고해졌다.[22]

보수당이 1979년에서 1997년까지 집권하는 동안 영국은 이 책에서 다루어지는 네 나라들 가운데 전후재편의 결과로서 만들어진 노사관계로부터 가장 멀어져갔다. 조합원 수의 감소는 빠른 속도로 그리고 꾸준하게 진행되었다. 경제침체와 치솟는 실업률은 노조의 협상력을 약화시켰다. 집단교섭은 외면되고 이른바 "인적 자원 관리"(human resource management; HRM)가 전통적 노사관계를 대체하는 개념으로 등장했다. 일련의 반노동 입법들은 폐쇄적 노조가입제(*closed shop*), 피케팅(*picketing*), 동조파업(*secondary strikes*) 등을 제약하거나 불법화시켰고,[23] 파업 사전통보 기간을 7일로 의무화했으며, 쟁의로 인한 작업장 손실에 대한 노조 면책권을 박탈했다. 다수사용자 협상(*multi- employer bargaining*)이 일반적인 유럽대륙 나라들과는 달리 영국은 단일사용자 협상(*single-employer bargaining*)이 지배적이라는 점에서 미국과 유사하다. 1990년에 이르면 다수사용자 협상은 전체 집단교섭의 10%에 불과할 정도로 줄어들었다.[24]

---

22) Cox and Skidmore-Hess, *U. S. Politics and the Global Economy*, p. 207. 또한 클린턴 대통령이 연방정부 공무원들에게 일독을 강력히 추천했던 다음 책을 참조. David Osborne and Ted Gaebler, *Reinventing Government: How the Entrepreneurial Spirit Is Transforming the Public Sector* (Reading, Mass.: Addison-Wesley, 1992).

23) 동조파업이 노동당이 집권하고 있는 지금도 불법행위로 남아있다는 사실은 내장된 자유주의의 변화를 잘 보여준다. 블레어 정부의 보수적 노사관계 정책에 대해서는 다음을 참조. Chris Howell, "From New Labour to No Labour? The Industrial Relations Project of the Blair Government in Britain", *New Political Science* 22 (2000), pp. 201~229.

24) Paul Edwards et al., "Great Britain: From Partial Collectivism to Neo-liberalism to Where?", in *Changing Industrial Relations in Europe*, ed. Anthony Ferner and Richard Hyman, 2d ed. (Oxford: Blackwell, 1998), pp. 1, 13~15, 18, 20; Jelle Visser and Joris Van Ruysseveldt, "From

이처럼 공격적인 반노동적 정책에도 불구하고 보수당 정부들은 기대했던 만큼의 경제성장과 고용창출을 달성하지 못했다. 대처의 신자유주의 개혁으로부터 가장 큰 이득을 본 것은 런던 금융가(City of London)였다. 이들은 기존의 사업영역을 더욱 국제화시켜 주요 선진산업국들의 시중은행과 투자은행이 내놓는 거의 모든 종류의 금융상품들이 런던시장에서 거래되게 만들었다. 1980년대 이후 런던은 글로벌 금융의 자유무역지대가 되었다. 반면에 전후재편을 통해서도 런던 금융가의 헤게모니 아래서 벗어나지 못했던 제조업 부문의 기반은 더욱 약화되었다.[25] 노조의 조직적 약세와 제조업의 산업적 약세는 그 근원은 조금씩 다르지만 동시에 서로 영향을 주며 진행되었다. 산업과 금융 간의 균형을 가져오지 못한 보수당의 정책적 실패는 토니 블레어의 신노동당 분파가 일자리를 찾는 유권자뿐만 아니라 산업의 활기를 원하는 재계의 지지를 확보하는 계기였다. 블레어 총리의 노동당 정부는 노조회의(Trades Union Congress; TUC)와의 역사적 유대를 느슨하게 만들었고, 레이건 행정부가 도입한 근로연계복지(*workfare*) 프로그램들을 모델로 삼아 사회정책을 변화시켰다.[26]

Pluralism to … Where? Industrial Relations in Great Britain", in *Industrial Relations in Europe: Traditions and Transitions*, ed. Ruysseveldt and Visser(London: Sage, 1996), pp. 53~54.

25) Martin Rhodes, "Restructuring the British Welfare State: Between Domestic Constraints and Global Imperatives", in *Welfare and Work in the Open Economy*, vol. 2: *Diverse Responses to Common Challenges*, ed. Fritz W. Scharpf and Vivien A. Schmidt(Oxford: Oxford University Press, 2000), pp. 19~68; Andrew Baker, "Globalization and the British 'Residual State'", in *Political Economy and the Changing Global Order*, ed. Richard Stubbs and Geoffrey R. D. Underhill, 2d ed. (Toronto: Oxford University Press, 2000), p. 364.

26) Joel Krieger, *British Politics in the Global Age: Can Social Democracy Survive?*(Oxford: Oxford University Press, 1999), chap. 2; Desmond King, *Actively Seeking Work? The Politics of Unemployment and Welfare*

1980년대와 1990년대는 프랑스 정부-기업 관계의 전환점이었다. 미테랑 대통령의 사회당 정부가 집권 2년 만인 1983년에 국유화에서 민영화와 탈규제로의 정책전환을 취하면서 전후재편 이후 정부-기업 관계를 특징지었던 지도주의는 보다 대등한 상호작용에 가까운 내용으로 대체되기 시작했다. 프랑스 국가는 이제 위로부터의 산업정책을 강조하기보다 사회정책 영역에 더 많은 자원을 집중시켰다. 제 4공화국 이후로 프랑스 정부가 유럽의 그 어느 나라보다도 관대한 복지 프로그램을 유지해온 것은 대립적인 노사관계가 제도권의 정치안정까지 위협하지 않도록 해야 한다는 이유가 컸다. 그럼에도 불구하고 1995년 가을과 겨울의 파업은 유럽통합이 진척되면서 고용안정도가 떨어지고 생활수준이 저하될 것을 우려한 데서 비롯되었다.[27] 노동문제가 작업장 수준이나 전국 수준의 노사간 집단교섭을 통해 다루어지기보다는 국가와 노동이 직접적으로 대면하는 구조가 지속되었다.

이처럼 노사관계의 낮은 제도화 수준을 교정하기 위해 사회당 정부는 재계에서 노동문제에 대해 상대적으로 진취적인 기업들과 온건한 노조연맹체인 프랑스민주노동동맹(Confédération Française Démocratique du

---

Policy in the United States and Great Britain(Chicago: University of Chicago Press, 1995), chap. 5. 복지개혁의 시도가 곧 복지감축을 가져오는가는 또 다른 연구를 필요로 하는 주제이지만, 대처 정부와 레이건 행정부를 비교분석했던 폴 피어슨은 복지감축은 유관 이익집단의 힘이 약하거나 그들의 정치적 영향력을 정부가 차단할 수 있을 때에만 제한적으로 이루어졌다고 주장한 바 있다. Paul Pierson, *Dismantling the Welfare State? Reagan, Thatcher, and the Politics of Retrenchment*(New York: Cambridge University Press, 1994), p. 6.

27) Vivien A. Schmidt, *From State to Market? The Transformation of French Business and Government*(New York: Cambridge University Press, 1996); Jonah D. Levy, "France: Directing Adjustment?", in *Diverse Responses to Common Challenges*, ed. Scharpf and Schmidt, p. 309; Dani Rodrik, *Has Globalization Gone Too Far?*(Washington, D. C.: Institute for International Economics, 1997), pp. 41~43.

Travail; CFDT)을 한데 묶어 전국수준의 집단교섭체제를 만들려 노력했다. 그러나 여전히 재계 대다수는 기업단위의 협상을 선호했고, 프랑스 노동운동의 고질적 분파주의는 코포라티즘에 의한 노동평화를 저해하는 요인이었다. 제4공화국에 비해 국가가 노사관계의 제도적 공백을 채우기 위한 다각적 노력을 기울였으나 노동과 관련된 주요 쟁점들은 간헐적인 그러나 강렬하고 메시지 전달에 효과적인 공개적 항의를 통해 부각되었다.[28)]

제5장에서 필자는 독일의 정치경제가 이 책에서 비교되는 다른 세 나라들과 견주어 볼 때 전후재편을 통해 적어도 외견상으로는 가장 큰 변화를 보인 경우라고 언급한 바 있다. 1980년대와 1990년대에 내장된 자유주의의 국내제도적 조건들의 연속성이 가장 두드러진 나라는 또한 독일이었다. 프랑스와 영국의 노조조직률이 1980년대에 각각 7.2%와 8.2%의 감소를 보였던 반면에 독일의 수치는 4.5%에 그쳤다. 같은 시기에 미국의 노조이탈 속도도 독일과 비슷한 수준이었지만 미국은 이미 1970년대부터 조직노동의 약화가 시작되었다는 점이 고려되어야 한다. 전국수준의 집단교섭과 작업장 수준의 공동결정이 동시에 운영되는 독일의 "이원체제"(*dual system*)는 재계의 꾸준한 반대에도 불구하고 안정적으로 유지되었다.

더욱 특기할 만한 것은 1990년대 초반에도 집단교섭의 적용범위가 90%로 여기서 다루어지는 나라들 가운데 가장 높았다는 점이다. 중소기업들이 대기업 중심의 전통적 교섭제도의 유용성에 대해 의문을 점점 강력하게 제기하고 있기는 하지만 금속노조(IG Metall)가 선도하는 "패턴교섭"(*pattern bargaining*)[29)]은 여전히 대기업들의 선호를 받고 있

---

28) Joris Van Ruysseveldt and Jelle Visser, "Contestation and State Intervention Forever? Industrial Relations in France", in *Industrial Relations in Europe*, ed. Ruysseveldt and Visser, pp. 119~122.

29) 패턴교섭은 한 노조, 특히 산별노조가 자기가 속한 산업부문의 한 주력기업

다. 소규모 고용주들은 반세기 가까이 계속된 노사관계 관행에 도전할 만한 조직력을 갖고 있지 못했다.[30] 이는 탈집중화 없이 탈카르텔화가 이루어진 전후재편의 한 결과였다.

기민/기사 연합(CDU/CSU)과 자민당(Freie Demokratische Partei; FDP)의 연립정부도 다른 나라들의 보수집권당들과 마찬가지로 경제의 자유화와 탈규제화를 추구했지만 코포라티즘의 기본틀을 크게 변경하는 지점까지 나아가지는 않았다. 영국과 비교해 볼 때, 지난 20여 년간 독일에서 이루어진 노동입법은 노조약화라는 측면에서 큰 효과가 없었다. 부분적으로 이는 집권 기민당이 독일노동조합연맹(Deutscher Gewerkschaftsbund; DGB) 리더십과 긴밀한 협력관계에 있었기 때문이다. 이 중도우파 정당 내의 노동 관련 당무자들은 노사관계의 신자유주의적 변화에 제동을 걸었다. 이는 독일의 국가 또는 정치사회가 내부적으로 매우 분산된 구조를 갖고 있는 반면에 시민사회는 매우 집중된 구조를 갖고 있는 것을 반영한다. "분권화된 국가"와 "집권화된 사회"의 독일적 배합은 정치경제의 기본틀을 급진적으로 변형하는 것을 매우 어렵게 만들었다.[31]

과 보통 전국수준의 집단교섭을 통해 만들어낸 결과가 다른 산업부문들에도 하나의 패턴으로 적용되는 것을 말한다.

30) Bruce Western, *Between Class and Market: Postwar Unionization in the Capitalist Democracies*(Princeton: Princeton University Press, 1997), p. 24; Adams, *Industrial Relations under Liberal Democracy*, pp. 78, 146～148; Kathleen A. Thelen, *Union of Parts: Labor Politics in Postwar Germany* (Ithaca: Cornell University Press, 1991), chap. 1; idem, "Why German Employers Cannot Bring Themselves to Dismantle the German Model", in *Unions, Employers, and Central Banks: Macroeconomic Coordination and Institutional Change in Social Market Economies*, ed. Torben Iversen, Jonas Pontusson, and David Soskice(New York: Cambridge University Press, 2000), p. 141.

31) Jelle Visser and Joris Van Ruysseveldt, "Robust Corporatism, Still? Industrial Relations in Germany", in *Industrial Relations in Europe*, ed.

이처럼 간략한 관찰을 통해서 내장된 자유주의의 국내제도 변화도 나라에 따라 상이한 모습을 띤다는 것을 알 수 있다. 전후재편이 고도의 경제성장과 함께 안착되면서 1960년대 초에 대니얼 벨로 대표되는 이념의 종언론 또는 체제수렴론이 풍미했던 것처럼 1990년대 이후 세계화에 대한 많은 논의들은 경제는 물론이고 문화의 영역까지 미국이 주도하는 시장의 가치에 의해 지배될 것이라고 예측했다.[32] 그러나 글로벌 경제의 동화적 압력은 1950년대 이후로 노동시장과 정당간 경쟁을 틀 지어온 각국 고유의 제도들을 통과하면서 주요 국내행위자들이 수용할 수 있는 형태로 변환되었다.

세계화에 관한 문헌에서 글로벌 경제가 등장함에 따라 국민경제간의 경계선은 급속히 허물어지고 있으며 거시경제, 세제, 노사관계, 복지 등의 정책영역에서 개별정부의 자율성은 약화일로에 있다는 식의 주장은 쉽게 찾아볼 수 있다. 경제적 상호의존을 통해 창출된 하나의 세계는 국가, 사회, 공동체, 개인이 그것을 받아들일 준비가 되어 있든 아니든 밀려드는 물결이다. 그리고 그 물결이 이제 정체성과 문화의 영역까지 스며들고 있다는 관측은 세계화론의 필수요소가 되었다. 토머스 프리드먼이 말하는 신자유주의의 "황금 구속복"을 스스로 또는 대세를 따라 입은 국가들은 실제로 경제는 성장하고 정치는 쪼그라드는 경험을 하고 있는지 모른다.[33]

Ruysseveldt and Visser, pp. 156~157; Peter Katzenstein, *Policy and Politics in West Germany: The Growth of a Semi-Sovereign State* (Philadelphia: Temple University Press, 1987), p. 367.

32) Daniel Bell, *The End of Ideology: On the Exhaustion of Political Ideas in the Fifties* (Glencoe, Ill.: Free Press, 1960); William Greider, *One World, Ready or Not: The Manic Logic of Global Capitalism* (New York: Simon & Schuster, 1997); Benjamin R. Barber, *Jihad vs. McWorld* (New York: Times Books, 1995).

33) Friedman, *Lexus and the Olive Tree*, p. 87.

그러나 개별국가의 정부는 경제개방 과정의 수동적 수용자로 보기 어렵다. 국제무역은 여전히 주요 산업국들의 정책의제 가운데 수위를 차지하고 있다. 특히 서비스 부문의 무역량이 증대하면서 무역은 그 어느 때보다도 국가간의 섬세한 정책조율을 필요로 하는 민감한 사안이 되었다. 1995년 세계무역기구(WTO) 출범과 함께 발효된 서비스 무역에 관한 일반협정(General Agreement on Trade in Services; GATS)은 이 정책사안의 중요성을 잘 보여준다. 더욱 흥미로운 것은 글로벌 금융 영역에서 국가의 역할이 점점 커지고 있다는 점이다. 자본이동에 대한 통제가 내장된 자유주의의 기본속성이었을 때에는 국가의 역할이 행정적 감독에 국한되었다. 엄격한 통제가 이루어졌기 때문에 오히려 정부가 구체적으로 할 일이 별로 없었던 것이다. 1970년대 말과 1990년대 초 사이에 주요 선진산업국들이 앞다투어 단기 자본이동에 대한 규제를 풀면서 사정은 크게 달라졌다. 훨씬 다양한 금융활동이 이루어졌고, 세계금융시장의 구조적 불안정에 대한 우려가 투자자들 사이에서 나타나기 시작했다. 급변하는 시장에 대한 확신을 가질 수 없었던 자본은 다시 국가를 찾았다. 개별국가의 정부는 글로벌 금융을 관리할 수 있는 새로운 규칙과 절차를 만들어야 했다.[34]

세계화 시대에도 정치는 크게 위축되지 않을 것이라고 보는 근거는 또 있다. 민주주의하에서 선거정치의 논리를 따를 수밖에 없는 정당들은 전후타협 체제의 수혜자들의 요구를 무시하기 어렵다. 전후재편의 지지기반이 확대되는 과정은 역설적이게도 좌파 또는 중도좌파 정당들

34) John Gerard Ruggie, "At Home Abroad, Abroad at Home: International Liberalisation and Domestic Stability in the New World Economy", *Millennium* 24(1994), pp. 513~515; Michael Moran, "The State and the Financial Services Revolution: A Comparative Analysis", *West European Politics* 17(1994), p. 176; John B. Gooldman and Louis W. Pauly, "The Obsolescence of Capital Controls? Economic Management in an Age of Global Markets", *World Politics* 46 (1993), pp. 50~82.

과 조직노동의 전통적 유대가 약화되는 과정과 대체로 일치했다. 보편적 복지국가에 대한 주요 정당간의 합의는 좌파가 사회적 보호의 이념과 정책을 독점할 수 없게 만들었다. 내장된 자유주의의 국내화는 계급정치적 요소들을 약화시키고 좌파정당들로 하여금 특정 사회집단을 넘어 지지기반을 확대하려는 포괄정당(*catch-all party*) 전략을 경쟁적으로 채택하게 만들었다. 미국의 민주당, 영국의 노동당, 프랑스의 사회당, 독일의 사민당은 갈수록 선거정치의 대중적 기반 변화에 발맞추어 상대방 우파정당의 신자유주의 경제정책들을 모방했다. 이는 2차대전 직후에 집권한 이 나라들의 우파정당들이 앞선 좌파정당들의 복지체제 확대 및 노사관계 제도화를 계속할 수밖에 없었던 것과 흥미로운 대조를 이룬다. 맥락의 차이는 분명히 존재하지만 두 시기에 정당간 경쟁은 각 당의 전통적 지지기반에만 호소하지 않았다는 공통점을 갖는다.

전후재편의 역사적 배경은 노동계급의 정치적, 경제적 요구를 제도화된 방식으로 수용하지 못했던 전간기의 경험과 노동계급의 대규모 동원이 두 번째로 이루어진 2차대전에서 발견된다. 전후타협에 대한 지지기반을 넓히기 위해 선진산업국들은 조직노동을 훨씬 넘어서는 광범한 수혜자 집단을 만들어냈다.[35] 보편적 복지국가의 수혜자 집단들 가운데 중간계급은 수혜자인 동시에 납세자라는 점에서 복지정치의 중심을 형성했다. 정당들은 한편으로는 급격한 복지개혁의 칼날로부터 기존 수혜자를 보호해야 했고, 다른 한편으로는 복지국가의 재정위기 책임을 피해야 했다. 즉 복지정치를 둘러싼 정당간 경쟁은 "공로차지"(*credit claiming*)와 "책임회피"(*blame avoidance*)의 요소를 모두 갖는 것이었다.[36] 그 결과는 복지국가의 해체보다는 복지정치의 교착(*gridlock*)

---

35) Peter Baldwin, *The Politics of Social Solidarity: Class Bases of the European Welfare States, 1875-1975* (Cambridge: Cambridge University Press, 1990).

36) Pierson, *Dismantling the Welfare State?*, p. 2. 아울러 다음을 참조. R. Kent Weaver, "The Politics of Blame Avoidance", *Journal of Public Policy* 6

에 가까웠다. 내장된 자유주의의 가장 중요한 국내정치적 기반인 복지국가는 그 경로의존적 발전과정을 통해 자신의 수명을 연장하고 있으며, 가까운 장래에 그 생명력이 소멸될 가능성은 높아 보이지 않는다.

〈표 6-8〉 공공부문 의료비 부담비율

단위: %

국가\연도		1960	1973	1980	1991
사민주의 복지국가	스웨덴	73	86	93	88
	노르웨이	78	95	98	94
	덴마크	89	81	85	83
	핀란드	54	76	79	81
기민주의 복지국가	오스트리아	69	64	69	66
	벨기에	62	83	83	88
	네덜란드	33	71	75	73
	독 일	66	75	75	71
	프랑스	58	75	79	75
	이탈리아	83	89	81	78
자유주의 복지국가	스위스	61	66	68	69
	캐나다	43	74	75	73
	아일랜드	76	79	82	76
	영 국	85	88	89	84
	미 국	25	38	42	43
임금소득자 복지국가	호 주	48	61	63	68
	뉴질랜드	81	83	84	79
	일 본	60	69	71	72

출처: Evelyne Huber and John D. Stephens, *Development and Crisis of the Welfare State: Parties and Policies in Global Markets* (Chicago: University of Chicago Press, 2001), p. 360~361.

(1986), pp. 371~398.

흥미롭게도 포괄정당의 논리는 조직노동에게도 침투하여 서로 다른 산업부문의 노조들이 합병하는 전국수준의 노력들이 이루어졌다. 예컨대 미국에서는 피혁노조와 사무전문직 노조, 건축자재 부문의 노조와 목공노조, 가구노조와 전기노조, 작가노조와 자동차 노조 사이의 합병이 일어났다. 이는 제조업의 위축과 산업구조의 세분화로 인해 전통적인 육체노동자 조합이 가질 수밖에 없는 조직적 한계를 극복하기 위한 시도였다. 요스타 에스핑안데르센이 지적한 바대로 이 새로운 현상은 계급정치의 종말을 증명하기보다는 노조가 여전히 이익갈등을 정치적으로 표출하는 주된 제도임을 보여주는 것이다.[37]

3. 내장된 자유주의와 미국의 패권

미국 패권의 역사는 곧 국내적 타협과 국제경제질서의 조응도가 변화해온 과정이다. 따라서 미국 대외정책의 유형론은 국가간 정책조율의 정도로 측정되는 국제체제의 안정성을 설명하는 데 도움이 될 수 있다. 내장된 자유주의가 형성되던 1940년대 후반과 1950년대에 미국은 IMF와 IBRD를 창설하여 자유무역의 금융적 기반을 확보하고 GATT을 통해 동맹국들에게 경제개방이 국내적 타협을 압박할 때에는 자유무역에서 이탈할 수 있도록 해주었다. 무엇보다도 미국은 유럽과 일본의 자본이동 통제를 허용함으로써 일국적 수준에서의 거시경제 운용이 가능하도록 했다.[38] 종전 직후의 미국은 지배적 담론의 이분법을 따를

---

37) Gary N. Chaison, *Union Mergers in Hard Times: The View from Five Countries*(Ithaca, N.Y.: ILR Press, 1996), p.28; Gøsta Esping-Andersen, "Politics without Class? Postindustrial Cleavages in Europe and America", in *Continuity and Change in Contemporary Capitalism*, ed. Herbert Kitschelt, Peter Lange, Gary Marks, and John D. Stephens(New York: Cambridge University Press, 1999), p.315.

때 너그러운 패권국이었고, 많은 경우에 미국의 인내는 냉전이라는 체계적 수준의 논리로 설명된다. 그러나 반세기 가까이 지속된 냉전을 통해 미국의 인내는 일관적이지 않았고, 끊임없이 국내정치경제의 변동에 따라 부침을 겪었다. 필자의 관점에서 미국패권의 행사가 너그럽고 다자주의적인 유형에서 인색하고 일방적인 유형으로 변화한 것은 각국의 정치경제가 지향하는 사회적 목적의 점증하는 이질성에서 한 원인을 찾을 수 있다. 종전 직후에는 미국과 유럽 모두 오랜 전쟁을 통해 광범하게 동원되었던 노동계급에 대한 보상이라는 정치적 필요가 강하게 존재했고, 전시에 확대된 개입주의적 경제정책도구들은 그러한 사회적 목적의 수행에 적절했다. 그러나 이 "뜻 맞는 나라들간의 협력"은 오래가지 못했다.

1970년대 이후 미국 경제력의 상대적 약화와 냉전의 해체는 미국 정책입안자들로 하여금 국내정치, 특히 선거정치 계산법에 따라 움직이게 만들었고, 1980년대 이후 강화된 신자유주의 공세는 미국뿐만 아니라 많은 서유럽 나라들의 국내적 타협을—해체는 아닐지라도—변형시켰다. 그리하여 또 다른 지배적 담론은 모순을 내장할 뿐이던 내장된 자유주의는 종언을 고하고 보다 시장 중심적이고 자본이동을 용이하게 하는 경제체제로의 수렴이 이루어질 것으로 관측한다. 그러나 세계화의 체제수렴적 효과에도 불구하고, 또는 오히려 예상되는 그러한 효과 때문에 각국의 정치경제는 고유한 제도적 자원의 조합을 통해 독특한 대응들을 보여준다. 예컨대 세계화 압력으로 인한 복지개혁의 결과에서도 미국과 유럽 나라들은 내부적으로 복잡한 편차를 드러낸다. 기존 생산체제의 일국적 특징들, 특히 공공부문과 민간부문의 상대적 비중이 다르기 때문에 나타나는 복지개혁에 대한 저항의 강도는 유럽 나라들 내부의 정책변이를 상당정도 설명해준다. 뉴딜 이후로 연방정

38) Eric Helleiner, *States and the Reemergence of Global Finance: From Bretton Woods to the 1990s* (Ithaca: Cornell University press, 1994), chap. 2.

부의 고용창출기능이 확대되었지만 클린턴 행정부 이후로 이 오랜 역사적 경향은 역전되었고, 유럽에서와 같이 복지개혁에 강력히 저항하는 공공부문 노조를 미국에서 발견하기란 쉽지 않다.

미국 주도의 세계화와 자본이동 자유화는 미국 스스로가 창설했던 내장된 자유주의 질서를 압박하며, 그 속에서 여전히 생산과 분배를 실행하는 동맹국들에게 긴장을 전달한다. 유일한 초강대국에 대한 테러리스트 공격은 지난 20여 년 동안 미국이 추구한 국제 자유주의 경제질서의 재구조화와 멀지만 깊은 인과관계에 있다.[39] 패권의 유지는 “승리 이후의 제도화”를 어떻게 하는가에 따라 그 내용과 방향이 상당히 달라질 수 있다. 냉전에서의 승리 이후 10년 동안 미국이 국제체제를 제도화해온 경로를 면밀하게 추적할 때, 그것이 단순히 일방주의로의 점증하는 경도라고 볼 수는 없지만 대체로 기존의 “패권레짐”이 “패권체제”로 바뀌어온 과정이었다고 말할 수 있겠다.[40] 테러리즘과 같은 보이지 않는 위협에 대한 패권국의 과감한 공세는 보이는 시장에 대한 너무도 솔직한 추구와 동전의 양면을 구성하는 오늘날 미국 예외주의의 두 축이다.

흔히 미국 대외정책의 일방주의가 강화된 과정을 민주당에서 공화당으로 행정부가 바뀌면서 나타난 현상, 특히 9·11 이후에 극단적으로 심화된 현상으로 이해하는 정당정치적 해석을 볼 수 있다. 민주당을 동맹과 국제제도의 역할을 중시하는 다자주의의 정당으로, 공화당을

---

39) Fareed Zakaria, “The Politics of Rage: Why Do They Hate Us?”, *Newsweek*, Oct. 15, 2001.

40) 패권체제가 하나의 패권국이 존재하고 그 나라에 의해 지도되는 국제체제를 가리킨다면, 패권레짐은 패권국의 존재 여부와는 상대적으로 독립된 어떤 상태를 일컫는 것으로 기존의 국제경제 및 안보질서의 틀에 기본적으로 동의하는 나라간의 유형, 무형의 협약이다. 패권레짐에 대한 필자의 이해는 다음에서 시사 받은 바 크다. Duncan Snidal, “The Limits of Hegemonic Stability Theory”, *International Organization* 39(1985), pp. 579~614.

자국의 이익과 가치에 몰두하는 일방주의의 정당으로 단순화시켜 보는 것인데, 이는 앞서 본 사례들에서도 경험적으로 쉽게 반증된다. 루스벨트 민주당 행정부하에서 실행된 제1차 뉴딜 정책들은 국내정치경제의 계산법에 근거하여 입안된 것으로 철저히 일방주의적이었고, 대공황의 확산과 파시즘의 등장으로 인해 고립주의적이기까지 했다. 민주당 국제주의의 효시인 우드로 윌슨이 추구한 정책들은 중립을 지킬 때에도 전시와 전후에도 다자적이기보다는 일방적이었다. 민주주의끼리는 싸우지 않는다는 독트린 역시 클린턴에 앞서 윌슨이 제창한 것이었고,[41] 국제연맹의 실험은 일방적 과정이었다.

클린턴 행정부는 민주평화론을 적극적으로 수용하고 그것을 대외정책의 기조로 삼았지만 그 정책들이 얼마나 다자주의적으로 제시되었는가에 대해서는 이견이 존재한다. 미국의 문제와 해결책 모두 경제에 있다고 공언했던, 따라서 국내경제에 초점을 맞출 수밖에 없었던 클린턴의 첫 임기에 어떤 정련된 다자주의적 대외정책을 기대하기는 힘들었다. 두 번째 임기에 들어와 코소보와 같은 국제분쟁에 대한 클린턴 행정부의 동맹정책은 집권 초기에 그토록 강조했던 국제제도에 기반을 두는 다자주의의 반영이기보다는 유일한 초강대국으로서의 미국의 입지를 최대한 활용한 현실주의적 힘의 정치의 실현에 가까웠다.[42] 탈냉전 이후 미국 대외정책은 수단적 다자주의를 벗어나지 못했고, 가치에 대한 다자적 합의를 이끌어내려는 미국의 노력은 약했다.[43]

---

41) Bruce Russett, *Grasping the Democratic Peace: Principles for a Post-Cold War World* (Princeton: Princeton University Press, 1993), pp. 3~5.

42) 이 점에서 초국가적 제도들에의 참여를 이끄는 일차적 유인이 약자들이 참여하지 않아도 그들만의 레짐을 만들 수 있는 강자들의 힘(*go-it-alone power*) 때문이라는 로이드 그루버의 주장은 경청할 만하다. Lloyd Gruber, *Ruling the World: Power Politics and the Rise of Supranational Institutions* (Princeton: Princeton University Press, 2000).

43) Stephen Walt, "Two Cheers for Clinton's Foreign Policy", *Foreign Affairs*

여기서 개념적으로 패권레짐과 패권체제의 또 다른 이분법을 강조하는 것은 유익하지 않다. 참여국들이 패권국의 정치경제체제를 이루는 조직원리를 대체로 받아들이고 더 나아가 구체적 체제운용의 테크닉을 모방하려는 체제인 패권레짐과 단순히 패권국의 의지가 관철되는 패권체제를 구분하는 정도에서 그치는 것이 적절하다. 패권국의 상대적 힘이 약화되었다 해도, 패권국의 공공재 생산 및 공급 부담액이 낮아졌다 해도, 참여국들 가운데 하나 또는 일부가 자유주의 리더십을 대체할 만한 어떤 집합적 전망을 제시하지 못하는 한 패권레짐은 지속될 가능성이 높다.[44]

상이한 사회적 목적에 대한 패권국의 다자주의적 이해는 공동안보의 증진에 기여할 수 있다. 미국 정책입안자들로 하여금 예외주의적 가치관을 버릴 것을 기대하는 것은 비현실적이다. 오히려 과거에 미국만의 정치경제적 특징이라고 인식되던 것들이 좀더 집합주의적 경제체제를 가진 유럽에서도 발견되고 있음이 현실이다. 미국은 충분히 매력적이다. 문제는 앞선 패권국이었던 영국과는 달리 자국의 사회적 목적을 국제적으로 투사하는 능력이 뛰어난 미국이 그 능력을 어떻게 남용하지 않을 수 있는가이다.

79(2000), pp. 63~78; Pierre Martin and Mark R. Brawley, eds., *Alliance Politics, Kosovo, and NATO's War: Allied Force or Forced Allies?*(New York: Palgrave, 2001); Rosemary Foot, S. Neil MacFarlane, and Michael Mastanduno, eds., *U.S. Hegemony and International Organizations: The United States and Multilateral Institutions*(New York: Oxford University Press, 2003).

44) 마크 브롤리는 자유주의 리더십이 단순한 패권질서와는 다른 이유를 공화주의적 국내체제에서 찾는다. Mark R. Brawley, *Liberal Leadership: Great Powers and Their Challengers in Peace and War*(Ithaca: Cornell University Press, 1993).

4. 국제경제질서로서 내장된 자유주의는 지속될 것인가?

내장된 자유주의의 국내제도 변화가 나라마다 다르게 나타난다는 것은 세계화에 대한 인식이나 태도 역시 나라마다 다를 수 있음을 시사한다. 세계화가 무역량이 좀더 늘어나고 자본이동 자유화의 폭이 좀더 넓어지며 다국적 기업의 글로벌 생산이 좀더 확산되는 등의 경제적 현상으로만 인식된다면 그것은 1960년대 말부터 이미 논의되어온 경제적 상호의존 현상과 근본적으로 다르다고 보기 어렵다.[45] 찰스 킨들버거의 말대로 "하나의 경제적 단위로서 국가는 대략 끝났다"[46] 고 보아야 할지 모른다. 그러나 처음에는 대체로 경제적 의미만을 갖던 상호의존 개념은 로버트 코헤인과 조셉 나이에 의해 민감성(*sensitivity*)과 취약성(*vulnerability*)의 두 차원을 갖는 복합적인 국제정치경제적 개념으로 발전하게 되었고,[47] 이 널리 유포된 시각에 의하면 외부의 변화에 취약한 국가는 상호의존의 세계에서 영향력을 행사하는 데 한계를 갖게 된다.

세계화는 이러한 복합적 상호의존의 특성들을 공유하는 동시에 또 다른 국가간 갈등의 소지를 안고 있다. 그것은 한 나라의 정치경제가 움직이는 방식에 관한 인식과 이념이 서로 다른 데서 비롯되는 갈등이다. 프리드먼이 경제적 번영을 상징하는 "렉서스"에 대비시켜 사용한 "올리브 나무"가 의미하는 정체성과 전통에 대해 국가들은 여전히 고유

---

45) Richard N. Cooper, *The Economics of Interdependence: Economic Policy in the Atlantic Community* (New York: McGraw-Hill, 1968).

46) Charles P. Kindleberger, *American Business Abroad* (New Haven: Yale University Press, 1969), p. 207. Robert O. Keohane and Joseph S. Nye, *Power and Interdependence: World Politics in Transition* (Boston: Little, Brown, 1977), p. 3에서 재인용.

47) Keohane and Nye, *Power and Interdependence.*

의 관점을 지키려 하기 때문에 생기는 갈등인 것이다. 1995년 집권 이후 신자유주의 정책을 추진한 자크 시락 대통령이 정치경제 전반에 걸친 미국화의 높은 파고에 대해 "프랑스는 프랑스로 남고자 한다"고 역설했던 것[48]은 세계화에 대한 유럽의 양가적 반응을 예시한다. 단지 유럽만이 아니라 글로벌 경제에 참여하는 대부분의 나라들은 경제성장이 황금 구속복이 되기보다는 전쟁터에서 돌아오면 벗어버릴 수 있는 견고한 갑옷이기를 원하는 것이다.

냉전 이후 패권체제하에서의 정책 패러다임은 그 자체가 하나의 정치적 이슈가 되어가고 있다. 1990년대의 국내경제호황에 고무된 클린턴 행정부는 서유럽과 일본에게 동아시아 금융위기 이후의 글로벌 경기부양을 위한 팽창적 경제정책을 취하도록 압력을 가했다. 서유럽 국가들의 중앙은행들은 부정적 반응을 보였고, 그 정부들은 단기금융거래에 대한 국제적 규제가 필요하다고 주장했다. 미국의 경제적 성취에 대한 생각도 달랐다. 서유럽 국가들은 낮은 실업률, 평균 국민소득의 증가, 선도기업들의 글로벌 경쟁력 등 미국의 경제적 성공이 "나쁜 일자리"의 양산과 무관하지 않다고 보았다. 1970년대 후반 이후 서유럽 국가들은 인플레이션 억제를 위한 건전재정 확립에 우선순위를 부여하는 경향이 강했다. 경기부양책을 통한 고용창출은 정책수단으로서 바람직하지 못한 것으로 간주되었다. 즉 케인스주의 정책 패러다임의 일부는 제거되었다. 그러나 케인스주의의 약화가 곧 복지국가의 축소를 의미하지는 않았다. 대부분의 유럽 국가들은 복지개혁의 수사에도 불구하고 급격한 복지지출 삭감을 추구하지 않았다. 그 결과 유럽의 노동시장은 좋은 일자리들의 수가 정책적으로 제한되었고, 유럽경제의 주동력인 독일은 고용창출 없는 성장으로 특징지어졌다.[49]

---

48) James H. Mittelman, *The Globalization Syndrome: Transformation and Resistance* (Princeton: Princeton University Press, 2000), p. 243.

49) Robert Gilpin, *The Challenge of Global Capitalism: The World Economy in the*

이러한 식의 논의, 즉 세계화의 동화력에도 불구하고 각국의 정치경제는 독자성을 유지한다는 논의는 오늘날 세계화와 그것에 대한 국내 정치적 대응을 다루는 방대한 문헌에서 쉽게 발견된다.[50] 이러한 문헌은 좁게는 유럽, 넓게는 동아시아까지 포함되는 산업국들이 미국이 만들어놓은 정치경제의 틀을 수동적으로 받아들이지 않는다는 증거를 제시하는 데 만족하는 경향이 있다. 물론 그 자체도 중요한 기여이겠으나 현실적으로 더 절박한 문제는 주요 산업국들간에 사회적 목적의 이질성이 커질수록 국제체제 내의 긴장이 고조된다는 점이다. 특히 2001년의 엔론 스캔들로 표상되는 미국기업들의 재정적 무책임성은 레짐 참여국들로 하여금 개별국가 정치경제의 제도적 특징들을 필요 이상으로 강조할 수 있게 해주었다. 투명한 기업운영과 자유경쟁에 바탕을 둔, 그리하여 폐쇄적 기업운영과 카르텔화된 경쟁에 묶여있는 유럽과 동아시아의 자본주의보다 우월한 것으로 인식되어온 미국형 자본주의에 대한 비판적 재고가 이루어졌다. "자본주의 대 자본주의"[51]라는 구도로 전개된 이러한 비판은 미국 주도의, 그러나 실제로는 유럽 나라들 스스로의 판단에 따라 실행되었던 세계화와 신자유주의화에 대한

21st Century(Princeton: Princeton University Press, 2000), pp. 327, 329; Torben Iversen and Anne Wren, "Equality, Employment, and Budgetary Restraint: The Trilemma of the Service Economy", *World Politics* 50(1998), pp. 507~546; Esping-Andersen, "Politics without Class", p. 300.

50) 예들로는 다음을 참조. Suzanne Berger and Ronald Dore, eds., *National Diversity and Global Capitalism*(Ithaca: Cornell University Press, 1996); Peter A. Hall and David Soskice, eds., *Varieties of Capitalism: The Institutional Foundations of Comparative Advantage*(New York: Oxford University Press, 2001).

51) Albert Michel, *Capitalism vs. Capitalism: How America's Obsession with Individual Achievement and Short-term Profit Has Led It to the Brink of Collapse*, trans. Paul Haviland(New York: Four Walls Eight Windows, 1993).

반동과 궤를 같이한다.

냉전의 종식은 미국이 주도하는 세계화와 신자유주의 정책들이 원천적으로 침투하기 힘든 사회주의권의 소멸을 가져왔지만 미국의 자유주의 패권은 냉전시기만큼이나 많은 난제들에 부딪혔다. 아서 스타인이 지적한 바대로, 패권국이 체제유지 비용의 대부분을 부담할 때와는 달리 레짐 참여국간에 경제력의 평준화가 이루어졌을 때에는 국제협력의 조건과 내용이 명시되지 않으면 안 된다.[52] 근본적 체제위협요소로부터 국제 자유주의 공동체 전체를 지켜야 한다는 냉전의 내부단결 논리는 이제 더 이상 적용되기 어렵기 때문이다. 다자적 리더십이 작동하기 위해서는 미국이 자신의 자유주의 패권을 존중하는 국가들과의 협상과 타협을 공식적, 비공식적 제도를 통해 실천하는 것이 필수적이다.[53]

지난 반세기 동안 각국에서 다른 형태로 제도화되었던 사회적 목적의 이질성이 세계화를 통해 일소되기 어려운 조건하에서 미국의 패권행사는 훨씬 더 정교하고 세련된 국제적 정책조율을 요구한다. 내장된 자유주의가 형성되는 1940년대 후반과 1950년대에는 냉전이라는 강력한 환경적 변수가 존재했고, 서방세계 안에서 미국의 힘은 어떤 차원에서도 비교할 필요가 없는 압도적 우위에 있었다. 존 아이켄베리에 의하면, 대규모 전쟁이 끝난 상황에서 국제체계상의 힘의 불균형이 존재할 때 힘의 우위를 갖는 나라, 특히 패권국에게 주어지는 선택권은 세 가지가 있다. 첫째는 지배(*domination*)로서 국제체제 내에서의 상대적 이득을 향한 "끝없는 갈등에서 우세를 유지하기 위해" 동원 가능한

---

52) Arthur A. Stein, "The Hegemon's Dilemma: Great Britain, the United States, and the International Economic Order", *International Organization* 38(1984), p. 386.

53) William Wallace, "Europe, the Necessary Partner", *Foreign Affairs* 80 (May/June 2001), p. 16.

물질적 자원을 사용하는 것이다. 둘째는 방치(*abandonment*)로서 체계상의 심각한 불안정요인을 제거 또는 약화시킨 뒤 "손 씻고" 집으로 돌아가는 것이다. 셋째는 변형(*transformation*)으로서 타국들의 자발적 참여를 이끌어내고 그들의 기여를 제도화하는 방향으로 새로운 국제체제를 틀 짓는 것이다.[54] 내장된 자유주의는 세 번째 선택권을 추구한 것이었고, 미국은 역사상 변형의 방법을 통한 패권창출에 성공적이었던 드문 경우에 속한다.

전승국, 특히 패권을 차지한 나라가 변형의 방법을 통해 전후질서를 형성할 때의 관건은 압도적 우위에 있는 자신의 힘을 다자적 틀 속에 묶어둠으로써 전략적으로 제한할 수 있어야 한다는 것이다. 그 결과 국제질서의 헌정성은 제고된다.[55] 자유주의 패권국의 능력은 비자유주의적 대안이 체계적 수준에서 조직화되지 못하도록 만드는 데 있다.[56] 이러한 미국의 능력은 여전히 유지되고 있고, 어떤 측면에서는 크게 제고되었다. 문제는 그 능력이 발휘되는 양식이며, 그 차이는 국제체제 안정에 유의미한 결과를 만들어낸다.

---

54) G. John Ikenberry, *After Victory: Institutions, Strategic Restraint, and the Rebuilding of Order after Major Wars*(Princeton: Princeton University Press, 2001), p. 4.

55) *Ibid.*, pp. 4~7.

56) Craig N. Murphy, *International Organizations and Industrial Change: Global Governance since 1850*(New York: Oxford University Press, 1994), pp. 175~177.

참고문헌

Adams, Roy J. (1995), *Industrial Relations under Liberal Democracy: North America in Comparative Perspective*, Columbia: University of South Carolina Press.

Adams, William James(1989), *Restructuring the French Economy: Government and the Rise of Market Competition since World War II*, Washington, D. C. : The Brookings Institution.

Allen, Christopher S. (1989), "The Underdevelopment of Keynesianism in the Federal Republic of Germany", In *The Political Power of Economic Ideas: Keynesianism across Nations*, ed. Peter A. Hall, Princeton: Princeton University Press, pp. 263~289.

Alt, James E., Jeffry A. Frieden, Michael J. Gilligan, Dani Rodrik, & Ronald Rogowski(1997), "The Politics of International Trade: Enduring Puzzles and an Agenda for Inquiry", *Comparative Political Studies* 29, pp. 689~717.

Alt, James E. & Michael J. Gilligan(1994), "The Political Economy of Trading States: Factor Specificity, Collective Action Problems, and Political Institutions", *Journal of Political Philosophy* 2, pp. 165~192.

Aronowitz, Stanley(1983), *Working Class Hero: A New Strategy for Labor*, New York: The Pilgrim Press.

Badie, Bertrand & Pierre Birnbaum(1983), *The Sociology of the State*, trans. Arthur Goldhammer, Chicago: University of Chicago Press.

Baker, Andrew(2000), "Globalization and the British 'Residual State'", In *Political Economy and the Changing Global Order*, ed. Richard Stubbs & Geoffrey R. D. Underhill, 2d ed., Toronto: Oxford University Press, pp. 362~372.

Baldwin, Peter(1990), *The Politics of Social Solidarity: Class Bases of the European Welfare State, 1875-1975.* Cambridge: Cambridge University Press.

Banchoff, Thomas F(1999), *The German Problem Transformed: Institutions, Politics, and Foreign Policy, 1945-1995.* Ann Arbor: University of Michigan Press.

Barber, Benjamin R.(1995), *Jihad vs. McWorld*, New York: Times Books.

Barnett, Correlli(1986), *The Audit of War: The Illusion and Reality of Britain as a Great Nation*, London: Macmillan.

Baum, Warren C.(1958), *The French Economy and the State*, Princeton: Princeton University Press.

Beer, Samuel(1961), "Democratic One-Party Government in Britain", *Political Quarterly* 32, pp. 114~123.

Bell, Daniel(1960), *The End of Ideology: On the Exhaustion of Political Ideas in the Fifties*, Glencoe, Ill.: Free Press.

Bensel, Richard Franklin(1990), *Yankee Leviathan: The Origins of Central State Authority in America, 1859-1877*, New York: Cambridge University Press.

Berger, Suzanne(1980), "The Traditional Sector in France and Italy", In Berger & Michael J. Piore, *Dualism and Discontinuity in Industrial Societies*, New York: Cambridge University Press, pp. 88~131.

Berger, Suzanne & Ronald Dore, eds.(1996), *National Diversity and Global Capitalism*, Ithaca: Cornell University Press.

Berghahn, Volker R.(1986), *The Americanization of West German Industry, 1945-1973*, Cambridge: Cambridge University Press.

______(1996), "German Big Business and the Quest for a European

Economic Empire in the Twentieth Century", In *Quest for Economic Europe: European Strategies of German Big Business in the Twentieth Century*, ed. idem, Providence, R.I.: Berghahn Books, pp. 1~33.

Berghahn, Volker R. & Detlev Karsten(1987), *Industrial Relations in West Germany*, Oxford: Berg.

Berkowitz, Edward & Kim McQuaid(1980), *Creating the Welfare State: The Political Economy of Twentieth-Century Reform*, New York: Praeger.

Berman, Sheri(1998), *The Social Democratic Moment: Ideas and Politics in the Making of Interwar Europe*, Cambridge: Harvard University Press.

Bianco, Anthony(2006), "No Union Please, We're Wal-Mart", *Business Week*, February 13.

Blackbourn, David & Geoff Eley(1984), *The Peculiarities of German History: Bourgeois Society and Politics in Nineteenth-Century Germany*, Oxford: Oxford University Press.

Blank, Stephen(1973), *Industry and Government in Britain: The Federation of British Industries in Politics, 1945-65*, Farnborough, Hants: Saxon House.

______(1977), "Britain: The Politics of Foreign Economic Policy, the Domestic Economy, and the Problem of Pluralistic Stagnation", *International Organization* 31, pp. 673~721.

Bloch, Marc(1949), *Strange Defeat: A Statement of Evidence Written in 1940*, trans. Gerard Hopkins. New York: Oxford University Press.

Block, Fred & Margaret R. Somers(1984), "Beyond the Economistic Fallacy: The Holistic Social Science of Karl Polanyi", In *Vision and Method in Historical Sociology*, ed. Theda Skocpol, New York: Cambridge University Press.

Blyth, Mark(2001), "The Transformation of the Swedish Model: Economic Ideas, Distributional Conflict, and Institutional Change",

World Politics 54, pp. 1~26.

______(2002), *Great Transformations: Economic Ideas and Institutional Change in the Twentieth Century*, New York: Cambridge University Press.

Bock, H. K. & H. Korsch with Sidney H. Willner(1956), "Allied Decartelization and Deconcentration in the West German Economy since 1945", In *Anti-Trust Laws: A Comparative Symposium*, ed. W. Friedmann, Toronto: The Carswell Company, pp. 138~188.

Bogdanor, Vernon(1970), "The Labour Party in Opposition, 1951-1964", In *The Age of Affluence, 1951-1964*, ed. Bogdanor and Robert Skidelsky, London: Macmillan, pp. 78~116.

Bornstein, Stephen(1984), "States and Unions: From Postwar Settlement to Contemporary Stalemate", In *The State in Capitalist Europe: A Casebook*, ed. Bornstein, David Held, & Joel Krieger, London: George Allen & Unwin, pp. 54~90.

Bornstein, Stephen, David Held, & Joel Krieger, eds. (1984), *The State in Capitalist Europe: A Casebook*, London: George Allen & Unwin.

Braun, Hans-Joachim(1990), *The German Economy in the Twentieth Century*, London: Routledge.

Braunthal, Gerard(1965), *The Federation of German Industry in Politics*, Ithaca: Cornell University Press.

Brawley, Mark R. (1993), *Liberal Leadership: Great Powers and Their Challengers in Peace and War*, Ithaca: Cornell University Press.

______(1999), *Afterglow or Adjustment? Domestic Institutions and Responses to Overstretch*, New York: Columbia University Press.

Brewer, Thomas L., & Lorne Teitelbaum(1997), *American Foreign Policy: A Contemporary Introduction*, 4th ed., Upper Saddle River, N.J.: Prentice Hall.

Brittan, Samuel(1969), *Steering the Economy: The Role of the Treasury*, London: Secker & Warburg.

Burley, Anne-Marie(1993), "Regulating the World: Multilateralism,

International Law, and the Projection of the New Deal Regulatory State", In *Multilateralism Matters: The Theory and Praxis of an Institutional Form*, ed. John Gerard Ruggie, New York: Columbia University Press, pp. 125~156.

Burns, James MacGregor (1963), *The Deadlock of Democracy: Four-Party Politics in America*, Englewood Cliffs, N. J. : Prentice-Hall.

Calleo, David (1978), *The German Problem Reconsidered: Germany and the World Order, 1870 to the Present*, New York: Cambridge University Press.

Camps, Miriam (1964), *Britain and the European Community, 1955-1963*, Princeton: Princeton University Press.

Carew, Anthony (1987), *Labour under the Marshall Plan: The Politics of Productivity and the Marketing of Management Science*, Manchester: Manchester University Press.

Carr, William (1987), "German Social Democracy since 1945", In *Bernstein to Brandt: A Short History of German Social Democracy*, ed. Roger Fletcher, London: Edward Arnold, pp. 193~203.

Carstairs, Andrew McLaren (1980), *A Short History of Electoral Systems in Western Europe*, London: George Allen & Unwin.

Chaison, Gary N. (1996), *Union Mergers in Hard Times: The View from Five Countries*, Ithaca, N. Y. : ILR Press.

Cho, Chansoo (2003), "Hegemony and the Variety of Democratic Institutions: Executive-Legislative Relations and U. S. Foreign Economic Policy Change", *Asian Perspective* 27, pp. 5~32.

______(2006), "International Monetary Cooperation and Democratic Institutions: The Importance of Executive-Legislative Relations in Germany and France, 1919-1929", *International Studies Review* 7, pp. 17~36.

Clegg, H. A. (1972), *The System of Industrial Relations in Great Britain*, Oxford: Basil Blackwell.

Coffey, Peter (1973), *The Social Economy of France*, London: Macmillan.

Cohen, Stephen S. (1969), *Modern Capitalist Planning: The French*

Model, London: Weidenfeld & Nicolson.

Cohen, Stephen S. & John Zysman(1987), *Manufacturing Matters: The Myth of the Post-Industrial Economy*, New York: Basic Books.

Collins, Robert M. (1981), *The Business Response to Keynes, 1929-1964*, New York: Columbia University Press.

Cooper, Richard N. (1968), *The Economics of Interdependence: Economic Policy in the Atlantic Community*, New York: McGraw-Hill.

Cox, Ronald W. & Daniel Skidmore-Hess(1999), *U.S. Politics and the Global Economy: Corporate Power, Conservative Shift*, Boulder, Colo.: Lynne Rienner.

Crew, David F. (1998), *Germans on Welfare From: Weimar to Hitler*, New York: Oxford University Press.

Crosland, C. A. R. (1957), *The Future of Socialism*, abridged ed. New York: Schocken Books.

Crouch, Colin(1977), *Class Conflict and the Industrial Relations Crisis: Compromise and Corporatism in the Policies of the British State*, London: Humanities Press.

______(1979), *The Politics of Industrial Relations*, Manchester: Manchester University Press.

Dahl, Robert A., ed. (1966), *Political Oppositions in Western Democracies*, New Haven: Yale University Press.

Denton, Geoffrey, Murray Forsyth, & Malcom MacLennan(1968), *Economic Planning and Policies in Britain, France and Germany*, London: George Allen & Unwin.

de Schweinitz, Karl(1964), *Industrialization and Democracy: Economic Necessities and Political Possibilities*, Glencoe: The Free Press.

Deubner, Christian(1984), "Change and Internationalization in Industry: Toward a Sectoral Interpretation of West German Politics", *International Organization* 38, pp. 501~535.

Donohue, Peter(1992), "Free Trade Unions and the State: Trade Liberalization's Endorsement by the AFL-CIO, 1943-1962", In *Research in Political Economy*, ed. Paul Zarembka, 13, Greenwich, Conn.: JAI Press, pp. 1~73.

Dubofsky, Melvyn(1994), *The State and Labor in Modern America*, Chapel Hill: University of North Carolina Press.

Edinger, Lewis J. (1965), *Kurt Schumacher: A Study in Personality and Political Behavior*, Stanford: Stanford University Press.

Edwards, Paul, et al. (1998), "Great Britain: From Partial Collectivism to Neo-liberalism to Where?" In *Changing Industrial Relations in Europe*, ed. Anthony Ferner and Richard Hyman, 2d ed., Oxford: Blackwell, pp. 1~54.

Ehrmann, Henry W. (1954), "The French Trade Associations and the Ratification of the Schuman Plan", *World Politics* 6, pp. 453~481.

______(1957), *Organized Business in France*, Princeton: Princeton University Press.

Eichengreen, Barry(1992), *Golden Fetters: The Gold Standard and the Great Depression, 1919-1939*, New York: Oxford University Press.

______(1996), *Globalizing Capital: A History of the International Monetary System*, Princeton: Princeton University Press.

______(1999), "One Economy, Ready or Not: Thomas Friedman's Jaunt Through Globalization", *Foreign Affairs* 79(May/June), pp. 118~122.

Eisner, Marc Allen(1993), *Regulatory Politics in Transition*, Baltimore: Johns Hopkins University Press.

Elbow, Matthew H. (1966〔1953〕), *French Corporative Theory, 1789-1948: A Chapter in the History of Ideas*, New York: Octagon Books.

Esping-Andersen, Gøsta(1990), *The Three Worlds of Welfare Capitalism*, Princeton: Princeton University Press.

______(1999), "Politics without Class? Postindustrial Cleavages in Europe and America", In *Continuity and Change in Contemporary Capitalism*, ed. Herbert Kitschelt, Peter Lange, Gary Marks, & John D. Stephens, New York: Cambridge University Press, pp. 293~316.

Esping-Andersen, Gøsta & Walter Korpi(1984), "Social Policy as Class

Politics in Post-War Capitalism: Scandinavia, Austria, and Germany", In *Order and Conflict in Contemporary Capitalism*, ed. John H. Goldthorpe. Oxford: Clarendon Press.

Fearon, James D. (1991), "Counterfactuals and Hypothesis Testing in Political Science", *World Politics* 43, pp. 169~195.

Ferguson, Thomas (1984), "From Normalcy to New Deal: Industrial Structure, Party Competition, and American Public Policy in the Great Depression", *International Organization* 38, pp. 41~94.

______(1995), *Golden Rule: The Investment Theory of Party Competition and the Logic of Money-Driven Political Systems*, Chicago: University of Chicago Press.

Ferguson, Thomas & Joel Rogers (1986), *Right Turn: The Decline of the Democrats and the Future of American Politics*. New York: Hill & Wang.

Fielding, Steven, Peter Thomson, & Nick Tiratsoo (1995), *'England Arise!' The Labour Party and Popular Politics in 1940s Britain*, Manchester: Manchester University Press.

Foot, Rosemary, S. Neil MacFarlane, & Michael Mastanduno, eds. (2003), *U.S. Hegemony and International Organizations: The United States and Multilateral Institutions*, New York: Oxford University Press.

Fordham, Benjamin O. (1998), *Building the Cold War Consensus: The Political Economy of U.S. National Security Policy, 1949-51*, Ann Arbor: University of Michigan Press.

Foster, James Caldwell (1975), *The Union Politic: The CIO Political Action Committee*, Columbia: University of Missouri Press.

Friedman, Thomas L. (1999), *The Lexus and the Olive Tree*, New York: Farrar, Straus & Giroux.

______(2005), *The World Is Flat: A Brief History of the Twenty-first Century*, New York: Farrar, Straus & Giroux.

Gall, Gilbert J. (1988), *The Politics of Right to Work: The Labor Federations as Special Interests, 1943-1979*, Westport, Conn.: Greenwood Press.

Gallie, Duncan (1980), "Trade Union Ideology and Workers' Conceptions of Class Inequality in France", In *Trade Unions and Politics in Western Europe*, ed. Jack Hayward, London: Frank Cass, pp. 10~32.

Gamble, A. M. & S. A. Walkland (1984), *The British Party System and Economic Policy, 1945-1983: Studies in Adversary Politics*, Oxford: Clarendon Press.

Garrett, Geoffrey (1998), *Partisan Politics in the Global Economy*, New York: Cambridge University Press.

Giersch, Herbert, Karl-Heinz Paqué, & Holger Schmieding (1992), *The Fading Miracle: Four Decades of Market Economy in Germany*, Cambridge: Cambridge University Press.

Gilpin, Robert (2000), *The Challenge of Global Capitalism: The World Economy in the 21st Century*, Princeton: Princeton University Press.

Gimbel, John (1968), *The American Occupation of Germany: Politics and the Military, 1945-1949*, Stanford: Stanford University Press.

Goldfield, Michael (1987), *The Decline of Organized Labor in the United States*, Chicago: University of Chicago Press.

Goldhagen, Daniel Jonah (1997), *Hitler's Willing Executioners: Ordinary Germans and the Holocaust*, New York: Vintage Books.

Goldstein, Jushua S. (1988), *Long Cycles: Prosperity and War in the Modern Age*, New Haven: Yale University Press.

Goldthorpe, John H., ed. (1984), *Order and Conflict in Contemporary Capitalism*, Oxford: Clarendon Press.

Goldthorpe, John H. et al. (1968), *The Affluent Worker: Political Attitudes and Behavior*, London: Cambridge University Press.

Goodman, John B. & Louis W. Pauly. (1993), "The Obsolescence of Capital Controls? Economic Management in an Age of Global Markets", *World Politics* 46, pp. 50~82.

Gordon, Michael E. & Lowell Turner (2000), "Going Global", In *Trans-*

national Cooperation among Labor Unions, ed. Gordon and Turner, Ithaca, N.Y.: ILR Press, pp. 3~25.

Gourevitch, Peter(1978), "The Second Image Reversed: The International Sources of Domestic Politics", *International Organization* 32, pp. 881~912.

______(1986), *Politics in Hard Times: Comparative Responses to International Economic Crises*, Ithaca: Cornell University Press.

______(1996), "Squaring the Circle: The Domestic Sources of International Cooperation", *International Organization* 50, pp. 349~373.

Gowa, Joanne(1983), *Closing the Gold Window: Domestic Politics and the End of Bretton Woods*, Ithaca: Cornell University Press.

______(1989), "Bipolarity and the Postwar International Economic Order", In *Industry and Politics in West Germany: Toward the Third Republic*, ed. Peter J. Katzenstein, Ithaca: Cornell University Press, pp. 33~50.

Greenstein, Fred I. (1982), *The Hidden-Hand Presidency: Eisenhower as Leader*, New York: Basic Books.

Greenstone, J. David(1969), *Labor in American Politics*, New York: Alfred A. Knopf.

Greider, William(1997), *One World, Ready or Not: The Manic Logic of Global Capitalism*, New York: Simon & Schuster.

Griffith, Barbara S. (1988), *The Crisis of American Labor: Operation Dixie and the Defeat of the CIO*, Philadelphia: Temple University Press.

Gruber, Lloyd(2000), *Ruling the World: Power Politics and the Rise of Supranational Institutions*, Princeton: Princeton University Press.

Guger, Alois(2001), "The Austrian Experience", In *Social Democracy in Neoliberal Times: The Left and Economic Policy since 1980*, ed. Andrew Glyn, Oxford: Oxford University Press.

Hall, Peter A. (1986), *Governing the Economy: The Politics of State Intervention in Britain and France*, New York: Oxford University Press.

______, ed. (1989), *The Political Power of Economic Ideas: Keynesianism across Nations*, Princeton: Princeton University Press.

Hall, Peter A. & David Soskice, eds. (2001), *Varieties of Capitalism: The Institutional Foundations of Comparative Advantage*, New York: Oxford University Press.

Hamby, Alonzo L. (1972), "The Vital Center, the Fair Deal, and the Quest for a Liberal Political Economy", *American Historical Review* 77, pp. 653~678.

______(1985), *Liberalism and Its Challengers: FDR to Reagan*, New York: Oxford University Press.

Hamilton, Richard F. (1967), *Affluence and the French Worker in the Fourth Republic*, Princeton: Princeton University Press.

Hancock, M. Donald. (1989), *West Germany: The Politics of Democratic Corporatism*, Chatham, N. J. : Chatham House.

Harris, Douglas B. (1997), "Dwight Eisenhower and the New Deal: The Politics of Preemption", *Presidential Studies Quarterly* 27, pp. 333~342.

Harris, Howell John(1982), *The Right to Manage: Industrial Relations Policies of American Business in the 1940s*, Madison: University of Wisconsin Press.

Harris, Nigel(1972), *Competition and the Corporate Society: British Conservatives, the State and Industry, 1945-1964*. London: Methuen & Co.

Hartrich, Edwin(1980), *The Fourth and Richest Reich*, New York: Macmillan.

Hattam, Victoria C. (1992), "Institutions and Political Change: Working-Class Formation in England and the United States, 1820-1896", In *Structuring Politics: Historical Institutionalism in Comparative Analysis*, ed. Sven Steinmo, Kathleen Thelen, and Frank Longstreth, New York: Cambridge University Press, pp. 155~187.

Hays, Jude C., Sean D. Ehrlich, & Clint Peinhardt(2005), "Government Spending and Public Support for Trade in the OECD: An Empirical Test of the Embedded Liberalism Thesis", *International Organization* 59, pp. 473~494.

Hawley, Ellis W. (1966), *The New Deal and the Problem of Monopoly: A Study in Economic Ambivalence*, Princeton: Princeton University Press.

Hayward, J. E. S. (1966), *Private Interests and Public Policy: The Experience of the French Economic and Social Council*, London: Longmans.

Heidenheimer, Arnold J. (1960), *Adenauer and the CDU: The Rise of the Leader and the Integration of the Party*, The Hague: Martinus Nijhoff.

Helleiner, Eric (1994), *States and the Reemergence of Global Finance: From Bretton Woods to the 1990s*, Ithaca: Cornell University Press.

______ (2002), "Economic Nationalism as a Challenge to Neoliberalism? Lessons from the 19th Century", *International Studies Quarterly* 46, pp. 307~329.

Herrigel, Gary (1996), *Industrial Constructions: The Sources of German Industrial Power*, New York: Cambridge University Press.

Higgot, Richard (1996), "Beyond Embedded Liberalism: Governing the International Trade Regime in an Era of Economic Nationalism", In *Globalization and Public Policy*, ed. Philip Gummett, Cheltenham: Edward Elgar, pp. 18~45.

Hiscocks, Richard (1966), *The Adenauer Era*, New York: J. B. Lippincott.

Hiscox, Michael J. (1999), "The Magic Bullet? The RTAA, Institutional Reform, and Trade Liberalization", *International Organization* 53, pp. 669~698.

______ (2001), "Class versus Industry Cleavages: Inter-Industry Factor Mobility and the Politics of Trade", *International Organization* 55, pp. 1~46.

Hiscox, Michael J. (2002), *International Trade and Political Conflict:*

Commerce, Coalitions, and Mobility, Princeton: Princeton University Press.

Hitchcock, William I. (1998), *France Restored: Cold War Diplomacy and the Quest for Leadership in Europe, 1944-1954*, Chapel Hill: University of North Carolina Press.

Hogan, Michael J. (1987), *The Marshall Plan: America, Britain, and the Reconstruction of Western Europe*, Cambridge: Cambridge University Press.

Howell, Chris (1992), *Regulating Labor: The State and Industrial Relations Reform in Postwar France*, Princeton: Princeton University Press.

______(2000), "From New Labour to No Labour? The Industrial Relations Project of the Blair Government in Britain", *New Political Science* 22, pp. 201~229.

______(2003), "Varieties of Capitalism: And Then There Was One?" *Comparative Politics* 36, pp. 103~124.

Huber, Evelyne & John D. Stephens (2001), *Development and Crisis of the Welfare State: Parties and Policies in World Markets*, Chicago: University of Chicago Press.

______(2001), "The Social Democratic Welfare State", In *Social Democracy in Neoliberal Times: The Left and Economic Policy since 1980*, ed. Andrew Glyn, Oxford: Oxford University Press.

Hyman, Richard (1984), *Strikes*, 3d ed., London: Fontana Paperbacks.

Ikenberry, G. John (1992), "A World Economy Restored: Expert Consensus and the Anglo-American Postwar Settlement", *International Organization* 46, pp. 289~322.

______(1999), "Liberal Hegemony and the Future of American Postwar Order", In *International Order and the Future of World Politics*, ed. T. V. Paul & John A. Hall, Cambridge: Cambridge University Press, pp. 123~145.

______(2001), *After Victory: Institutions, Strategic Restraint, and the Rebuilding of Order after Major Wars*, Princeton: Princeton University Press.

Ingham, Geoffrey (1984), *Capitalism Divided? The City and Industry in British Social Development*, London: Macmillan.

Issak, Robert A. (1980), *European Politics: Political Economy and Policy Making in Western Democracies*, New York: St. Martin's Press.

Iversen, Torben (2005), *Capitalism, Democracy, and Welfare*, New York: Cambridge University Press.

Iversen, Torben & Thomas R. Cusack (2000), "The Causes of Welfare State Expansion: Deindustrialization or Globalization?" *World Politics* 52, pp. 313~349.

Iversen, Torben, Jonas Pontusson, & David Soskice, eds. (2000), *Unions, Employers, and Central Bankers: Macroeconomic Coordination and Institutional Change in Social Market Economies*, New York: Cambridge University Press.

Iversen, Torben & Anne Wren (1998), "Equality, Employment, and Budgetary Restraint: The Trilemma of the Service Economy", *World Politics* 50, pp. 507~546.

Jacoby, Sanford M. (1985), *Employing Bureaucracy: Mangers, Unions, and the Transformation of Work in American Industry, 1900-1945*, New York: Columbia University Press.

______(1997), *Modern Manors: Welfare Capitalism since the New Deal*, Princeton: Princeton University Press.

James, Harold (1989), "What Is Keynesian About Deficit Financing? The Case of Interwar Germany", In *The Political Power of Economic Ideas: Keynesianism across Nations*, ed. Peter A. Hall, Princeton: Princeton University Press, pp. 231~262.

______(2000), *The End of Globalization: Lessons from the Great Depression*, Cambridge: Harvard University Press.

Joll, James (1985), "Business as Usual", *The New York Review of Books* 32 (14), September 26.

Kapstein, Ethan B. (1994), *Governing the Global Economy: International Finance and the State*, Cambridge: Harvard University Press.

Karl, Barry D. (1983), *The Uneasy State: The United States from 1915 to*

1945, Chicago: University of Chicago Press.

Katzenstein, Peter J. (1984), *Corporatism and Change: Austria, Switzerland, and the Politics of Industry*, Ithaca: Cornell University Press.

______(1985), *Small States in World Markets: Industrial Policy in Europe*, Ithaca: Cornell University Press.

______(1987), *Policy and Politics in West Germany: The Growth of a Semi-Sovereign State*, Philadelphia: Temple University Press.

Kaufman, Burton I. (1982), *Trade and Aid: Eisenhower's Foreign Economic Policy, 1953-1961*, Baltimore: Johns Hopkins University Press.

Kavanagh, Dennis & Peter Morris (1989), *Consensus Politics from Attlee to Thatcher*, Oxford: Basil Blackwell.

Keeler, John T. S. (1987), *The Politics of Neocorporatism in France: Farmers, the State, and Agricultural Policy-Making in the Fifth Republic*, New York: Oxford University Press.

Keohane, Robert O. (1984), "The World Political Economy and the Crisis of Embedded Liberalism", In *Order and Conflict in Contemporary Capitalism*, ed., John H. Goldthorpe, Oxford: Clarendon Press, pp. 15~38.

______(1990), "International Liberalism Reconsidered." In *The Economic Limits to Modern Politics*, ed., John Dunn, Cambridge: Cambridge University Press, pp. 165~194.

Keohane, Robert O. & Joseph S. Nye (1977) *Power and Interdependence: World Politics in Transition*, Boston: Little, Brown.

Keynes, John Maynard (1933), "National Self-Sufficiency", *The Yale Review* 22, pp. 755~769.

______(1936), *The General Theory of Employment, Interest and Money*, London: Macmillan.

Kindleberger, Charles P. (1969), *American Business Abroad*, New Haven: Yale University Press.

King, Desmond (1995), *Actively Seeking Work? The Politics of Unemployment and Welfare Policy in the United States and Great Britain*, Chicago: University of Chicago Press.

Kirchheimer, Otto (1966), "The Transformation of the Western European Party Systems", In *Political Parties and Political Development*, ed. Joseph LaPalombara & Myron Weiner, Princeton: Princeton University Press, pp. 177~200.

______(1969), "Weimar and What Then? An Analysis of a Constitution", In *Politics, Law, and Social Change: Selected Essays of Otto Kirchheimer*, ed. Frederic S. Burin and Kurt L. Shell, New York: Columbia University Press, pp. 33~74.

Kirkendall, Richard S. (1974), "Truman's Path to Power", In *Harry S. Truman and the Fair Deal*, ed. Alonzo L. Hamby, Lexington, Mass.: D.C. Heath & Co., pp. 3~12.

______(1980), *A Global Power: America since the Age of Roosevelt*, 2d ed., New York: Alfred A. Knopf.

Kirshner, Jonathan (1999), "Keynes, Capital Mobility and the Crisis of Embedded Liberalism", *Review of International Political Economy* 6, pp. 313~337.

Kitschelt, Herbert, Peter Lange, Gary Marks, & John D. Stephens, eds. (1999), *Continuity and Change in Contemporary Capitalism*, New York: Cambridge University Press.

Klausen, Jytte (1998), *War and Welfare: Europe and the United States, 1945 to the Present*, New York: St. Martin's Press.

Klein, Rudolf (1985), "Public Expenditure in an Inflationary World", In *The Politics of Inflation and Economic Stagnation: Theoretical Approaches and International Case Studies*, ed. Leon N. Lindberg & Charles S. Maier, Washington, D.C.: The Brookings Institution.

Krasner, Stephen D. (1976), "State Power and the Structure of International Trade", *World Politics* 28, pp. 317~347.

Kreile, Michael (1977), "West Germany: The Dynamics of Expansion", *International Organization* 31, pp. 775~808.

Krieger, Joel (1999), *British Politics in the Global Age: Can Social Democracy Survive?*, Oxford: Oxford University Press.

Kuisel, Richard F. (1981), *Capitalism and the State in Modern France: Renovation and Economic Management in the Twentieth Century*, New York: Cambridge University Press.

Lake, David A. (1988), *Power, Protection, and Free Trade: International Sources of U.S. Commercial Strategy, 1887-1939*, Ithaca: Cornell University Press.

Larkin, Maurice (1988), *France since the Popular Front: Government and People, 1936-1986*, Oxford: Clarendon Press.

Laux, Jeanne Kirk & Maureen Appel Molot (1988), *State Capitalism: Public Enterprise in Canada*, Ithaca: Cornell University Press.

Leacock, Stephen (1932), *Back to Prosperity: The Great Opportunity of the Empire Conference*, Toronto: Macmillan.

Lester, Richard A. (1958), *As Unions Mature: An Analysis of the Evolution of American Unionism*, Princeton: Princeton University Press.

Leuchtenburg, William E. (1983), *In the Shadow of FDR: From Harry Truman to Ronald Reagan*, Ithaca: Cornell University Press.

Levy, Johah D. (2000), "France: Directing Adjustment?" In *Welfare and Work in the Open Economy*, vol. 2: *Diverse Responses to Common Challenges*, ed. Fritz W. Scharpf & Viven A. Schmidt, Oxford: Oxford University Press, pp. 308~350.

Liberman, Peter (1996), *Does Conquest Pay? The Exploitation of Occupied Industrial Societies*, Princeton: Princeton University Press.

Lichtenstein, Nelson (1989), "From Corporatism to Collective Bargaining: Organized Labor and the Eclipse of Social Democracy in the Postwar Era", In *The Rise and Fall of the New Deal Order, 1930-1980*, Princeton: Princeton University Press.

_____(1989), "Labor in the Truman Era: Origins of the "Private Welfare State", In *The Truman Presidency*, ed. Michael J. Lacey, New York: Cambridge University Press, pp. 128~155.

Lindberg, Leon & Charles S. Maier, eds. (1985), *The Politics of Inflation and Economic Stagnation*, Washington, D.C.: Brookings

Institution.

Lloyd, T. O. (1979), *Empire to Welfare State: English History, 1906-1976*, 2d ed., Oxford: Oxford University Press.

Lobell, Steven E. (2001), "Britain's Paradox: Cooperation or Punishment prior to World War I", *Review of International Studies* 27, pp. 169~186.

Locke, Richard M. & Kathleen A. Thelen (1995), "Apples and Oranges Revisited: Contextualized Comparisons and the Study of Comparative Labor Politics", *Politics & Society* 23, pp. 337~367.

Loewenberg, Gerhard (1968), "The Remaking of the German Party System: Political and Socio-Economic Factors", *Polity* 1, pp. 87~113.

Lowi, Theodore J. (1979), *The End of Liberalism: The Second Republic of the United States*, 2d ed., New York: W. W. Norton.

______(1985), *The Personal President: Power Invested, Promise Unfulfilled*, Ithaca: Cornell University Press.

Luebbert, Greogry M. (1991), *Liberalism, Fascism, or Social Democracy: Social Classes and the Political Origins of Regimes in Interwar Europe*, New York: Oxford University Press.

Lusztig, Michael (1996), *Risking Free Trade: The Politics of Trade in Britain, Canada, Mexico, and the United States*, Pittsburgh: University of Pittsburgh Press.

Lynch, Frances M. B. (1997), *France and the International Economy: From Vichy to the Treaty of Rome*, London: Routledge.

McAuliffe, Mary Sperling (1978), *Crisis on the Left: Cold War Politics and American Liberals, 1947-1954*, Amherst: University of Massachusetts Press.

McClure, Arthur F. (1969), *The Truman Administration and the Problems of Postwar Labor, 1945-1948*, Rutherford, N. J.: Fairleigh Dickinson University Press.

McQuaid, Kim (1982), *Big Business and Presidential Power: From FDR to Reagan*, New York: William Morrow & Co.

______(1994), *Uneasy Partners: Big Business in American Politics, 1945-1990*, Baltimore: Johns Hopkins University Press.

Maier, Charles S. (1977) "The Politics of Productivity: Foundations of American International Economic Policy after World War II", *International Organization* 31, pp. 607~633.

______(1978), "The Politics of Inflation in the Twentieth Century" In *The Political Economy of Inflation*, ed. Fred Hirsch & John H. Goldthorpe, Cambridge: Harvard University Press, pp. 37~72.

______(1981), "The Two Postwar Eras and the Conditions for Stability in Twentieth-Century Western Europe", *American Historical Review* 86, pp. 327~352.

______(1982), "*Bonn ist doch Weimar*: Informal Reflections on the Historical Legacy of the Federal Republic", In *The Political Economy of West Germany: Modell Deutschland*, ed. Andrei S. Markovits, New York: Praeger, pp. 188~198.

______(1984), "Preconditions for Corporatism", In *Order and Conflict in Contemporary Capitalism*, ed. John H. Goldthorpe, Oxford: Clarendon Press, pp. 39~59.

______(1985), "Inflation and Stagnation as Politics and History", In *The Politics of Inflation and Economic Stagnation: Theoretical Approaches and International Case Studies*, ed. Leon Lindberg & Charles S. Maier. Washington, D.C.: The Brookings Institution.

______(1991), "Introduction: Issue Then Is Germany and With It Future of Europe", In *The Marshall Plan and Germany: West German Development within the Framework of the European Recovery Program*, ed. idem, New York: Berg, pp. 1~39.

Major, Patrick(1997), *The Death of the KPD: Communism and Anti-Communism in West Germany, 1945-1956*, Oxford: Clarendon Press.

Markovits, Andrei S. (1982), "The Legacy of Liberalism and Collectivism in the Labor Movement: A Tense but Fruitful Compromise for Model Germany", In *The Political Economy of West Germany:*

Modell Deutschland, ed. idem, New York: Praeger, pp. 141~187.

______(1986), *The Politics of the West German Trade Unions: Strategies of Class and Interest Representation in Growth and Crisis*, Cambridge: Cambridge University Press.

Markovits, Andrei S. & Christopher S. Allen. (1984), "Trade Unions and the Economic Crisis: The West German Case", In Peter Gourevitch et al., *Unions and Economic Crisis: Britain, West Germany and Sweden*, London: George Allen & Unwin, pp. 89~188.

Martin, Pierre & Mark R. Brawley, eds. (2001), *Alliance Politics, Kosovo, and NATO's War: Allied Force or Forced Allies?*, New York: Palgrave.

Martin, Ross M. (1980), *TUC: The Growth of a Pressure Group, 1868-1976*, Oxford: Clarendon Press.

Marx, Karl (1986), "Manifesto of the Communist Party", In *Karl Marx and Frederick Engels: Selected Works*, New York: International Publishers.

Mason, Tim (1995), "The Primacy of Politics: Politics and Economics in National Socialist Germany", In *Nazism, Fascism and the Working Class*, ed. Jane Caplan, Cambridge: Cambridge University Press, pp. 53~76.

Micaud, Charles A. (1956), "French Political Parties: Ideological Myths and Social Realities", In *Modern Political Parties: Approaches to Comparative Politics*, ed. Sigmund Neumann, Chicago: University of Chicago Press, pp. 106~154.

Michel, Albert (1993), *Capitalism vs. Capitalism: How America's Obsession with Individual Achievement and Short-term Profit Has Led It to the Brink of Collapse*, trans. Paul Haviland, New York: Four Walls Eight Windows.

Middlemas, Keith (1979), *Politics in Industrial Society: The Experience of the British System since 1911*, London: André Deutsch.

______(1983), *Industry, Unions and Government: Twenty-One Years of NEDC*, London: Macmillan.

Midford, Paul(1993), "International Trade and Domestic Politics: Improving on Rogowski's Model of Political Alignments", *International Organization* 47, pp. 535~564.

Miliband, Ralf(1961), *Parliamentary Socialism: A Study in the Politics of Labour*, London: George Allen & Unwin.

Mills, C. Wright(1948), *The New Men of Power: America's Labor Leaders*, New York: Harcourt, Brace, & Co.

______(1956), *The Power Elite*, New York: Oxford University Press.

Milner, Helen V. (1997), *Interests, Institutions, and Information: Domestic Politics and International Relations*, Princeton: Princeton University Press.

Milward, Alan S. (1984), *The Reconstruction of Western Europe, 1945-1951*, Berkeley: University of California Press.

Mittelman, James H. (2000), *The Globalization Syndrome: Transformation and Resistance*, Princeton: Princeton University Press.

Moran, Michael(1977), *The Politics of Industrial Relations: The Origins, Life and Death of the 1971 Industrial Relations Act*, London: Macmillan.

______(1994), "The State and the Financial Services Revolution: A Comparative Analysis", *West European Politics* 17, pp. 158~177.

Morgan, Iwan W. (1990), *Eisenhower versus 'the Spenders': The Eisenhower Administration, the Democrats and the Budget, 1953-60*. London: Pinter.

Morgenthau, Hans J. (1969), *A New Foreign Policy for the United States*, New York: Praeger.

Mouré, Kenneth(1991), *Managing the Franc Poincaré: Economic Understanding and Political Constraint in French Monetary Policy, 1928-1936*, New York: Oxford University Press.

Murphy, Craig N. (1994), *International Organizations and Industrial Change: Global Governance since 1850*. New York: Oxford

University Press.

Nicholls, A. J. (1994), *Freedom with Responsibility: The Social Market Economy in Germany, 1918-1963*, Oxford: Clarendon Press.

Nordengren, Sven (1972), *Economic and Social Targets for Postwar France: Studies of French Economic Planning, Social Development, and Industrial Structure, 1940-1962*, Lund: Berlingska Boktryckeriet.

Odell, John S. (1988) "From London to Bretton Woods: Sources of Change in Bargaining Strategies and Outcomes", *Journal of Public Policy* 8, pp. 287~315.

Osborne, David & Ted Gaebler (1992), *Reinventing Government: How the Entrepreneurial Spirit Is Transforming the Public Sector*, Reading, Mass.: Addison-Wesley.

Oye, Kenneth A. (1992), *Economic Discrimination and Political Exchange: World Political Economy in the 1930s and 1980s*, Princeton: Princeton University Press.

Pach, Chester J., Jr. & Elmo Richardson (1991), *The Presidency of Dwight D. Eisenhower*, rev. ed., Lawrence: University Press of Kansas.

Parness, Diane L. (1991), *The SPD and the Challenge of Mass Politics: The Dilemma of the German Volkspartei*, Boulder, Colo.: Westview Press.

Parsons, Talcott (1942), "Some Sociological Aspects of the Fascist Movement", *Social Forces* 21, pp. 138~147.

Pelling, Henry (1963), *A History of British Trade Unionism*, London: Macmillan & Co.

______(1972), *A Short History of the Labour Party*, 4th ed., London: Macmillan.

Pempel, T. J. (1990), "Introduction: Uncommon Democracies: The One-Party Dominant Regimes", In *Uncommon Democracies: The One-Party Dominant Regimes*, ed. idem, Ithaca: Cornell University Press, pp. 1~32.

Peterson, Wallace C. (1960), *The Welfare State in France*, Lincoln:

University of Nebraska Press.

Pierson, Paul (1994), *Dismantling the Welfare State? Reagan, Thatcher, and the Politics of Retrenchment*, New York: Cambridge University Press.

______(1996), "The New Politics of the Welfare State", *World Politics* 48, pp. 143~179.

______(2000), "Increasing Returns, Path Dependence, and the Study of Politics", *American Political Science Review* 94, pp. 251~267.

______(2004), *Politics in Time: History, Institutions, and Social Analysis*, Princeton: Princeton University Press.

______, ed. (2001), *The New Politics of the Welfare State*, New York: Oxford University Press.

Pierson, Paul & Theda Skocpol (2002), "Historical Institutionalism in Contemporary Political Science", In *Political Science: The State of the Discipline*, ed. Ira Katznelson & Helen V. Milner, New York: W. W. Norton, pp. 693~721.

Pinto-Duschinsky, Michael (1970), "Bread and Circuses? The Conservatives in Office, 1951-1964", In *The Age of Affluence, 1951-1964*, ed. Vernon Bogdanor & Robert Skidelsky, London: Macmillan, pp. 55~77.

Polanyi, Karl. (1957[1944]) *The Great Transformation: The Political and Economic Origins of Our Time*, Boston: Beacon Press.

Pollard, Robert A. & Samuel F. Wells, Jr. (1984), "1945-1960: The Era of American Economic Hegemony", In *Economics and World Power: An Assessment of American Diplomacy Since 1789*, ed. William H. Becker & Samuel F. Wells, Jr., New York: Columbia University Press, pp. 333~390.

Pontusson, Jonas (1992), "Introduction: Organizational and Political-Economic Perspectives on Union Politics", In *Bargaining for Change: Union Politics in North America and Europe*, ed. Miriam Golden & Jonas Pontusson, Ithaca: Cornell University Press, pp. 1~41.

Poulantzas, Nicos (1975), *Political Power and Social Classes*, trans. Timothy O' Hagan, London: New Left Books.

Przeworski, Adam (1980), "Social Democracy as a Historical Phenomenon", *New Left Review*, no. 122, pp. 27~58.

Przeworski, Adam & John Sprague (1986), *Paper Stones: A History of Electoral Socialism*, Chicago: University of Chicago Press.

Ragin, Charles C. (1994), *Constructing Social Research: The Unity and Diversity of Method*, Thousand Oaks, Calif. : Pine Forge Press.

Reich, Simon (1990), *The Fruits of Fascism: Postwar Prosperity in Historical Perspective*, Ithaca: Cornell University Press.

Reichard, Gary W. (1975), *The Reaffirmation of Republicanism: Eisenhower and the Eighty-third Congress*, Knoxville: University of Tennessee Press.

Rhodes, Martin (2000), "Restructuring the British Welfare State: Between Domestic Constraints and Global Imperatives", In *Welfare and Work in the Open Economy*, vol. 2: *Diverse Responses to Common Challenges*, ed. Fritz W. Scharpf & Viven A. Schmidt, Oxford: Oxford University Press, pp. 19~68.

Rioux, Jean-Pierre (1987), *The Fourth Republic, 1944-1958*, trans. Godfrey Rogers, Cambridge: Cambridge University Press.

Roberts, Geoffrey K. (2000), *German Politics Today*, Manchester: Manchester University Press.

Rodrik, Dani (1997), *Has Globalization Gone Too Far?* Washington, D. C. : Institute for International Economics.

______(1998), "Why Do More Open Economies Have Bigger Governments?", *Journal of Political Economy* 106, pp. 997~1032.

______(1999), "Democracies Pay Higher Wages", *Quarterly Journal of Economics* 114, pp. 707~738.

Rogow, A. A. (1955), *The Labour Government and British Industry, 1945-1951*, Oxford: Basil Blackwell.

______(1989), *Commerce and Coalitions: How Trade Affects Domestic Political Alignments*, Princeton: Princeton University Press.

Rosanvallon, Pierre (1989), "The Development of Keynesianism in France", In *The Political Power of Economic Ideas: Keynesianism across Nations*, ed. Peter A. Hall, Princeton: Princeton University Press, pp. 171～193.

Ross, George (1982), *Workers and Communists in France: From Popular Front to Eurocommunism*, Berkeley: University of California Press.

______(1982), "The Perils of Politics: French Unions and the Crisis of the 1970s", In Peter Lange, Ross, and Maurizio Vannicelli, *Unions, Change and Crisis: French and Italian Union Strategy and the Political Economy, 1945-1980*, London: George Allen & Unwin, pp. 13～93.

Roth, Guenther (1963), *The Social Democrats in Imperial Germany: A Study in Working-Class Isolation and National Integration*, Totowa, N. J.: The Bedminster Press.

Ruggie, John Gerard (1982), "International Regimes, Transactions, and Change: Embedded Liberalism in the Postwar Economic Order", *International Organization* 36, pp. 379～415.

______(1994), "At Home Abroad, Abroad at Home: International Liberalisation and Domestic Stability in the New World Economy", *Millennium* 24, pp. 507～526.

______(1994), "Trade, Protectionism and the Future of Welfare Capitalism", *Journal of International Affairs* 48, pp. 1～11.

______(1996), *Winning the Peace: America and World Order in the New Era*, New York: Columbia University Press.

Rupert, Mark Edward (1990) "Producing Hegemony: State/Society Relations and the Politics of Productivity in the United States", *International Studies Quarterly* 34, pp. 427～456.

______(1995), *Producing Hegemony: The Politics of Mass Production and American Global Power*, Cambridge: Cambridge University Press.

Russett, Bruce (1993), *Grasping the Democratic Peace: Principles for a Post-Cold War World*, Princeton: Princeton University Press.

Salvadori, Massimo (1979), *Karl Kautsky and the Socialist Revolution, 1880-1938*, trans. Jon Rothschild, London: New Left Books.

Sartori, Giovanni (1966), "European Political Parties: The Case of Polarized Pluralism", In *Political Parties and Political Development*, ed. Joseph LaPalombara & Myron Weiner, Princeton: Princeton University Press, pp. 137~176.

______(1994), *Comparative Constitutional Engineering: An Inquiry into Structures, Incentives and Outcomes*, London: Macmillan.

Schattschneider, E. E. (1975〔1960〕) *The Semisovereign People: A Realist's View of Democracy in America*, Hinsdale, Ill.: Dryden Press.

Schmidt, Vivien A. (1996), *From State to Market? The Transformation of French Business and Government*, New York: Cambridge University Press.

Schoenbaum, David. (1966), *Hitler's Social Revolution: Class and Status in Nazi Germany, 1933-1939*, Garden City, N.Y.: Doubleday & Co.

Schonhardt-Bailey, Cheryl (1991), "Specific Factors, Capital Markets, Portfolio Diversification, and Free Trade: Domestic Determinants of the Repeal of the Corn Laws", *World Politics* 43, pp. 545~569.

Schuker, Stephen A. (1976), *The End of French Predominance in Europe: The Financial Crisis of 1924 and the Adoption of the Dawes Plan*, Chapel Hill: University of North Carolina Press.

Schwartz, Thomas Alan (1991), *America's Germany: John J. McCloy and the Federal Republic of Germany*, Cambridge: Harvard University Press.

Schwarz, L. D. (1993), "Searching for Recovery: Unbalanced Budgets, Deflation and Rearmament in France during the 1930s." In *Capitalism in Crisis: International Responses to the Great Depression*, ed. W. R. Garside, London: Pinter, pp. 96~113.

Scott, James C. (1985), *Weapons of the Weak: Everyday Forms of Peasant Resistance*, New Haven: Yale University Press.

Sheahan, John (1969), *An Introduction to the French Economy*, Columbus, Ohio: Charles E. Merrill Publishing Company.

Shonfield, Andrew (1965), *Modern Capitalism: The Changing Balance of Private and Public Power*, Oxford: Oxford University Press.

Simmons, Beth A. (1993), "Why Innovate? Founding the Bank for International Settlement", *World Politics* 45, pp. 361~405.

Simmons, Harvey. G. (1996), *The French National Front: The Extremist Challenge to Democracy*, Boulder, Colo.: Westview Press.

Skidmore, David, ed. (1997), *Contested Social Orders and International Politics*, Nashville: Vanderbilt University Press.

Skowronek, Stephen (1982), *Building a New American State: The Expansion of National Administrative Capacities, 1877-1920*, New York: Cambridge University Press.

Sloan, John W. (1991), *Eisenhower and the Management of Prosperity*, Lawrence: University Press of Kansas.

Snidal, Duncan (1985), "The Limits of Hegemonic Stability Theory", *International Organization* 39, pp. 579~614.

Sparrow, Bartholomew H. (1996), *From the Outside In: World War II and the American State*, Princeton: Princeton University Press.

Stein, Arthur A. (1984), "The Hegemon's Dilemma: Great Britain, the United States, and the International Economic Order", *International Organization* 38, pp. 355~386.

Steinmo, Sven, Kathleen Thelen, & Frank Longstreth, eds. (1992), *Structuring Politics: Historical Institutionalism in Comparative Analysis*, New York: Cambridge University Press.

Stevens, Beth (1988), "Blurring the Boundaries: How the Federal Government Has Influenced Welfare Benefits in the Private Sector", In *The Politics of Social Policy in the United States*, ed. Margaret Weir, Ann Shola Orloff, & Theda Skocpol, Princeton: Princeton University Press, pp. 123~148.

Stolper, Gustav (1967), *The German Economy, 1870 to the Present*, trans. Toni Stolper, New York: Harcourt, Brace & World, Inc.

Swank, Duane (2002), *Global Capital, Political Institutions, and Policy*

Change in Developed Welfare States, New York: Cambridge University Press.

Swenson, Peter(1991), "Bringing Capital Back In, or Social Democracy Reconsidered: Employer Power, Cross-Class Alliances, and Centralization of Industrial Relations in Denmark and Sweden", *World Politics* 43, pp. 513~544.

______(2002), *Capitalists against Markets: The Making of Labor Markets and Welfare States in the United States and Sweden*, New York: Oxford University Press.

Thelen, Kathleen A. (1991), *Union of Parts: Labor Politics in Postwar Germany*, Ithaca: Cornell University Press.

______(2000), "Timing and Temporality in the Analysis of Institutional Evolution and Change", *Studies in American Political Development* 14.

______(2000), "Why German Employers Cannot Bring Themselves to Dismantle the German Model", In *Unions, Employers, and Central Banks: Macroeconomic Coordination and Institutional Change in Social Market Economies*, ed. Torben Iversen, Jonas Pontusson, & David Soskice, New York: Cambridge University Press, pp. 138~169.

______(2002), "The Political Economy of Business and Labor in the Developed Democracies", In *Political Science: The State of the Discipline*, ed. Ira Katznelson & Helen V. Milner. New York: W. W. Norton.

Thomson, David(1958), *Democracy in France: The Third and Fourth Republics*, 3d ed. London: Oxford University Press.

Tomlins, Christopher L. (1985) *The State and the Unions: Labor Relations, Law, and the Organized Labor Movement in America, 1880-1960*, New York: Cambridge University Press.

Tomlinson, Jim(1990), *Public Policy and the Economy since 1900*, Oxford: Clarendon Press.

Truman, David B. (1958〔1951〕) *The Governmental Process: Political Inter-*

ests and Public Opinion, New York: Alfred A. Knopf.

Van Ruysseveldt, Joris & Jelle Visser(1996), "Contestation and State Intervention Forever? Industrial Relations in France", In *Industrial Relations in Europe: Traditions and Transitions*, ed. Van Ruysseveldt and Visser, London: Sage, pp. 82~123.

Verdier, Daniel(1994), *Democracy and International Trade: Britain, France, and the United States, 1860-1990*, Princeton: Princeton University Press.

Vinen, Richard(1996), *France, 1934-1970*, New York: St. Martin's Press.

Visser, Jelle & Joris Van Ruysseveldt(1996), "Robust Corporatism, Still? Industrial Relations in Germany", In *Industrial Relations in Europe: Traditions and Transitions*, ed. Van Ruysseveldt & Visser, London: Sage, pp. 124~174.

______(1996), "From Pluralism to … Where? Industrial Relations in Great Britain", In *Industrial Relations in Europe: Traditions and Transitions*, ed. Van Ruysseveldt & Visser, London: Sage, pp. 42~81.

Wallace, William(2001), "Europe, the Necessary Partner", *Foreign Affairs* 80(May/June).

Wallerstein, Michael(1987), "Unemployment, Collective Bargaining, and the Demand for Protection", *American Journal of Political Science* 31, pp. 729~752.

Walt, Stephen(2000), "Two Cheers for Clinton's Foreign Policy", *Foreign Affairs* 79, pp. 63~78.

Waltz, Kenneth N. (1967), *Foreign Policy and Democratic Politics: The American and British Experience*. Boston: Little, Brown & Co.

Warde, Alan(1982), *Consensus and Beyond: The Development of Labour Party Strategy since the Second World War*, Manchester: Manchester University Press.

Wattenberg, Martin P. (1990), *The Decline of American Political Parties, 1952-1988*, Cambridge: Harvard University Press.

Weaver, R. Kent(1986), "The Politics of Blame Avoidance", *Journal of Public Policy* 6, pp. 371～398.

Webb, Michael C. (1995), *The Political Economy of Policy Coordination: International Adjustment since 1945*, Ithaca: Cornell University Press.

Webb, Michael C. & Stephen D. Krasner(1989), "Hegemonic Stability Theory: An Empirical Assessment", *Review of International Studies* 15. pp. 183～198.

Weingast, Barry R. (2002), "Rational-Choice Institutionalism", In *Political Science: The State of the Discipline*, ed. Ira Katznelson and Helen V. Milner, New York: W. W. Norton, pp. 660～692.

Weir, Margaret(1989), "Ideas and Politics: The Acceptance of Keynesianism in Britain and the United States", In *The Political Power of Economic Ideas: Keynesianism across Nations*, ed. Peter A. Hall, Princeton: Princeton University Press, pp. 53～86.

Werth, Alexander(1958), *Lost Statesman: The Strange Story of Pierre Mendès-France*, London: Abelard-Schuman.

Western, Bruce(1997), *Between Class and Market: Postwar Unionization in the Capitalist Democracies*, Princeton: Princeton University Press.

Wolfe, Alan(1981), *America's Impasse: The Rise and Fall of the Politics of Growth*, New York: Pantheon Books.

Worswick, G. D. N. (1962), "The British Economy 1950-1959", In *The British Economy in the Nineteen-Fifties*, ed. Worswick & P. H. Ady, Oxford: Clarendon Press, pp. 1～34.

Wrigley, Chris, ed. (1997), *British Trade Unions, 1945-1995*, Manchester: Manchester University Press.

Yarbrough, Beth V. & Richard M. Yarbrough(1992), *Cooperation and Governance in International Trade: The Strategic Organizational Approach*, Princeton: Princeton University Press.

Zakaria, Fareed(2001), "The Politics of Rage: Why Do They Hate Us?" *Newsweek*, Oct. 15.

Zeitlin, Jonathan & Gary Herrigel, eds. (2000), *Americanization and Its Limits: Reworking US Technology and Management in Post-war Europe and Japan*. New York: Oxford University Press.

Zieger, Robert H. (1995), *The CIO, 1935-1955*, Chapel Hill: University of North Carolina Press.

Zysman, John (1977), "The French State in the International Economy", *International Organization* 31, pp. 839~877.

______ (1983), *Governments, Markets, and Growth: Financial Systems and the Politics of Industrial Change*, Ithaca: Cornell University Press.

찾아보기

(용어)

ㄱ

ㄴ · ㄷ

ㄹ · ㅁ

ㅇ

ㅈ

ㅎ · 기타

찾아보기

(인명)

ㄱ·ㄴ·ㄷ

ㄹ